AF568786

Berittener Krieger
im Wald
"Es gibt keine Materie,
sondern nur ein Gewebe von Energien,
dem durch intelligenten Geist
Form gegeben wird."
Max Planck

Vom gleichen Autor:

Geheimnisse des Remote Viewing, 250 S., AAA, Ostenfeld 2002
Verdeckte Ziele, 267 S., AAA, Ostenfeld 2003
Der verborgene Plan, 354 S., AAA, Ostenfeld 2006

Frank Köstler, Carola Köstler
Alltägliche Wunder

3. Auflage 2016
erschienen in der Edition Neuronenblitz



Titelseite:
Gestaltung: Frank Köstler

Layout: Frank Köstler
Alle Bildrechte liegen bei den Autoren, wenn nicht anders angegeben

Druck und Bindung: PRESSEL Digitaler Produktionsdruck, Remshalden

Printed in Germany
**ISBN (Print): 978-3-933305-23-7** **ISBN (E-Book): 978-3-933305-29-9**

Ahead and Amazing Verlag, Jelinski GbR, Magnussenstr. 8, 25872 Ostenfeld
www.aheadandamazing.de
www.rv-akademie.com

Carola Köstler
Frank Köstler

# Alltägliche Wunder
## Serien und das Gesetz der Anziehung

Dieses Buch ist in Zusammenarbeit entstanden. Wir haben der Lesbarkeit halber die „Ich-Form" beibehalten.
Verzeihen Sie bitte, wenn hier und da einmal Wörter und Abkürzungen aus dem Remote Viewing auftauchen. Sie sind in unseren als „normal" empfundenen Sprachschatz eingegangen.

Für Renée

Der lieben Ordnung halber verschiedene Definitionen:

[Serie]
Der Begriff der Serie bezeichnet die akausale Verknüpfung mehrerer gleichartiger Ereignisse hin zu Ereignisketten. Die Eigenschaft der Serialität kann in verschiedensten Mustern vorliegen.

[Synchronizität, Koinzidenz]
Eine Synchronizität besteht, wenn Geschehen im Außen mit der Gedankenwelt des Teilnehmers ohne ursächlichen Bezug zusammentreffen, und als sinnhaft empfunden werden.
Synchronizitäten sind Spiegel unserer tiefen geistigen Muster, die sich in der Umwelt manifestieren.

[Resonanz]
Lateinisch von *resonare* „Widerhall".
In der Physik die Anregung der Eigenfrequenz eines schwingungsfähigen Systems oder Objektes durch Übereinstimmung mit der auftreffenden äußeren Energie. Vereinfacht gesagt: Etwas gerät in *Gleichschwung*.

[Wunder]
Im Buch als Sammelbegriff für die obigen Phänomene verwendet. Im weiteren Verlauf wird dieser Begriff ausgedehnt.

[Zufall]
Der Begriff bezeichnet uns zu-fallende, also zu-gedachte, Ereignisse im Entfaltungsprozess.

Die umgangssprachliche Bedeutung des Begriffes gibt es in der Welt des Autors nicht. Sie wird hier deshalb nicht weiter erläutert.

# Inhaltsverzeichnis

## Einleitung und Überblick - Das Spiel der Träume

„Es ist wahrscheinlich, dass das Unwahrscheinliche geschieht."
Aristoteles

Ein Mensch hat Kopfschmerzen und schluckt eine vom Arzt verschriebene Tablette. Nach einer halben Stunde Wirkzeit verschwinden die Kopfschmerzen.
Die Tablette enthielt keinen Arzneistoff. Es war ein Placebo. Auf körperlicher Ebene gibt es keinen Grund für die Heilung. Die Kopfschmerzen sind trotzdem fort.
Ist das ein Wunder?

Ein Hypnotiseur unterweist einen Probanden zu frieren. Der Raum ist 23 Grad warm. Der Hypnotisierte beginnt zu zittern. Seine Kiefermuskulatur spannt sich an. Die Haare an den Armen stehen ihm zu Berge. Ihm ist körperlich kalt.
Ist das ein Wunder?

Angenommen, ein Bekannter von Ihnen fährt mit einem Auto in eine Massenkarambolage. 20 Menschen verletzen sich hierbei. Ihm geschieht nichts. Wie durch ein Wunder kommt er ohne einen Kratzer aus seinem Auto.
Als er nach Hause kommt und seiner Familie die Geschichte erzählt, glaubt diese an ein Wunder.
Ist es ein Wunder?
Wenn ja, was ist mit den Angehörigen der 20 zu Schaden gekommenen Menschen? Diese würden wohl kaum von einem Wunder sprechen.

Ihr Körper funktioniert zurzeit.
Ein Kind kommt auf die Welt.
Ein Pferd fliegt durch die Luft.
Sind das Wunder?
Oder ist das alles zutiefst logisch und wir erkennen nur die dahinter wirkenden Naturgesetze nicht? Sind Wunder dann nur das alles, was wir nicht erklären können?

Und was sollen dann alltägliche Wunder sein?

Entweder etwas ist alltäglich oder es ist ein Wunder, aber alltägliche Wunder – das widerspricht sich doch. Oder?

Wie wir in diesem Buch sehen, ist es kein Widerspruch.

Wunder sind alltäglich um uns herum. Und es gibt verschiedene Arten. In diesem Buch sollen sie etwas ans Licht gebracht werden.

Ich habe verschiedene Geschehnisse, für die ich den Überbegriff „Wunder“ auswählte, gesammelt.

Da sind also erstens einmal die Serien oder Reihen. Gleichartige Ereignisse, sich plötzlich und wie von Geisterhand ohne erkennbaren Grund häufend. Der Volksmund sagt beispielsweise: „Gleich und gleich gesellen sich gerne!“ Sich mehrende Gleichartigkeiten führen oft zur Außergewöhnlichkeit.

Diese Gleichheiten können in Zahlenform, mit Namen und Bezeichnungen oder Ereignissen auftreten. Manchmal begegnen sie uns auch als (sich wiederholendes) Muster oder Form, für dessen Harmonie wir keinen rationalen Grund erkennen können.

Es sind dies zumeist jene Begebenheiten, die aus einer beobachtenden Perspektive, einer Art „Über-Ich“ festgestellt werden, so als seien wir eine Art allwissender, über den Dingen schwebender Beobachter. Meist bemerken wir sie nicht, weil uns einfach die Informationen fehlen. Diese Ereignisse sind oft kurios oder seltsam, wie das folgende Beispiel:

„Ein Mann namens George D. Bryson mietet sich in einem Hotel in Louisville, Kentucky ein, und bekommt das Zimmer 307. Darin angekommen findet er einen Brief, adressiert an George D. Bryson, Zimmer 307. Verstört fragt er an der Rezeption, wie das geschehen könnte. Niemand wisse, wo er sich befinde, und erst recht hätte doch niemand vorher seine Zimmernummer kennen können. Dabei stellt sich heraus, dass der eigentliche Adressat des gefundenen Briefes, ein *anderer* George D. Bryson ist. Er hatte vorher dieses Zimmer gemietet und war gerade abgefahren, wobei er den Brief offensichtlich vergessen hatte.“

Dies ist ein sich um den Nachnamen drehendes serielles Ereignis.

Serien wurden Anfang des letzten Jahrhunderts als Naturgesetz öfter untersucht.

Die meisten Vollblut-Mathematiker oder Statistiker wird die Geschichte der Herren Bryson bei der Anwendung ihrer Kunst offiziell tatsächlich nicht unbedingt verwundern. Sie finden dieses Wunder dann auch höchst alltäglich, ja banal und werden es trivialisieren. Die

Argumentation geht in den meisten Fällen zusammenfassend und verkürzt in etwa so:

„Es mag wie ein Wunder *klingen*, wenn einer Person solch ein Zufall wie Herrn Bryson geschieht. Aber das Geschehen ist anders zu bewerten und aus einer anderen Dimension heraus zu betrachten. Auf der ganzen Welt gesehen ist die Chance *irgendwo* ein Hotelzimmer anzumieten, in *dem irgendein Namensvetter* vorher darinnen war und dies vielleicht noch über einen Beobachtungszeitraum von – sagen wir - 50 Jahren sogar besonders hoch. Irgendwo muss so was irgendwann mit irgendwem ja geschehen!“

Nun, bei dieser Argumentation ist wirklich nichts mehr unmöglich. Es wird also bei der Banalisierung dieser Ereignisse nichts anderes getan, als die Bezugsgrößen so lange zu erweitern und aufzuweichen, bis in diesem konkreten Fall unter „gewissen weiteren Annahmen“ ein solches Ereignis auf 60% Prozent Eintrittswahrscheinlichkeit berechnet wird. Allein die Zahl suggeriert Exaktheit, wo rechnerische Beliebigkeit dominiert.

Ein Ereignis wie dieses war dann sozusagen mit an Sicherheit grenzender Wahrscheinlichkeit zu erwarten. Im Nachhinein gesehen. Natürlich. Sozusagen eine Art „banales Wunder“. Ich werde das Gefühl nicht los, manchmal soll höchst Verwunderliches wegerklärt werden.

Auf diese Weise wird auch ein rosarot gepunkteter Drachen, der mit einem blaugestreiften Elefanten um die Wette rennt…sehr banal.
Also, bei soviel Drachen und Elefanten und über Jahrmillionen Zeit, in der dieses Ereignis nur ein einziges Mal passieren muss, ist das sogar sehr wahrscheinlich….

Dabei ist mittlerweile bekannt, wie außergewöhnlich und ungewöhnlich zugleich *jedes* einzelne Ereignis prinzipiell ist. Dieser kleine Satz ist im Grunde bereits das Surrogat, diesen Phänomenen rechnerisch nicht beikommen zu können.

Dann gibt es da zweitens noch diese typischen Geschichten von alten Schulfreunden, die um die Ecke biegen, sobald man an ihn oder sie dachte. Oder man denkt an eine Person, die sogleich anruft. Auch solche Geschichten habe ich gesammelt. Es handelt sich hierbei um so genannte Synchronizitäten oder Koinzidenzen. Es sind dies die durch C.G. Jung bereits untersuchten Phänomene. Innere und äußere Welt überschneiden sich überraschend. Dimensionen vereinigen sich. Einem Gedanken folgt ein entsprechendes Ereignis im so genannten „richtigen

Leben“. Ein persönliches alltägliches Wunder sozusagen. Innere und äußere Welt kollidieren. Gedanken scheinen Realität zu biegen.

Ein Beispiel findet sich in der nachfolgenden Geschichte.

Vor ungefähr einer Woche erzählte mir ein Freund, er habe Folgendes geträumt. Es ist das Beispiel der geträumten falschen Handballmannschaft.

Er sei in der Umkleidekabine einer Handballmannschaft gewesen. Zu seiner eigenen Verwunderung sei er Mitglied der Mannschaft, obwohl er sich voll darüber bewusst gewesen sei, überhaupt kein Handball spielen zu können. Trotzdem trug er das Trikot und jedem schien vollkommen klar zu sein, dass er in die Mannschaft gehöre. Dies wäre soweit alles erträglich gewesen, bis auf den Umstand, draußen eine voll gefüllte Halle zu wissen und direkt vor einem Spiel zu stehen. Mein Freund geriet in Stress. Es musste auffallen, wie ungelenk er war, er würde Schrittfehler produzieren und letztlich „auffliegen“. Deshalb beschloss er, sich still und heimlich zu verdrücken, was ihm auch gelang.
Eine Woche später und nicht im Traum schaltete er, der sonst im Auto nur CD’s hört, kurz vor einem Termin und während er wartete, mal eben kurz durch die Radiosender. Schon beim Zweiten blieb er hängen. Das Display zeigte „Bayern 2“ und irgendetwas in ihm fand es spannend, mal kurz in den bayerischen Rundfunk hinein zu hören, was er ja sonst nie tat. Nach einigen Sekunden bemerkte er, dass der Bericht irgendwie von Sport und Kino handelte. Und richtig, da wurde die Geschichte von Stanley und seinen Leuten erzählt. Sie schlagen sich auf Sri Lanka mit lausigen Jobs durchs Leben und stecken in Schulden. Da kommen sie auf die Idee, eine falsche Handballnationalmannschaft zu gründen und den zugehörigen Verband gleich dazu, um sich bei einem Wettbewerb in Europa anmelden zu können. Hintergrund der Aktion: An die begehrten Visa für Deutschland herankommen. So verfolgen sie ihren wahnwitzigen Plan und sind dabei sogar ziemlich erfolgreich. Sportlich natürlich nicht. Sie tun, was meinem Freund im Traum blühte. Sie treten als falsche Handballer im übergezogenen Nationaldress an und werden buchstäblich ohne nennenswerte Gegenwehr derart auseinandergenommen, dass Funktionäre Lunte riechen...

Nun gleicht sich das Hauptthema des Traumes und des Filmes. Es geht um falsche Handballspieler. Und als wolle jemand oder etwas ein wenig augenzwinkernd auf genau diese bestehende Verbindung hinweisen, heißt der Kinofilm auch noch „Spiel der Träume“. Tatsächlich ist die ganze Geschichte ein Spiel mit Träumen. Ein Spiel mit den Träumen meines Freundes. Kurios, nicht?

Nun, eine ganze Menge Menschen werden einwenden, das sei ganz amüsant, aber es gebe eben keine logische Verbindung zwischen dem Kinofilm und dem Traum. Das ist richtig. In den Denkschablonen von Logik und Kausalität gibt es das absolut nicht und eine gedachte Verbindung gilt landläufig noch immer als „wirr"...

Den Grund hierfür bildet das Dogma „rational" genannter Weltsicht. Das Dogma der so genannten „Vernunft", sprich der Ursachenlehre. Nur wer ursächlich und kausal denkt, denkt landläufig „normal". Es ist unmöglich – dies sei vorausgeschickt – Serien, Synchronizitäten und Koinzidenzen logisch zu beweisen. Man kann sie höchstens nachweisen im Sinne von „festhalten", „sammeln" oder „bewahren". Es ist eben unmöglich, Wasser mit Öl zu mischen und Kausalität bildet zur Akausalität eben den direkten Gegenpol. Eine Bewertung und Beurteilung bleibt dem eigenen Ermessen überlassen. Wissenschaftlich ist es nicht zu widerlegen.

Eine Menge Physiker, Biologen, Psychologen und andere Naturwissenschaftler suchen bei der Erklärung unserer Realität nicht mehr nur nach rational-logischen Weltbildern. Sie entwerfen Theorien, wonach unsere Wirklichkeit, unser Alltag auf eine weitaus größere, tiefere und kreativere Weise existiert, wie wir das für möglich halten. Wir leben in einem Zeitalter, in dem Naturwissenschaft, Philosophie und Psychologie eine neue Fusion erfahren. Auch dies soll in diesem Buch vorgestellt werden.

Drittens hatte ich damit begonnen, Abweichungen aus der Regel in der Natur zu fotografieren oder Abbildungen davon zu sammeln. Einfach, weil manche Erscheinungen, Nebel, Wolken und Baumstümpfe außergewöhnlich geformt waren und mit Fantasie etwas ganz anderes abbildeten. Mitten im Wald gleicht dann ein Baumstumpf einem Gnom oder Zwerg. Plötzlich kam mir die sehr verrückte Idee, es könnte sich hierbei um weit mehr als um eine Laune der Natur oder so genannte Zufälligkeiten handeln.

Bislang hatte ich alles Objektische, jedes Geschehen, unser Schicksal etc. als Spiegelung und Resonanz verstanden. Sicherlich könnte auch so ein Baumstumpf ein Gleichnis unserer eigenen Einbildungskraft sein, natürlich. Eine Bedeutung, die nur subjektiv entsteht.

Natürlich kann man viele Bilder und deren Deutungen hier im Buch für das alleinige Werk eines fantasievollen Geistes halten, für Einbildung. Dann ist es einzig ein Akt subjektiver Wahrnehmung, der Formen, Mustern und Fotos eine Gestalt und Bedeutung verleiht.

Aber es könnte auch anders sein.

Zum Beispiel für das Wirken eines Naturgesetzes. Es sind dies Transformationen von Materie. Unter Umständen bildet sich ein Ordnungsschema über diese Besonderheiten ab.
Wir werden zu dem Schluss kommen, dass verschiedene der vorgestellten Phänomene auf selbstabbildenden Naturgesetzen beruhen. Dabei liefern uns Rupert Sheldrake, David Bohm und eine Menge anderer Kapazitäten aus den naturwissenschaftlichen Bereichen einige Indizien. Sie waren allesamt überzeugt, unsere Welt funktioniere nicht nur nach kausalen und so genannten wissenschaftlichen Ursache-Wirkungs-Mustern.

Es wird also einen Punkt in diesem Buch geben, wo Sie sich über diese vielen Geschichten wundern können oder nicht. Es ist nun die Frage, ob Sie die innere Bereitschaft haben, gedanklich weiter ins Niemandsland zu gehen, oder nicht.

Ein tiefes Gefühl *in uns* entscheidet darüber. Es ist eine Fähigkeit, sich wundern zu können in einer Welt, die durch unsere moderne Wissenschaft scheinbar entschleiert wurde. Dabei wissen wir so gut wie nichts.

Wie Aristoteles bereits sagte, ist Staunen der erste Grund der Philosophie.

Da wir also unser *eigenes Erkenntnisvermögen* benötigen, kommen wir zwangsweise zum nächsten – dem vierten - Bereich dieses Buches.

Selbst wenn direkt neben Ihnen, werter Leser, die größten Wunder geschehen, gehört Ihre eigene *Herzenskraft* dazu, diese nicht nur zu sehen, sondern auch die Bereitschaft, diese *anzunehmen*. Unserem Verstand alleine können wir hier nicht mehr trauen.
Das heißt nichts anderes, als dass alltägliche Wunder ein höchst persönliches Moment inne haben. Sie haben vielleicht manchmal eine tiefere und subjektive Bedeutung für uns. Da wir geistig aktive und schöpferische Wesen sind, können wir Wunder ja auch herbeidenken.

Letztlich erhalten unsere alltäglichen Wunder also eine innere Bedeutungsebene für uns selbst. Wir können damit die Welt vollkommen anders betrachten. Vielleicht können Sie selbst sehen, wie sehr diese Ereignisse mit Ihnen ganz persönlich verbunden sind und in tiefere Seinsbereiche Ihres Lebens führen.

Vielleicht sagen Sie ja: „Der bildet sich da nur was ein.“ Das ist vollkommen in Ordnung. Ich hoffe, Sie können sich dann an den vielen amüsanten und unglaublichen Beispielen erfreuen und wundern. Sehen Sie es doch dann als Sammlung des Kuriosen. Es sollte auf jeden Fall spaßig und interessant sein, bis hierher gelesen zu haben und schließlich kann man viele der hier zusammengesuchten Geschichten aus aller Welt auch „einfach“ mal einem guten Kollegen in der Mittagspause erzählen.

Aber bedenken Sie bitte Eines hierbei.
Da es, wie wir sehen werden, äußerst naheliegend, ja offensichtlich ist, dass Serien, Koinzidenzen und Formen auf Selbstähnlichkeit, Affinität und Resonanz beruhen, gilt das Gleiche auch für uns selbst.
Dann stehen wir als Einzelnes, als Teil des Ganzen - logischerweise ebenfalls in ganz spezieller und individueller Resonanz und Selbstähnlichkeit zu unseren tieferen Schichten, Urgründen und in Verbindung mit dem Gesamten.

Welche Bedeutung und welche Chancen hat dies für unser Dasein jetzt und hier? Deshalb geht es hier unter anderem um das Thema Wünschen.

Vielleicht fragen Sie sich ja nun, wie ich dazu komme, ausgerechnet darüber zu schreiben. Schließlich ist mein Metier ja nun Remote Viewing.

Die Antwort ist einfach. Ich habe immer das geschrieben, was mir geschah. Dahinter liegt die feste Überzeugung, somit automatisch über die Zeit einen authentischen Weg abzubilden. Und in der letzten Zeit geschahen eben viele dieser persönlichen und alltäglichen Wunder. Rückblickend bringe ich all das, was in den letzten Jahren geschah, eindeutig in Verbindung mit dem Erlernen der Technik des Remote Viewing. Es verursachte eine tiefgreifende Wandlung. Eine innere Stimme sagt mir eindeutig und klar, dass all die verrückten Sachen und Gedanken, die Sie mittlerweile in vier Büchern nachlesen können, ihren Ausgangspunkt nahmen, als ich diese seltsame Erregung in mir fühlte, die Technik des Remote Viewing zu erlernen. Es war der erste Dominostein, der kippte.
Und vielleicht – wer weiß – sitzen in einigen Parallelwelten nun einige „Ichs“, deren Lebensweg weitgehend linear weiter lief. Bei mir war das überhaupt nicht so und ich bin heute alles in allem dankbar dafür. Es kam, wie es sollte.

Ich bin überzeugt – und die Gedanken dieses Buches sind sehr wichtige Hinweise dafür – dass wir Menschen niemals aus unserem Schicksalsweg herausfallen können.

Aber Wahrheit, die Suche und das Finden von ihr, sind subjektive Prozesse. Hier drinnen kann also keine statische objektive Wahrheit zu finden sein. Viele Bücher oder Sendungen kommen ja so daher. Dass man meint, dies oder jenes sei wahr. Aber entspringt nicht alles nur dem Geist von uns Menschen. Ich kann Ihnen hier also keine objektive allgültige Wahrheit hereinschreiben, sondern nur, was ich erlebt oder entdeckt habe. Ihr Geist kann trotzdem in der einen oder anderen Textstelle so etwas wie Wahrheit finden, angeregt werden oder ins Nachdenken kommen. Das wählen Sie sich aber aus.
Das ist, was ich möchte. Sie nach Ihrem Wollen zum Denken anregen und bereichern.

Dazu schildere ich viele serielle Ereignisse und berichte von dieser geheimnisvollen Verbindung im Universum, alles mit dem Zugehörigen zu verknüpfen. Beinahe automatisch begegnet uns, was zu uns gehört. Es ist dies die Eigenresonanz unseres Daseins und unserer Handlungen. Und je älter wir werden, desto mehr bestärkt sich unser Lebensweg und unser eigenes „So-Sein“ und zieht zugehörige Dinge ins Leben hinein. Weil unsere Gedanken, die nur wir allein in dieser Welt so und nicht anders denken können, wahr werden wollen. Weil wir ernten, was wir in Gedanken säen. Weil diese gedanklichen Energien, kleinen Strömen gleich, Wirklichkeit erschaffen und handfest werden.
Rückblickend entschleiert sich das Leben und seine Bedeutung und man erkennt, wie haargenau alles ineinander hineinspielte. Wie ein Musikstück, das so, und nicht einen Takt anders, klingen sollte.
Früher dachte ich immer, es handelt sich bei der Rückschau alter Menschen und deren Erstaunen, wie alles doch so genau und schicksalhaft zueinander passt, um die *zwangsläufige* interpretatorische Bedeutung, die Menschen ihrem Leben geben. Schließlich würde derselbe Mensch vom gleichen Erstaunen bei einem anderen Lebensweg ebenso gepackt.
Doch das denke ich heute nicht mehr. Es ist theoretisch. Es gab mit diesem Bewusstsein nur dieses eine Leben und es fügte sich, genau so wie es sollte. Aus einem Apfelsamen wird kein Birnenbaum, bildlich verglichen.

Zusammen gefasst hier noch einmal der schnelle Grobüberblick dieses Buches.

Am Anfang schildere ich Ihnen einige Vorkommnisse aus unserem Leben. Ich leite daher den Anfangsimpuls ab, über Serien, Synchronizitäten – oder Koinzidenzen, wie sie auch genannt werden, zu schreiben.
Danach betrachten wir Serien, Synchronizitäten und Kuriositäten in vielen Beispielen und hinterfragen diese wissenschaftlich.

Wir beschäftigen uns dann mit transformativen Prozessen der Materie. Wo könnte man heute in der Materie feinstoffliches Wirken nachweisen? So ähnlich wie bei den Gedanken eines Menschen könnte das schließlich auch in der Natur sein: Was gedacht wurde oder was an einem Ort geschah, könnte nicht nur auf dessen Stimmung Einfluss nehmen, sondern könnte in Ausnahmefällen vielleicht auch Felsgesichter und andere Merkwürdigkeiten hervorbringen. Aber unsere Umwelt könnte auch eine abbildende Funktion haben. Sie steht in Resonanz mit tieferen Ordnungsschichten unseres Universums. Das alles sind spekulative - aber hoffentlich sehr interessante - Gedanken.

Schließlich geht es in den Bereich der Bedeutung. Was könnten diese Phänomene im Gesamten bedeuten, was für den Einzelnen? Ich möchte dabei einige grenzüberschreitende und gewagte, ja fantastische Gedanken und Vergleiche anbringen.

Zum Beispiel den – ich schicke dies gerne voraus – dass unsere gesamte uns umgebende Welt ein einziges für uns bedeutsames Zeichen ist. Dann reisen wir von der Logik zum Vertrauen.

Gegen Ende des Buches wird der individuelle Bereich vertieft. Was bedeutet das für Sie? Wenn wir Zeichen folgen, was ist dann mit unseren Wünschen und unserer eigenen Einflussnahme?

Sie können, wenn Sie möchten, auch annehmen oder erkennen, dass Zufall nicht existiert und ersetzen diesen vielleicht durch einen neuen Blick für das Wirken von Fügung und der individuellen Bedeutung in Ihrem eigenen Leben. Wenn Sie möchten.

Dies ist der Aufbruch in ein Leben, das sich leiten lässt und dessen Grundlage Vertrauen bildet. An diesem Punkt beginnt eine menschliche Transformation und ein weiteres individuelles alltägliches Wunder geschieht.

Ihr Eigenes!

Ich wünsche Ihnen...

*Alle Tage Wunder...Viele alltägliche Wunder...Täglich alles voller Wunder...Wundertage...ein All voller Wunder*

und würde mich freuen, davon zu hören. Wer weiß, vielleicht kann man diese Geschichten sammeln und veröffentlichen. Ich selbst bin überzeugt, hier an der Oberfläche einer tiefen, weit gestaffelten Wirklichkeit zu kratzen, die tatsächlich voller Wunder ist und uns allen jeden Tag geschieht.

## Wettervorhersagen auf Autos und andere Seltsamkeiten

„Wisse die Welt ist ein Spiegel, von Kopf bis Fuß,
In jedem Atom lodern hundert Sonnen,
Spaltest Du das Herz eines einzigen Wassertropfens,
quellen hundert reine Ozeane hervor,
Ein Himmel wohnt in der Pupille des Auges.
Mag das Samenkorn des Herzens auch gering sein,
Es ist die Heimatstadt des Herrn beider Welten."

Im verborgenen Garten: Sufi Mahmud Shabistari
(1288-1320), persischer Schriftsteller

Es gibt sie natürlich, die Vorgeschichte zur Thematik dieses Buches. Ich meine, man setzt sich ja nicht einfach hin und fängt an ins Nichts hinein zu schreiben. Kann man machen, es kostet nur sehr viel Energie. Es ist leichter, auf die Zeichen zu achten. Aber gerade das haben wir ja verlernt. Wir achten auf die Uhrzeit, den Spritverbrauch, die Zinsen etc. Aber nicht auf Zeichen. Was soll das überhaupt sein? Zeichen? So was sehen doch immer nur die Nebendarsteller in Spielfilmen. Und zwar die etwas „Übersteuerten", mit der selbst gefalteten Aluhaube auf dem Kopf.

Mit „Zeichen" meine ich nicht nur die Geschichten, welche ich Ihnen jetzt gleich erzählen werde. Es geht dabei auch um eine gewisse Qualität eines inneren Erlebens, das mit den Geschehnissen im Außen verbunden ist. „Zeichen" haben einen Erlebnischarakter, sie sind individuell, überraschend, originell – auf jeden Fall aber rätselhaft. Und sie machen neugierig. Und kopfschüttelnd. Einladend sind sie auch. Ich möchte Ihnen in diesem Buch viel über sie erzählen. Ich glaube, Zeichen haben eine zentrale Bedeutung für unser Leben. Es sind Wegweiser oder Ausrufezeichen!

Sind Sie denn bereit für Ausrufezeichen, Wegweiser und Wunder?
Sind Sie bereit, um die Dinge anzunehmen und einzulassen?
Wie groß ist Ihre Glaubenskraft?
Wie groß sind Ihr Vertrauen und Ihre Herzenskraft?

Was denken Sie über diese Eigenschaften?

Vielleicht haben Sie nun, lieber Leser, bei diesen Zeilen so ein Unwohlsein verspürt oder so ein komisches Gefühl. Oder Sie denken, ich würde nun unlogisch oder aus dem „Rahmen fallen". Vielleicht klingt das alles in Ihren Ohren auch irgendwie peinlich, unwissenschaftlich oder religiös, dann ist das ein untrügliches Zeichen dafür, dass die Seiten dieses Buches Ihnen etwas zu sagen haben.

In diesem Buch möchte ich Sie wieder einmal einladen, die Welt neu zu entdecken.

Ich habe in der Auflistung unserer Erlebnisse nicht von *den* großen Würfen zu berichten. Es geht hier also nicht um Riesenwunder im Stile von großen Lottogewinnen, unglaublichen Rettungen oder großen ausgegrabenen Goldschätzen.
Mein Verleger fertigte eine Randnotiz, die eigenen Beispiele „seien ja nun nicht der Knaller". Also, sie seien nicht spektakulär genug. Das stimmt, aber ich schreibe hier schließlich wahre Geschichten und keine Spielfilmhandlungen voller Höhepunkte. Ich habe früher schon immer geschrieben „das Geheimnis liegt am Rande". In diesem Buch decke ich nun einige Ränder auf. Und ein bisschen geht es schon um „ausgegrabene Schätze". Versprochen. Denn sie passieren andauernd, die alltäglichen Wunder. Bei Ihnen, bei mir und fast jeden Tag. Wenn wir hinsehen und wieder lernen achtsam zu sein. Dann finden wir in den unbedeutsamen Kleinigkeiten echte, für uns bedeutungsvolle Schätze.

Denn die alltäglichen Wunder zeigen sich allzu oft leise, individuell, flüchtig und durchscheinend. Sie sind sanft und kaum zu bemerken. Sie erfordern unsere Achtsamkeit.
Es sind oft Nebensächlichkeiten. Es sind verborgene Dimensionen und Welten. Es sind Lichtstrahlen, die durch eine Fensterscheibe bunt gebrochen werden. Sie gleichen der sanften Berührung eines Engels. Wir brauchen einen genauen Blick, um sie überhaupt wieder zu sehen. Meist haben wir scheinbar Besseres und Wichtigeres zu tun oder sind in Eile und übersehen *ganze Welten*!

Keine Angst, ich erzähle nichts, was ich mir nun ausgedacht hätte. Es war vielmehr wieder einmal so, dass es mir geschah und ich begann, nachzufragen. Bei meinen Recherchen stoße ich dann jedes Mal wieder auf altes Wissen. Wissen und Denken, das beinahe verloren gegangen scheint und überhaupt keinen Platz mehr in unserer Welt hat. Dann beobachte ich eine ganze Zeit lang und irgendwann beginne ich sacht, die Dinge aufzuschreiben. Es ist meist ein waghalsiges Unterfangen, wie auf einem Drahtseil weit oben in den Wolken. Ein wackeliges, offenes Projekt.

Meist beginnt dann eine äußerst wilde Zeit mit sehr vielen Fügungen und wunderlichen Zufällen, sobald man mit der Schreiberei beginnt.
Ich bewundere immer wieder andere Sachbuchautoren, die sich sachlich, nüchtern, distanziert und strukturiert einem Thema nähern, es durchleuchten und ein klares Fazit aus den Dingen ziehen. Meine Texte waren immer an mein eigenes Erleben geknüpft, blieben auch in meiner

Persönlichkeit mit allen Stärken und Schwächen verfangen und lange Zeit habe ich mich gefragt, ob aus diesen Gründen heraus die Bücher überhaupt eine Hilfestellung für andere sein können. Heute glaube ich, gerade das macht sie vielleicht für andere lesenswert. Es ist über die Bände hinweg der Bericht eines Menschen entstanden, der nachvollziehbar ist.
Das macht die Dinge zwingend authentisch und ehrlich. Man kann sie vielleicht besser annehmen, weil sie einfach erlebt wurden.

Aber jetzt erzähle ich erst einmal ein paar konkrete Dinge. Wie das alles kam. Die Vorgeschichte eben. Es begann alles mit Kleinigkeiten. Wenn ich heute zurückdenke, glaube ich, war die erste Sache die mit der Rose. Nichts Besonderes. Wirklich. Aber wenn wir zurückblicken, bemerken wir, oft an Kleinigkeiten „eingerastet" zu sein.

Ich räume den Hausflur auf. Auf der Fensterbank liegt eine Plastikrose. Sie stammt noch von der letzten Kerb[1] im Oktober. Keine Ahnung, wie Sie dorthin gelangt ist, aber bei einem fünf Personen Haushalt muss man das auch wirklich nicht mehr. Ich betrachte sie sinnierend. Einer plötzlichen Eingebung folgend gehe ich zur anderen Seite des Raumes und stecke sie intuitiv in einen Mauervorsprung. Direkt neben einer auf den Putz gezeichneten Rose steckt sie da plötzlich! Ich bin selbst etwas überrascht als ich hinschaue. Sind diese beiden Rosen nun nach Monaten so plötzlich einander zugeordnet worden! Man ist ja bei so etwas immer geneigt, es einfach zu übersehen, weil der Tag so viele wichtige Momente hat und es so viel zu tun gibt. Außerdem erscheinen derlei Kleinigkeiten ja absolut bedeutungslos.
Ich denke aber nach. Weil das, was da gerade geschah, nicht bewusst geschah, sondern mehr „mit mir" geschah. Nicht ich habe mich bewusst dafür entschieden etwas zu tun, sondern es „einfach irgendwie" getan.
Klar. Unterbewusstsein. Natürlich weiß man, wo eine Rose aufgemalt ist und ordnet automatisch zu. Kann ja sein.

Mir schießt trotzdem der Gedanke durch den Kopf, dass Gleichheiten einer gewollten und verborgenen Ordnung folgen könnten, dass wir mit jedem Aufdecken einer solchen Gleichung dem bewussten und ordnenden Handeln eines Schöpfers folgen würden.
Es wäre *seine* „Handschrift". Na ja, zumindest eine der vielen Varianten.
Durch uns. Nicht *von* uns. Nur *durch* uns.
Ein netter Gedanke. Aber es gibt genug zu tun. Ich räume weiter. Die Tage vergehen.

[1] In der Lebensregion des Autors Synonym für „Jahrmarkt"

In der nächsten Woche fahren wir zu einer Bekannten. Vor einigen Tagen haben wir ihr ein Fläschchen Umckaloabo zu Recht gelegt und möchten es ihr nun mitbringen. Schnell kramen wir nach einer kleinen Tüte für den Transport der Arznei.
Als wir alle zusammen bei ihr am Tisch sitzen, stößt mir Caro sacht den Ellenbogen in die Seite:
„Guck mal", sagt sie grinsend.
„Gibt's ja nicht", antworte ich.
Achtlos gegrabscht haben wir das Umckaloabo-Fläschchen in eine kleine Tüte mit aufgedruckter Umckaloabo Werbung gelegt. Natürlich ohne es bemerkt zu haben. Die Tüte lagerte seit Ewigkeiten und das Produkt ist ziemlich neu gekauft. Auf zauberhafte Weise finden gleichartige Dinge wieder einmal zueinander. Und zwar nicht, weil wir bewusst geordnet hätten, sondern nur *durch* uns. Irgendwie hatte ich das sonderbare Gefühl, hier passiert gerade wieder etwas....

Vielleicht denken Sie, diese kleinsten Geschehnisse seien nicht der Erwähnung wert. Darauf möchte ich Ihnen antworten, dass dies eine häufig zu beobachtende Eigenart von Menschen ist, die einige Zeit intensiv mit Remote Viewing zu tun hatten – sie werden sehr achtsam. Es ist eine bestimmte Achtsamkeit, die bislang nicht mehr fort ging, eine Art „Bereitschaftswelle". Dieser Begriff wird uns später noch einmal begegnen. Natürlich kann man sich in derlei allzu leicht verlaufen. Jede Kritik ist hier berechtigt und angebracht: sich zu verzetteln, neurotische Gedanken zu hegen und so weiter...aber lassen Sie mich weiter berichten. Denn diese Vorkommnisse gleichen immer wieder dem zarten Wind, auf den ein Platzregen folgt.

Es war in der Adventszeit, als wieder einmal meine Tochter zum Nachdenken einlud. Vielleicht kennen Sie das ja schon aus den anderen Büchern. Es waren eigentlich immer die Kinder, die, kleinen Engeln gleich, zum Nachdenken angeregt haben. Ich bin überzeugt, wir hören den Kindern zu wenig zu, oder interpretieren das Gehörte in den immer gleichen Erwachsenen-Mustern, wodurch uns der Zauber des wirklich Gesagten oft entgeht. Meine Tochter sagt deshalb oft auch: „Ach, ihr Erwachsenen versteht das nicht" oder „In der Erwachsenenwelt gibt es das nicht".
Hier bei uns waren es kleine Serien, also Geschehnisse.

Die nächste Geschichte beginnt auf dem Dachboden. Dort oben bin ich hingekrabbelt, weil ich glaubte, es sei eine gute Idee, die dort eingemottete Autorennbahn zu entstauben, zusammen zu stecken und anzuschließen. Sie wissen schon: Autorennbahn und Weihnachtsfeiertage, das bringt nicht nur Spaß, sondern auch eine richtig gute Atmosphäre. Das Teil lagerte seit mittlerweile vier oder fünf Jahren dort oben und war beinahe vergessen. Umso größer würde die Überraschung sein. Die Kinder würden es lieben, Autorennen auszutragen. Beim Aufbau bemerkte ich jedoch, dass die Bahn defekt war. Offensichtlich waren einige Teilstücke zerstört. Verbogen und überhitzt. Teilweise war das Plastik geschmolzen. Diese Bahn würde nicht mehr funktionieren. In meinem ganzen Leben hatte ich so was noch nicht gesehen. Eine Autorennbahn, die überhitzt, ja eingeschmolzen war! Ich grübelte herum, wie das wohl passiert sein konnte. Womöglich durch einen überhitzten Trafo? Aber warum wusste ich von all dem nichts? Gut, Väter wissen manches Mal längst nicht alles...

Aber ich hatte sie ja schließlich eingemottet! Sollte es während der Jahre des Lagerns geschehen sein? Wie? Auf jeden Fall war die Autrorennbahn zerstört.

In diesen Tagen war meine Tochter bei einem Freund eingeladen. Während des Spielnachmittags kam es zu einem kleinen Streit. Ein kindliches Handgemenge; sie stieß den Freund und der fiel mit unheimlicher Präzision über seine am Boden aufgebaute Carrerabahn. Die Teile brachen mit nur einem Aufschlag irreparabel, die Rennbahn war hin. Ich erfuhr über meine Frau davon. Von wem auch sonst.

Warum ich das nun erzähle? Innerhalb von ein, zwei Tagen stelle ich in meinem direkten Umfeld die Zerstörung zweier Autorennbahnen fest obwohl ich weit über 40 Jahre lang auf dieser Erde weile und mir das bislang noch nicht ein einziges Mal passiert ist.

Schon ein klein wenig verrückt, oder? Was sollte mir das sagen? Von solchen Geschehnissen gibt es doch auch in Ihrem Leben bestimmt Dutzende.

Das nächste Beispiel.

Ich hatte als Bub eine Vorliebe für den Fußballverein Schalke 04. Deshalb erzählte meine Frau, dass dieser Club zur Weihnachtszeit einen Adventskalender gedruckt habe.

So weit, so gut.

Allerdings hätte es einen Fehldruck gegeben. Auf der Innenseite der Türchen seien lauter Bremer Spieler gewesen. Sehr lustig. Habe ich noch nicht von gehört, von einem falsch gedruckten Adventskalender. An diesem Abend, in diesen Minuten jedoch gleich zwei Mal. Meine Tochter kommt nämlich aus dem Bettchen nach vorne und erzählt mir, ihr Kalender habe einen Fehler. Es fehle die 23, dafür gäbe es die 19 gleich doppelt. Ich habe es nicht geglaubt, danach habe ich es mir zeigen lassen und sogleich fotografiert.

Bitte. Eigenes Foto, nichts verändert.

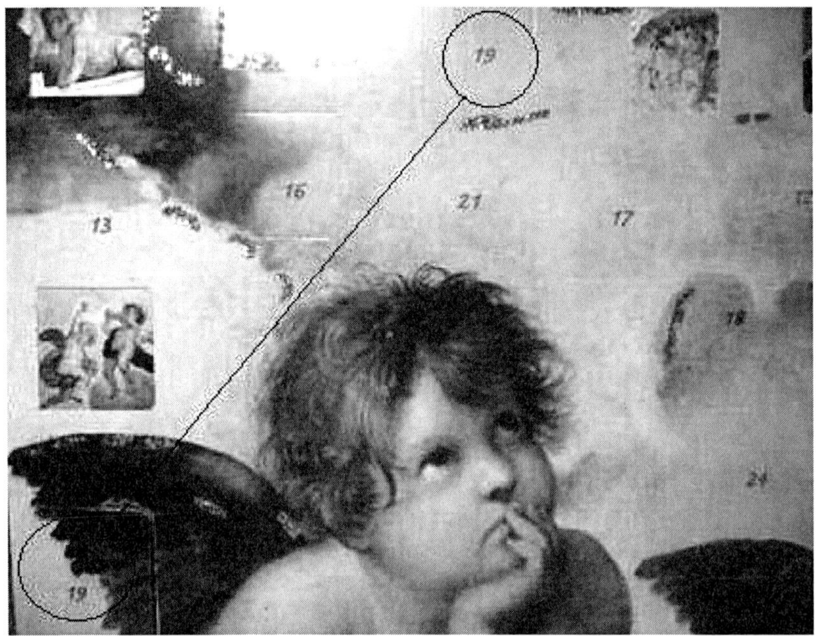


Es kommt einem ja beinahe seltsam vor, dass der Engel genau auf eine der beiden doppelten „19er“ blickt.

Über 40 Jahre alt. 40 Jahre lang Adventskalender, die in Ordnung sind. An einem Abend, innerhalb von wenigen Minuten, zwei fehlerhafte Kalender. Wie hoch ist die statistische Wahrscheinlichkeit hierfür und was genau geht hier vor?

So, und jetzt noch einmal eine Geschichte hier am Computer. Ich räume meine Festplatte auf. Hier, an diesem Rechner. Und mit den Erlebnissen und Gedanken der letzten Wochen gibt es da einige Dateien, die sich mit Synchronizität, Serien, horizontalen und vertikalen Weltbildern beschäftigen, vielen Gedanken etc. Und erstmalig, in einem Anflug von Übermut und reichlichem Zögern, Hadern, Kopfschütteln, nenne ich einen neuen Ordner, in den ich das alles hineinsortiere, mutig „Sachbuch 4“. Ich meine, das sind Momente. Denn ab da gesteht man sich ja ein, dass man wieder einmal ein Buch schreiben möchte oder muss oder wie auch immer... es soll geschehen. Auch wenn ich – sollte es nach meinem Willen gehen – mittlerweile lieber einen Roman geschrieben

hätte. Ein Sachbuch ist immer etwas sehr Ernstes. Ein Roman gestattet, mehr Wahrheit zu erzählen. Ein Roman darf so wahr sein, wie es ein Sachbuch niemals könnte. Und man tut das Edelste, was ein Bewusstsein überhaupt tun kann: ein Universum erschaffen. Aber nach mir und meinem Willen ging das ja nie. Man selbst dient irgendwie doch nur als Verbindung.
Und wie ich weitere 30 Sekunden auf der Festplatte vor mich hin verschiebe, lese ich da eine Word-Datei, die ich gar nicht kenne, geschweige denn angelegt habe. Sie nennt sich – wie könnte es anders sein - "Buch_vier_kpl.doc". Innerhalb weniger Sekunden begegnet einem zweimal das vierte Buch. Einmal als gerade angelegter neuer Ordner „Sachbuch 4" und dann als "Buch_vier_kpl.doc". Aber es gibt von mir noch kein Buch vier! Und schon gar kein „Komplettes". Kein Manuskript, keine Ersttexte – nichts. Ich kenne diese merkwürdige Datei also nicht! Doppelklick. Was ist das?

Es ist das neue Romanmanuskript eines Freundes. Er hatte es mir dieser Tage zur Ansicht übersandt. Ich hatte es – zugegeben - gedankenlos aus der Email herunter geladen und abgespeichert und falle exakt in dem Moment wieder über diese Datei, als ich Sekunden zuvor meinen Ordner mit Sachbuch 4 benannt habe.

Dann habe ich da noch die Geschichte eines Familienausfluges zum Justinusfelsen".

Ganz in der Nähe unseres Wohnortes findet man den Limes, jenen römischen Grenzwall, der in der Antike das römische Reich vom germanischen trennte und noch heute die Landschaft durchschneidet. Oft kann man seinen Verlauf inmitten der Landschaft mit bloßem Auge nachvollziehen. Ein sanfter Wall, ein flacher Graben verläuft quer durch die Landschaft. Er diente unter anderem als Frühwarnsystem für etwaige germanische Angriffe und damit zur Grenzsicherung und Kontrolle.

Entlang dieser Grenze wurden kleinere und - tiefer gestaffelt - auch größere Kastelle angelegt. Diese waren mit Legionären besetzt. Sie bildeten den Kern der hiesigen Grenztruppen.
Einer dieser Legionäre war Justinus. Er mag 200 nach Christus hier gewesen sein. Ein einfacher Legionär, der hier in den Tauniswäldern seinen einsamen Dienst versah. Er war keine bedeutende Person der Zeitgeschichte. Er hat auch nichts Außerordentliches oder Besonderes getan. Nur einen Nachmittag, als vielleicht die heiße Augustsonne vom Himmel fiel, erzielte er mit minimalem Aufwand vergleichsweise maximale Wirkung. Vielleicht hatte ihn die Langeweile überfallen, vielleicht mochte er etwas von sich in die ferne Zukunft retten, jedenfalls klopfte und ritzte Justinus ein wenig an einem Felsen umher. Und dann tat er, was Menschen seit Jahrtausenden immer wieder tun: er verzierte den Felsen. Er kratzte seinen Namen in den Felsen hinein: „Januarius Justinus". Nicht besonders schön oder kunstvoll, aber tief genug, um die nächsten achtzehnhundert Jahre zu überstehen. Und dann machte ein Freund von mir einen Januar-Ausflug zu diesem Felsen. Ich musste bei dieser Geschichte schon etwas lächeln. Im Fels steht eben nicht nur „Justinus", sondern „*Januarius* Justinus". Schließlich musste es ja zum Januarausflug passen. Soweit mein Freund und seine Geschichte.
Das I-Tüpfelchen bekommt seine Geschichte jedoch, als es auch meine wurde. Wir hatten telefoniert; er hatte von seinem Ausflug berichtet. Ich schneide abends Zwiebeln. Da fiel der Blick auf mein Küchenmesser. „Justinus" steht da auf der Klingenseite. Lustig, nicht?
Warum ich das noch nie vorher gesehen habe? Man muss das Messer exakt in einem bestimmten Neigungswinkel halten, ansonsten ist die Schrift schwer lesbar bis unsichtbar. Und natürlich: die Schrift erhielt ihren Sinn erst durch die Geschichte des Freundes. Alles nur ein Akt der eigenen Wahrnehmung? Ein klares „Jein". Schließlich muss immerhin zweierlei passieren: Mein Freund muss anrufen und die Geschichte erzählen und das Messer muss vorhanden sein.

Nett auch die folgende Analogie: Der Stahl der Klinge ist rostfrei, die eingeritzte Inschrift im Fels mit etwas Humor sozusagen „frostfrei", im Sinne von „ebenfalls dauerhaft.
Nebenbei erwähnt hätte sich unser Justinus, fern aller zyklischen und synchronen Ordnungsketten in unserem Universum bestimmt niemals vorstellen können, beinahe zwei Jahrtausende später in einem Buch zu erscheinen. Ich meine auch; ein ganz schöner Schritt für einen Legionär. Aber wie sollte er auch ahnen, Bestandteil und Spielball übergreifender Ordnungskriterien zu werden?

Sei gegrüßt, Justinus.

Noch ein weiteres Beispiel, das direkt mit diesem Buch selbst zusammen hängt.
Da wurde ich durch meinen Nachnamen Ziel von synchronen Vorgängen. Beim Stöbern in verschiedenen Texten für dieses Buch stieß ich auf folgenden Satz:

„Arthur Koestler, der in jüngster Zeit wohl bedeutendste Erforscher der Synchronizität,....“

Ich, Frank Köstler, betreibe Recherche für ein Buch, das unter anderem auch die Thematik der Synchronizität behandeln soll, und treffe auf Herrn Arthur Koestler, meinen Namensvetter, Autor, welcher sich bereits mit Synchronizität befasst hat.
Auf augenzwinkernde, verschmitzte, lässige und beiläufige Art bekommt man gesagt, dass man irgendwie doch nur tut, was man soll....
Ich selbst finde das schon ein wenig gruselig. Da meint man doch zu tun, was man will, oder? Und dann gibt es da jemanden mit gleichem Nachnamen, der sich ebenfalls für so ein Ausnahmethema interessiert hat. Zugegeben, ich kannte Herrn Arthur Koestler vorher nicht wirklich. Es mag vielleicht überdreht klingen oder neurotisch. Aber könnte es sein, dass es vielleicht Seelengruppen mit vordefinierten Aufgaben gibt?

Er selbst, Arthur Koestler, beschreibt einen Vorgang, den ich aus meiner Arbeit nur allzu gut kenne: wichtige Texte, Aussagen oder Quellen „fliegen“ einem plötzlich zu. Man wird förmlich mit der Nase auf diese gestupst. Schon oft ist mir das in meiner Arbeit geschehen. Aber lassen wir Koestler selbst zu Wort kommen. Es ist das Gleichnis des Bibliotheksengels, der ihn bei der Recherche zu den Nürnberger Kriegsverbrecherprozessen wieder einmal geleitete.

„Ich suchte mir in der Bibliothek die Prozesse heraus und war fassungslos, dass man sie in einer für den Historiker fast unbrauchbaren Weise veröffentlicht hatte. Es sind Kurzfassungen, obendrein abgelegt unter willkürlichen Stichworten. Nach stundenlanger Suche marschierte ich an den Bücherregalen entlang zu einem Bibliotheksassistenten und sagte: „Ich kann es einfach nicht finden, es gibt keinen Hinweis, es könnte in irgendeinem dieser Wälzer stecken.“ Ich legte meine Hand auf ein Buch, nahm es heraus, öffnete es achtlos – und es war nicht nur das richtige Buch, ich hatte es auch auf der richtigen Seite aufgeschlagen.“

Dieses Phänomen haben schon viele Menschen bemerkt. Auch wenn man sich mit einer Frage beschäftigt, auf die man dringend eine Antwort oder einen Ratschlag sucht, kann man *beinahe* willkürlich ein Buch aus dem Regal nehmen, in Gedanken die Frage formulieren und eine Seite aufschlagen. Nun muss der Finger nur noch über die Seite reisen und stoppen. Der gefundene Satz ist die Antwort. Ein Freund machte mich auf diese Art quasi-synchroner Antwortsuche aufmerksam.

Aber oft ist es auch einfach eine Art „zueinander-wandern" von passenden Themen und Objekten. Und die müssen nicht unbedingt Folgen oder Bedeutungen nach sich ziehen. Es ist dann einfach so, als würde sich Ähnliches beieinander wohlfühlen.

Dazu gibt es noch ein ziemlich aktuelles Beispiel. Es hat mit Euros zu tun.
Ich unterhalte mich eines Tages um ca. 11:45 Uhr mit einem Bekannten über Goldmünzen. Er favorisiert bestimmte Euro Gedenkmünzen von denen ich noch nie etwas gehört habe. Er hat auch eine Bestelladresse direkt bei einer staatlichen Ausgabestelle. Ich bitte um einen Internetlink, um mir ein genaueres Bild zu verschaffen. Schließlich ist Gold in Zeiten hochinflationärer Währungen und „Geld aus dem Nichts Krediten" die entgegengesetzte Alternative. Du traust dem Währungssystem immer noch oder Du hast Gold, sozusagen, als Kurzform.
Er bestellt immer Goldmünzen, erzählt aber auch von anderen – beinahe normalen - 1 und 2 Euro Gedenkmünzen, die Stadtnamen auf der Rückseite haben. Auf der Kopie seiner Bestellung, die er mir mitgibt, ist hinter der Münze ein Stadtname (Goslar) vermerkt. Ich mutmaße, es handele sich dabei wahrscheinlich um eine ganze Serie von Münzen mit unterschiedlichen Stadtnamen. Er bejaht dies, während mir durch den Kopf geht: „Musst Du mal in Deinem Portemonnaie nachgucken, ob da so Stadtnamenmünzen vielleicht drinnen sind." Mein Verstand negiert dies sogleich mit einem lächelnd überheblichen Verweis auf die äußerst geringe Wahrscheinlichkeit, eine Sammlermünze nicht nur im geregelten Zahlungsverkehr zu finden, sondern dann noch ausgerechnet im Portemonnaie, wo insgesamt vielleicht acht bis zehn Euro Hartgeld drinnen sind. „Wenn's hoch kommt", wie man so schön sagt. Aber es handelt sich schließlich erstens auch um ein legales Zahlungsmittel und zweitens kenne ich derlei verneinende Logik-Interaktionen von meinen Erfahrungen beim Remote Viewing. Das Resultat hieraus heißt:
„Nicht beirren lassen und unbedingt trotzdem nachgucken."

Eine Stunde später schaue ich in mein Portemonnaie – und tatsächlich, ein 2 Euro Stück mit „Hamburg" auf der Rückseite befindet sich darinnen. Vorsichtshalber lege ich es zur Seite, es müsste ja die Sammlermünze sein. Wieder mal so ein Kracher, der einem da geschehen ist. Wie hoch mag wohl die Wahrscheinlichkeit sein, über eine Sammlermünze zu sprechen, von der man noch nie hörte und die

sich bereits während dieses Gesprächs in der Briefbörse befindet, auf der man sitzt?
Wenn Sie meinen, dies sei „Zufall“, bitte ich Sie, jetzt aufzustehen und in ihrem Portemonnaie nach Sammlermünzen zu schauen. Egal welche Stadt.

Dann, am gleichen Tag, 13:25 Uhr, folge ich dem Internetlink des Bekannten. Auf dem Startportal der Verkaufstelle für Sammlermünzen wird genau die Münze abgebildet, die ich zur Seite gelegt habe. Die 2 Euro Gedenkmünze „Hamburg“.

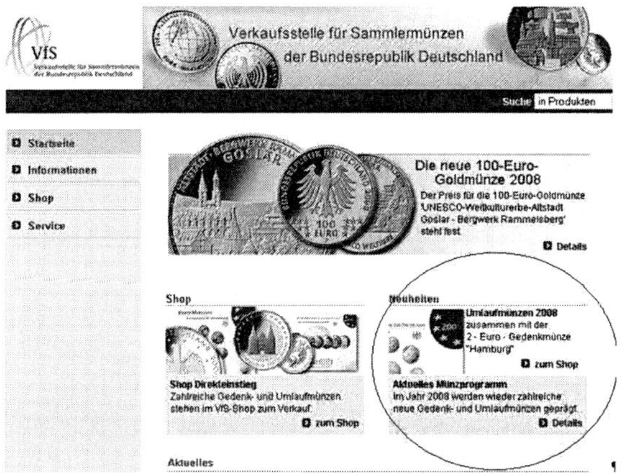


Eine Serie mit Hamburg Münzen. Plötzlich und an einem Tag begegnen sie einem andauernd. Noch am Morgen wusste ich noch nicht einmal von deren Existenz.

Das nächste Beispiel, bitte sehr.
Caro und ich joggen durch den Wald. Es ist ein diesiger Herbsttag, nur ab und an schafft es die Sonne, wenige Strahlen durch die Wolkentürme zu schicken. Die raue Umgebung bringt mich auf eine Idee.
„Stell Dir einmal vor, wir würden in Schottland am Meer joggen. So, morgens eine halbe Stunde. Alles rau und neblig und die Gischt vom Meer und abends gehen wir dann eine Whiskydestille besuchen.“
Caro trabt neben mir her, überlegt, trabt weiter.
„Deswegen, lieber Gott, möchten wir nun kein viertes Kind mehr. Auch wenn das egoistisch ist. Aber ich möchte mit meinem Mann noch einige Dinge unternehmen.“
Mich wundert dieser Ausflug ins Religiöse von ihr längst nicht. Höchstens diese Verknüpfung! Schottland, Whisky und ein viertes Kind?

Nicht wirklich stringent oder logisch. Oder doch? Gespräche mit Frauen...
Gerade gestern Abend wurde sie im Verwandtenkreis angesprochen, ob unsere Familienplanung nun abgeschlossen sei, was mit ihren 42 Jahren ja nicht unbedingt früh ist.
„Ja, natürlich, klar, absolut!“, hatte sie erschrocken gerufen.
„Du weißt ja“, hieß es, „wirklich in der Hand hast Du es nicht. Wenn eine Seele zu Dir möchte, dann kommt sie.“
Seufzend sagte sie: „Ich weiß ja, bei Jonas war es ja auch schon so.“
Und wirklich: Bei unserem Dritten war es, als drängele da etwas in der Ferne, als wollte uns jemand keine Ruhe lassen, bis er schließlich kommen kann. Mit freiem Willen und Wahl hatte das nicht wirklich etwas zu tun. Eher würde ich sagen, wurden wir regelrecht „breit geklopft“.

Und jetzt beim Laufen, muss ihr das gestrige Gespräch noch irgendwo im Kopf herumspuken. So verknüpft man dann Joggen an der schottischen Meeresküste mit der „Angst“, ein viertes Kind sozusagen aufgedrückt zu bekommen...

Dies wäre jetzt ja auch nur eine Geschichte von Millionen, die täglich auf diesem Erdball passieren und nicht weiter der Rede wert. Aber wir schreiben hier ja über synchrone Vorfälle. Und just fünf Meter weiter, nachdem wir zirka 30 Minuten lang gelaufen sind, mitten im Wald, weit weg und mitten zwischen zwei Dörfern, liegt in diesem Moment ein Schnuller auf dem Waldweg.

Ein Schnuller. Mitten auf dem Waldweg und wir kommen gerade daran vorbei. Mitten in diesem Dialog.

„Oh nein“, schreit sie, „das darf doch nicht wahr sein!“

Verrückt, nicht?!
Da hat jemand Sinn für Humor, könnte man meinen. So ein Strippenzieher mit uns als Marionetten?

Man ist vielleicht versucht, diese Begebenheiten als bedeutungslose Zufälle abzutun, aber, wie hier noch bewiesen wird, ist das Gegenteil der Fall. Es sind oft höchst bedeutsame Ereignisse mit einem dahinter liegenden Naturgesetz, welches sich derart ausdrückt.

Und dieses Naturgesetz wird eine individuelle, wichtige, ja zentrale Bedeutung auch für Sie, lieber Leser, haben.

Wobei ich den Vorfall beim Dauerlauf nicht einmal unbedingt als bedeutungsvolles Zeichen sehen würde, womit sich zum Beispiel ein Kind ankündigt. Das wäre schließlich der Bereich der „Aus-Deutung“ – und der ist immer wieder extrem schwierig und fehleranfällig. Leider. Dazu fällt mir gerade ein kleines Beispiel ein.

Ich träumte von einem Brief. Ich hielt ihn in Händen, er war in braunes Papier eingepackt und darinnen lag ein Brief von der Versicherung. Ich konnte auch hineinsehen, gedanklich. Es war nicht die erhoffte Entscheidung in Form einer Zahlung, sondern ein weiteres Schriftstück mit dienlichen Fragen.
Morgens interpretierte ich diesen Traum natürlich dahingehend ein Schriftstück von der Versicherung im Briefkasten vorzufinden, welches offensichtlich in diesen Tagen gerade gefertigt wird – also in unserer materiellen Welt ins Dasein tritt. Da ich mit dieser Thematik derzeit extrem auf Empfang bin, fällt es in meine Träume, wie ein Lied im Radio gespielt wird.
Richtig und falsch zugleich.
Tatsächlich hielt ich an diesem Tag genau jenen Din A 5-Umschlag in Händen. Er wurde mir jedoch vollkommen überraschend als Stellungnahme von gutachterlicher Seite übergeben, mit der Bitte, ihn in die Post einzuwerfen.
Der Brief war also nicht in meinem Briefkasten, was ich falsch interpretiert hatte, sondern sollte in den Briefkasten kommen.
Und zweitens war er nicht für mich, sondern für die Versicherung.
Zwei Interpretationsfehler. Ich hatte nur von einem Brief geträumt und den Rest „natürlich“ angenommen.
Und genau so ist die Welt eben nicht. Dass sie sich nach unseren Erwartungen oder dem, was wir „normal“ nennen, richtet. Ich erzähle diesen Vorfall deshalb so ausführlich, weil man derlei Interpretationsprobleme zur Genüge vom Remote Viewing kennt, und genau solche Details einen Haufen Arbeit machen.
Außerdem ist hier wieder einmal bedeutsam, dass die Welt sich nicht nach unseren Vorstellungen „normal“ bewegt, was wir noch genauer betrachten werden. Es ist eben nur eine Konstruktion unseres Verstandes. Das, was wir „normal“, „wahrscheinlich“ oder „zufällig“ nennen. Dinge geschehen.

Manchmal hingegen erscheinen Zeichen in großartiger Brillanz und eindeutiger Ausdrucksstärke, wie das nächste Beispiel zeigt.

Ich sah flüchtig auf einem Fernsehschirm ein Interview. Der Reporter steht vor einem blauen Auto mit gelber Schrift im Bildhintergrund. Auf der

Seite der Karosserie steht die Zahlenkombination „911“ und am Kotflügel ist „A3“ zu lesen.
Wie ein Blitz fährt mir die Bedeutung dieser Verbindung durch den Kopf: „Morgen gibt es Chaos auf der Autobahn“, denkt es bei mir. Es ist die Interpretation aus der Übersetzung der Zahlen in Worte und die geht so: Die US-amerikanische Notfallnummer 911 ist im kollektiven Gedächtnis der Menschen seit den seltsamen Terrorakten des Jahres 2001 in New York fest eingebrannt und steht in unmittelbarer Verbindung zu Begriffen wie „Notfall“, „Chaos“ oder „Anschlag“. „A3“ ist die Bezeichnung der Autobahn 3, die in unserer unmittelbaren Nähe vorbeiführt. Beide Begriffe stehen auf einem Auto. Auch analytisch zusammengesetzt erhält man also die Botschaft „Notfall“ oder „Chaos“ auf der „Autobahn“.
Ein wenig überrumpelt fühle ich mich angesichts der Offensichtlichkeit von dieser Art „Kaffeesatzleserei“, die da gerade über mich herein gebrochen ist. Wie so oft. Mein Bauch sagt ja, der Verstand meint „Nein, wie offensichtlich“ und „Da müsste man ja alles immer deuten!“ und ähnliche Einwendungen. Aber das Gefühl ist klar und eindeutig positiv. Dies ist ein Symbolismus in brillanter Qualität. Warum ich das Ereignis indessen spontan auf den morgigen Tag taxiert hatte, bleibt mir ein Rätsel.
Am nächsten Tag zieht ein Tiefdruckgebiet durchs Land. Schon in den frühen Morgenstunden fällt der Schnee in Massen, die Straßen werden rutschig und die Nässe überfriert. Im Radio höre ich den Staumeldungen zu. Auf der A3, direkt an den hiesigen Autobahnanschlüssen ist der Verkehr, wie es heißt, „zum Erliegen gekommen“. Über eine Strecke von 40 km stehen Pkw und Lkw. Megastau. Die Streu- und Räumdienste sind vollkommen überfordert. „Land unter“ auf der A3. Mir fällt das Bild des Autos wieder ein und wie perfekt es die aktuellen Gegebenheiten spiegelte. Wettervorhersagen oder so etwas hatte ich nicht gehört. Bis zum Augenblick dieses plötzlichen Unwetters hatte ich an Schnee als Chaosauslöser überhaupt nicht gedacht. Wir leben doch in Zeiten globaler Erwärmung, oder?
Natürlich – nebenbei erwähnt – ist der Schnee vom gestrigen Morgen längst getaut. In den hiesigen Gefilden scheinen winterliche Tiefdruckgebiete nämlich ein ausschließliches Zeitfenster von 4 bis ca. 10 Uhr morgens zum Abschneien zur Verfügung zu haben, um den Berufsverkehr perfekt lahm zu legen. Meist schon mittags taut es dann fröhlich vor sich hin...
Eine kleine Sache am Rande, die bezeichnend für die gerade beschriebene Verkettung ist. Denken wir noch einmal zurück an den 11.09.01 und die Vorgänge dort. Vielleicht haben Sie ja gerade die Bilder gegenwärtig, wie Tonnen von weißem Staub und Papier in Wolken in den Straßenschluchten umher waberten.

Vielleicht haben sie die Analogie bemerkt. Schließlich besteht auch der Vorfall auf der Autobahn im Abfallen von Tonnen weißen Niederschlages. Man mag versucht sein, diesen Vergleich als „zu weit hergeholt" zu sehen. Kann ich verstehen.
Aber ich würde ihn nicht beschreiben, wenn nicht genau derartig unwichtige kleine Details immer wieder in spielerischer Weise verbunden würden. Es ist immer wieder die *bildhafte Information*, die oft genug übereinstimmt und überliefert – und dann fehlgedeutet wird.
Oft scheitern zum Beispiel Zukunftsdeutungen oder Prophezeiungen an solchen Informationen, sobald sie interpretiert werden. Denken sie hier auch an mein Beispiel mit dem braunen Briefumschlag.

Das nächste Erlebnis schildert keine Serie oder Synchronizität im engeren Sinne, ist aber ein gutes Beispiel für den Gedanken eines kollektiven Gedächtnisses. Auch dieses Thema wird später noch behandelt werden.

Ich gehe einkaufen. Meine Tochter kommt auf den Gedanken „für Mama ein bisschen Evian mitzunehmen". „Also gut", denke ich mir, „warum nicht, benötigen wir schließlich immer". Als wir zu Hause sind, räume ich die Flaschen in den Keller. Als ich meine Frau treffe, fragt sie: „Hast Du mir auch mein Shampoo mitgebracht?" Oh nein, Mist, das Shampoo. Sie hatte es extra gesagt. Ich habe es vermasselt.
Da wir so etwas wie eine „Taxi GmbH" sind und unsere Kinder den lieben langen Tag in der Weltgeschichte herumfahren, muss Caro abends noch einmal ins Nachbardorf.
„Prima, da bringe ich mir das Shampoo mit!"
Gesagt, getan.
Dann, später, steht sie in der Küche und sagt: „Wo kommt denn die Evian Flasche da her?"
„Hat Renée aus dem Keller geholt!"
„Weißt Du, dass ich neben dem Shampoo unbedingt noch Evian kaufen wollte und das vergessen hatte?"

Das ist nicht wirklich eine Serie, es zeigt aber, wie eng verwoben die einzelnen Teile einer Familie oft unbewusst ineinander greifend handeln. Die Familie ist dabei das, was ein Remote Viewer vielleicht als Wesen oder Gegenstand beschreiben würde (und damit vollkommen recht hätte), wenn er „die Familie" im Umschlag hätte. Ein Organismus energetischer Natur aus Individuen bestehend, mit einer Mehrzahl Körpern und einer *zentralen geistigen* Schaltstelle. Es gibt viele Tierarten, Bienenvölker oder Ameisen zum Beispiel, die als Kollektiv handeln. Dieses kleine Erlebnis mit der Wasserflasche soll zum Nachdenken anregen, dass in Familien ein kollektives Überfeld entsteht, welches seine ihm angehörenden Teile neu ordnet, ausrichtet und reguliert – wenn diese wollen oder auf Empfang sind (Schließlich hatte ich im Beispiel nicht kollektiv funktioniert!). Dieses Beispiel als kleiner Wink zwischendurch auf Themen, die noch zu behandeln sind.

Wenn ich nachdenke, gab es auch schon in meiner Kindheit merkwürdige Zeichen, die sogar bis heute hinein wirksam sind. Wie rote Linien durchziehen sie mein Leben und bleiben trotzdem lange und meist unbeachtet.
Bestimmte Dinge, Umstände und Personen treten in trauter Wiederholung immer wieder in unser Leben. Ich spreche hierbei nicht von Sachverhalten, die wir bewusst selbst initiieren, sondern vielmehr von Serien, die auf wundersame Weise und ohne unser Zutun immer wieder mit uns verbunden *werden*.
Wichtig ist hierbei unser inneres Erleben und eine Art „A-ha-Effekt", der manchmal vollkommen unerklärlich sein kann.

Wir können sicher sein, es hierbei mit für unseren Lebensweg bedeutsamen Ereignissen zu tun zu haben; wir werden sozusagen „mit der Nase auf etwas gestoßen". Die Botschaft von Wiederholungen kann lauten: „Sieh genauer hin", „Schau einmal. Das gehört zu Deinem Lebensweg".
Vorausgeschickt erscheint es mir manchmal, als laufe Leben in Spiralen ab. Als würden wir immer wieder an den gleichen Stationen vorbei kommen. Zumindest solange wir sie nicht ausreichend bearbeiten oder ihnen Aufmerksamkeit zollen. Leben wiederholt Ereignisse für uns, bis wir verstehen können und wollen. Oft geschehen uns diese Hinweise auf sehr kreative, ja beinahe künstlerische Weise. Dann haben wir die Gelegenheit zu lernen, die Sprache des Lebens zu erkennen, was nicht leicht ist und sowieso immer abgetan werden kann.

Zur weiteren Verdeutlichung schildere ich einfach mal das nachfolgende Beispiel. Es ist die Geschichte von der Schaumburg.

Eher flüchtig nahm ich im Fernsehen das Spielen einer Musikgruppe wahr. Wie alt mag ich gewesen sein? Vielleicht zehn Jahre? Ich weiß es nicht mehr so genau. Es war eine Band, von der ich im Vorübergehen nur einen Namen mitbekam: „Palais Schaumburg".
Ich habe vielleicht zwei Sekunden auf den Fernseher geschaut, nicht länger. Irgendwelche Sänger, ein paar Lichter und eben dieser seltsame Name, der mich tief in mir sehr seltsam berührte. Schaumburg. Es sind Augenblicke eines sonderbaren tiefen Fühlens im Leben. Man kann nicht sagen, warum sich das so anfühlt. Oder was es ist. Man kann nicht sagen, warum die Wahrnehmung ausgerechnet diese Begebenheit

sondiert und mit Gefühlen versieht. Es ist einfach so. Unerklärlich und man muss es dann akzeptieren. Später, als ich das erste Mal mit Remote Viewing konfrontiert wurde, war es genau so. Es ist beinahe wie ein Gefühl inneren Erschreckens.
Ich habe von der Band nichts behalten. Keine Melodie, Gesichter oder Texte. Nur den Namen. Mit den Jahren die vergingen, verschwamm diese Erinnerung sogar und wurde etwas unglaubwürdig. „Ich muss mich vertan haben; „Schaumburg" ist eine Phantasie, eine Art Gedankengebilde...nicht von dieser Welt"...
Natürlich schlug ich auch nirgendwo nach oder recherchierte. Wozu? Wir laufen alle mit Dutzenden, vielleicht sogar Hunderten dieser latent vorhandenen Muster und Begriffe im Kopf umher. Trotzdem blieb der Begriff knapp über der Merklichkeitsschwelle. Einige Jahre und ohne weiter befragt zu werden.
Später stolperte ich in der „Tageschau" über den Namen. Der Dienstsitz des Bundeskanzlers war auch in einem Gebäude mit diesem Namen untergebracht. Schon wieder die Bezeichnung „Palais Schaumburg". Es führte dazu, das gemerkte Wortgebilde im Gedächtnis, auf bestimmte Art, weiter zu surrealisieren. Untergründig trug diese Information also noch mehr zu einem irrealen Verschwimmen dieses Namens bei. Eine Musikband mit so einem Namen, ein Verwaltungssitz. Beides hatte nichts miteinander zu tun. Ich hatte auch das Gefühl, dem Kern der Dinge nicht wirklich näher zu kommen...
Wieso stolperte ich immer wieder über diesen Namen? Warum bloß? Warum fiel er mir auf und warum machte er so ein komisches Gefühl?

Viele Jahre später fuhren wir mit einer Gruppe von Menschen zu einem Baggersee. Dieser lag in der Nähe von Limburg / Diez. Auf der Hinfahrt zeigte einer der Mitfahrer aus dem Fenster: „He, schaut mal, dort drüben liegt die Schaumburg."
Natürlich rastete ich darauf ein. Aber mehr als die schöne Silhouette des Anwesens weit in der Ferne habe ich nicht mitgenommen. Ohnehin war der „Fall" für mich nun in gewisser Weise erledigt, auch wenn das unlogisch klingt. „Es gibt eine Burg mit diesem Namen, dort drüben steht sie. Ganz real und „fassbar". Irgendwann schaue ich mir die einmal an."

Vor wenigen Jahren machten wir eine Fahrt ins Blaue. Es sollte ein zwang – und zielloser Ausflug sein. Caro und ich machen das gerne einmal. Die Geschehnisse auf uns zukommen lassen. Offen sein und den Tag mit seinen Aktionen neugierig begegnen. Das ist sehr spannend. Probieren Sie es auch einmal. Nichts planen, nur entspannt-gespannt losfahren. Diesmal war es mein Geburtstag und er sollte ganz anders sein als die üblichen. Wir waren an diesem Tag auch ohne Kinder.

Nachdem wir in den Wald gegangen waren, Kraftplätze gesucht hatten und uns weit über einem Tal auf einem Felsvorsprung gesonnt hatten, fuhren wir weiter und an der Lahn entlang. Der Tag war komisch. Er fühlte sich irgendwie „neu“ und „frisch“ an. Immer wieder dachte ich: „Komisch, an Deinem Geburtstag ist Dir, als würdest du neu geboren...! Ein wahrer Geburts-Tag“ im engeren Sinne!“ Aber Sinn ergab das nicht wirklich.

Dann sahen wir ein Hinweisschild.
„Schaumburg“, stand darauf.
„Komm', lass uns hinfahren“, sagte ich.
Dort angekommen, schien eine seltsam heilige und ehrwürdige Atmosphäre von diesem Bauwerk auszugehen. Der Ort schien mich anzuziehen. Ich hatte das merkwürdige Gefühl, mit meinem Hiersein eine lange Schleife beendet zu haben.
Was mochte dort untergebracht sein?
Ein Hinweisschild verriet es.
Es war Mutter Meera, eine indische Heilige. Dort nennt man es Avatar. Unter einem Avatar versteht man eine dem göttlichen nahe Inkarnation in Menschengestalt. Ein Avatar kann das transformierende göttliche Licht – im indischen des Paramatman (des Höchsten Wesens) – für den Einzelnen zugänglich machen und auf die Erde bringen.
Tausende Menschen aus Europa und Amerika strömen jedes Jahr zu ihr, um mit ihr den so genannten Darshan zu begehen. Darshan heißt wörtlich Vision oder Sicht des Göttlichen (aus dem Sanskrit). Es ist die stille Übermittlung von Segen und Licht durch ihren Blick und ihre Berührung. Es heißt, dieser könne Karma verringern und die Seele mit Licht füllen.

Sie wohnt auf dem Schloss Schaumburg bei Balduinstein. Ich meine, ein indischer Avatar, der in einem deutschen Schloss wohnt ist schon ein bisschen bizarr, oder?

Es gab nicht länger Fragen oder offene Aspekte des Begriffes Schaumburg. Er hatte sein Ziel gefunden. Ich war angekommen. Nach mehr als 20 Jahren sich wiederholenden Zeichen konnte ich die Fragmente zusammenfügen. Ich gehörte hier her. Das Schloss hatte „gerufen“, wenn man so will.
Natürlich gibt es keinen so genannten „objektiven“ Beweis hierfür. Und Glauben mag dazu gehören. Klar. In der Gestalt, dass mein eigener Geist all dem Bedeutung gibt, was objektiv betrachtet, keine tiefere Bedeutung hätte.

Andererseits hat unsere moderne Wissenschaft entdeckt, dass es eine so genannte objektive Welt gar nicht gibt. Ergebnisse werden durch den Beobachter – oder besser den „Teilnehmer“ beeinflusst. Dies heißt tatsächlich nichts anderes, als dass sich das Ergebnis nach dem Messenden ausrichtet – und nicht etwa umgekehrt.
In gewisser Weise bekräftigen die Wissenschaften damit auch inneres Erleben und innere Wahrheit – und die Individualität unserer Wahrnehmung. Es ist immer – im ganzen Leben – *nur und ausschließlich* unser eigener Geist, der der Welt Bedeutung verleiht. Und nebenbei bemerkt auch in der Wissenschaft.

Die Geschichte hat auch – wie in diesen Fällen oft – mehrere Facetten und Deutungsebenen. Immer tauchte der Begriff „*Palais* Schaumburg“ auf.
Nun – „Palais“ ist übersetzt das „Schloss“. Auf dem Schloss Schaumburg residiert „Mutter Meera“. Auf einem Schloss leben meist hochgestellte Persönlichkeiten. Der gesamte Begriff war also bedeutsam und im Gleichklang mit der Nutzung des Anwesens.
Dann schien es sich hinsichtlich Zeit und Ort um einen Ausgangspunkt zu handeln.
Zunächst einige Worte zum Zeitpunkt, an dem ich auf dem Schloss eintraf: Es war mein Geburtstag. Ein Geburtstag ist, wenn er zum ersten Mal stattfindet, ja eben der Ursprung ins irdische Dasein hinein. Kündete diese seltsame Resonanz von einem Neuanfang oder einer Lebenswende? Gerade einige Wochen vorher blieb ich wie angewurzelt vor einer abgelegenen Villa stehen. Sie zog mich auf mysteriöse Art in ihren Bann. Neben dem Eingangsportal rief mir ein Schild entgegen: „une autre vie“ stand darauf. „Ein anderes Leben“. Erträumte der Besitzer ein anderes Leben oder war dieser Ort der Sitz eines zweiten-besseren-Lebens? Doch zurück zum Palais Schaumburg.
Der Standort selbst ist ein Ursprung. Schloss Schaumburg steht auf dem Nullpunkt im Solder'schen Koordinatensystem. Dies mag sich zunächst verwirrend anhören, korrespondiert aber eben mit dem Geburtstag als *Ursprung*. Die Einteilung dieses Messungssystems, wurde erst in den 20ern des letzten Jahrhunderts durch Gauß-Krüger abgelöst. Und der Nullpunkt oder Ausgangspunkt, der Punkt, wo alle diese Koordinaten den Wert Null annehmen, beginnt seltsamerweise auf Schloss Schaumburg (Daneben ist dies noch bei der Frauenkirche in München und dem Kölner Dom der Fall).
Exakt dieser Ort wird für Tausende Besucher zu einem Ort der Wieder- oder Neubelebung. Viele Besucher werden hier zu einer gravierenden Lebenswende geführt. In gewisser Weise werden sie hier „neu geboren“.

Durch das Handeln von Mutter Meera erfahren dort tausende Besucher oft einen tiefgreifenden Lebensumbruch, eine Wandlung.
Ausnahmsweise trifft es hier der eingedeutschte, weil englische, Ausdruck „reset“ besser. Menschen erfahren dort oft einen „reset“, sie werden auf „0“ zurück gestellt, neu justiert. Deshalb wirkte das Anwesen auf mich auch so „frisch“. Und das auf dem Nullpunkt des Koordinatensystems. Welch schöne Analogie!

Doch zurück zu jenem Ausflugstag. Schließlich stehen wir sozusagen noch immer vor der Schaumburg und sind ganz baff...

Ich ließ mir noch am gleichen Tag einen Termin bei diesem geheimnisvollen Menschen geben. Die Sitzungen bei ihr sind auf ca. zwei Monate im voraus zu buchen. „Mutter Meera“ gibt ihr Darshan kostenlos. Anreisende aus ganz Europa finden sich dort ein. Ich war voller freudiger Erwartung. Die Spannung auf diesen Tag stieg.

Der weitere Verlauf dieser Geschichte ist bezeichnend. Da es kein straff geschriebenes Drehbuch ist, sondern das wahre Leben, habe ich den Termin aus trivialen Gründen abgesagt. Der Geburtstag lag weit zurück, die Spannung war nicht mehr vorhanden, der Alltag und die Verpflichtungen groß. Jahre vergingen. Ich dachte kaum noch an diese Begebenheit.

Der Leser möge mir an dieser Stelle, und bevor ich diesen kleinen Teil der Lebensgeschichte weiter erzähle, einen zwingenden Einschub verzeihen, der erzählt werden muss, um alles korrekt wiederzugeben. Genau hier nimmt nämlich ein zweiter Schicksalsfaden seinen Lauf, um sich später zu vereinen...

Eine Bekannte erzählte uns von den medialen Fähigkeiten eines Heilers und war schlichtweg begeistert von ihm.
Meine Caro überredete mich schließlich einmal dorthin zu gehen, um mir einen Eindruck zu verschaffen. Besagter ist ein Ukrainer, der in Moskau aufwuchs, eine Technikerausbildung absolvierte und dann über Lebensbrüche schließlich selbst Heiler wurde und in Deutschland ansiedelte. Er betreibt nicht nur seine Praxis und bildet aus, sondern hat auch eine Reihe von Büchern und Publikationen veröffentlicht.
Ich saß diesem Mann gegenüber. Er strahlte Ruhe aus.
„Ich kann einfach anfangen und Ihnen Dinge über Ihren Gesundheitszustand erzählen, oder, wenn Sie aus einem bestimmten Grund hier sind, sagen Sie mir, was geheilt werden soll.“
Eine Pause entstand. Wie sollte ich entscheiden? Einerseits war ich sehr gespannt, was und ob er etwas finden würde, denn schließlich wusste

ich ja meine körperlichen Probleme, andererseits sollte das hier keine „Jahrmarktnummer" werden. Nun, eine Sache konnte man ihm sagen.
„Ich hatte hier eine Operation und nun habe ich ein ziehendes Gefühl, wie einen Phantomschmerz zurückbehalten. Es ist schmerzhaft, ziehend, juckend. Von allem etwas. Ich denke, es kommt von der Vernarbung oder von der Operation."
Jeder Arzt hätte nun in genau diesem Fall die „große Runde" angeordnet. Den Rundweg über alle Fachärzte, schon, um die Verantwortung sauber zu verteilen und keinen Fehler zu machen. Radiologie und was es da noch alles gibt.
Der Mensch saß mir gegenüber, vertiefte sich fünf, sechs Sekunden und sagte dann.
„Sie haben da nichts. Es ist ihre Wirbelsäule. Legen Sie sich bitte drüben auf die Liege, Gesicht nach links."
Ich lag da und dachte in etwa: „Rasanter Praxisbesuch. Bist eine Minute hier und schon auf der Liege." Noch währenddessen spürte ich seine Finger zwei, drei Wirbel abtasten, bevor er einen davon mit einem Krachen einrenkte. Wer es schon erlebt hat: es ähnelt einem Blitzschlag im Rücken. Ein Schrei, mein Schrei. Mit einem Satz sprang ich auf.
„Der Schmerz wird jetzt fort sein.", sagte er, vollkommen überzeugt und wie in Stein gemeißelt waren diese Worte. Unverrückbar. Ich war da gar nicht so sicher und rieb über die Haut.
„Ihre Wirbelsäule strahlte an dieser Stelle aus. Sie war ausgerenkt. Das war alles. Von der Operation ist das nicht."

Ich fand den Menschen ganz schön heftig. Hey, wenn ein Operierter zu einem Naturheiler kommt und erzählt, er habe an der betreffenden Stelle Schmerzen, was liegt da nah und was liegt da fern, hm?
Nah liegt, dass es mit der OP zusammen hängt. Nahe liegt, dass der operierte Körperteil betroffen ist und auch gleichzeitig jener, der schmerzt... Spätfolgen, OP-Zwischenfälle, Folgeerkrankungen und so weiter. Nah liegt, sich abzusichern, und den Kram über technische und harte Fakten, Nebenuntersuchungen abzusichern, bevor man sich irgendwie haftbar macht. Wir reden hier ja nicht über Schnupfen.
Aber der Kerl da übernimmt nicht nur jede Verantwortung und deckt mal eben nach einer Minute alles selbst ab, nein, der behauptet auch noch, der Schmerz komme von wo ganz anders her. Von der Wirbelsäule, die er gleich darauf einrenkt!
Wir reden über die Gefahr rechtlicher Folgen wie Haftungen und dem Ansehensverlust bei einer Fehldiagnose. Die können sich „normale" Ärzte vielleicht einmal leisten – aber ein so genannter Geistheiler? Wohl kaum. Starkes Stück, das.
Im nachhinein informierte ich mich und sah, wie viele Arten es gibt, den Rücken einzurenken. Das bedeutet, er musste in dem Augenblick, als er

mich zum Hinlegen anwies, nicht nur eine Diagnose, sondern auch schon komplette Behandlungsmethode und die betroffene Wirbelregion im Visier haben. Ohne mich einmal berührt zu haben! Wahrhaft erstaunlich.
Und für alle Zweifler (macht nichts, ich bin auch einer, wenngleich diese Anteile mit fortschreitender Lebenserfahrung immer weniger werden), die nun fragen: „Warum macht der Köstler keine RV-Session drauf um Klarheit zu bekommen?"
Weil ich involviert bin. Emotional „zu" diesbezüglich. Eigenblind. Und weil dabei persönliche Ängste und Erfahrungen eine Rolle spielen und ich dieses Thema am liebsten gar nicht mehr angefasst hätte. Ich hoffe, das genügt soweit.
So, da sitze ich wieder. Jetzt waren vielleicht zwei Minuten in der Praxis vergangen. Rasanter Auftakt. Er möchte nun anfangen mir zu erzählen. So drückte er sich aus. Ich bin noch etwas baff über seine Wortwahl. „Anfangen", ist irgendwie lustig, nicht?
Er erzählt dann und bittet mich, mitzuschreiben.
Also gut, ja, die Neurodermitis am Finger, ganz neu dieses Jahr. Erstmalig. Die konnte er vielleicht sehen, obgleich ich das nicht glaube. Ich schreibe brav, wie ich das kurieren soll. Creme selbst machen. Aus Zwiebeln, Wachs und Sonnenblumenöl.
„Da holen Sie sich im Reformhaus Bienenwachs."
„Nicht nötig, ich habe Bienen!"
„Sehr gut!" Er lächelt. Es geht weiter.
Er schaut schräg an mir vorbei. Das soll wohl meine Aura sein, die er ausliest. Irgendwie im Augenwinkel. Dann spricht er wieder und ich denke:
Ja, klar, hm, hatte ich eigentlich so nicht gesehen, aber er hat Recht. Ja, ich habe Gelenkschmerzen in letzter Zeit.
„Borreliose. Das kommt von einem Zeckenbiss, den Sie einmal hatten. Das ist einige Zeit her und beginnt nun langsam auf die Gelenke zu schlagen."
Es folgte noch eine weitere halbe bis dreiviertel Stunde bei ihm. Es war ziemlich hart zuweilen. Schließlich sind wir am Ende.
Als ich hinausgehe, sehe ich viele Bilder an der Wand. Da ist Sai Baba und dort hängt lächelnd „Sie".

Mutter Meera!

Ja, genau. Die Frau, die auf der Schaumburg Darshan gibt.

Ich habe sie lange nicht mehr gesehen. Abends reden wir darüber. Caro fragt:
„Warum sind wir damals nicht mehr zu ihr hin gegangen?"

„Ich weiß nicht mehr genau. Irgendwie gab es keinen richtigen Grund!“

So, jetzt sind wir an dem Punkt, weshalb der Einschub so zwingend war. Weil die Heiler- und die Mutter-Meera-Geschichte hier eine klare Schnittstelle haben, was mir aber auch erst beim Schreiben richtig klar wurde.

Einige Tage später haben wir uns erneut bei Mutter Meera angemeldet. Jetzt, da ich dies schreibe, sind es noch ca. sechs Wochen, bis wir zu ihr fahren.
Aber es gibt noch einen Nachschlag: Ich nahm den Satz, ich hätte mich in der Vergangenheit mit Borreliose infiziert, zum Anlass, ein großes Blutbild, welches ohnehin fällig war, machen zu lassen. Ich meine, beim Remote Viewing, macht man danach ja auch den Umschlag auf, nicht?

Wo ein Zeckenbiss ist, ist Borreliose und wo die sind, gibt es Antikörper und genau die kann man mittels Blutabnahme nachweisen, denn sie müssen ja *bereits da* sein. Oder auch nicht. Ich kam heute morgen vom Arzt. Das Blutergebnis war da. Eine positive Borrelia Diagnose. Ein unbehandelter Biss, einige Jahre zuvor.

Der Mann hatte exakt Recht. Und er hat sich mit seiner Diagnose sehr weit aus dem Fenster gelehnt. Er weiß, man kann nachprüfen, was er sagt. Und zwar zweifelsfrei.
Das ist tollkühn. Oder aber, man glaubt einfach was man sagt. Zum Beispiel, weil man bessere Informationen hat. Die von einer Aura.
Wo ein Remote Viewer Datenpäckchen aus der Matrix ausliest, ist er darauf spezialisiert, das Photonenfeld des Körpers zu sehen. Nur über das seitliche „im Augenwinkel schauen“ stellt er dann komplette Diagnosen.
Die auch noch zutreffen.

Einige Beispiele mit Autos noch. Wir fahren zwei Autos, ganz typisch einen Mannschaftstransportwagen namens Vivaro (braucht man bei fünf Personen plus Hund) und einen Kleinwagen.
Bei unserem kleinen Auto geht vorne rechts der Scheinwerfer kaputt. Wir haben eine Werkstatt nebenan. Nichts Tragisches. Wirklich. Ist ein älterer Citroen und auch auf einem Licht lässt sich eigentlich noch richtig gut fahren. In der Werkstatt klopft mir mein Nachbar und Mechaniker auf die Schulter: „Das ist kein Problem, Du hast ja keinen Xenon Scheinwerfer drin, wie das bei den neuen Modellen der Fall ist.“
„Wieso?“
„Na, die kosten gleich 100 € aufwärts, je nach Typ und so.“

Ich bin wirklich empört über dieses neue Raubrittertum. Neues Birnchen – 100 €. Geschickt eingefädelt, die neuen Birnen sozusagen...
Dass allerdings ein paar Tage später der rechte Scheinwerfer unseres Vivaro kaputt geht, ist mal wieder eine echte Serie. Die beiden Wagen haben unterschiedliche Anschaffungszeitpunkte und Baujahre. Nur mal so für die Skeptiker... zwei rechte Scheinwerferglühbirnen gehen binnen weniger Tage kaputt... ach ja, und damit das auch wirklich vergleichbar bleibt, waren im Vivaro auch keine von diesen superteuren Raubritter-Luxusbirnen drin. Ich erwähne die diversen Halo-Birnen nicht detailliert, die ich in den letzten Tagen ausgewechselt habe – eine echtes Massenverglühen...

Wo wir gerade beim großen Thema Autos sind ein weiteres kleines Beispiel.

Thomas, ein Autor von Rundbriefen im Internet, erzählte kürzlich von seinem Autoverkauf. Ich gebe das mal hier wieder. Das alte Auto hatte durch eine kleine defekte Dichtung am hinteren Rücklicht immer wieder unschöne Nässe an der Innenscheibe. Nichts Schlimmes, nur ein optischer Mangel, der aber zu Komplikationen mit dem Käufer führen könnte. Die Instandsetzungskosten hätten 150 € betragen. Einen Tag bevor die Übergabe des Autos vereinbart war, parkte Thomas deshalb das neue Auto draußen und fuhr den alten Wagen in die trockene Garage. Es sollte nicht wieder zu Staunässe kommen, der Kauf sollte reibungslos vonstatten gehen. Den Mangel verschwieg er. Es war ja nichts Ernstes.

Der Käufer kam und war begeistert. Das Geschäft wurde abgeschlossen und das Auto wechselte den Eigentümer zu einem für beide Seiten fairen Preis. Danach konnte das neue Auto in die nun wieder leere Garage gefahren werden.

Und nun beginnt die Sprache des Lebens für die zu sprechen, die hören können. Ziel- und treffsicher und überaus genau.

Schon einen Tag später hatte er auslaufende Kühlflüssigkeit am neuen Wagen zu beklagen. Aber aus welchem Grund entstand dieser plötzliche Mangel?
In der einen Nacht, in der das neue Fahrzeug draußen parkte, biss ein Marder den Kühlschlauch an! Die Reparaturkosten beliefen sich auf 550 €.

Genau in dieser Form spricht das Leben täglich zu uns. Mit Abfolgen und Ereignissen, die eher einem Traum entsprechen. Würden wir die obige

Geschichte nämlich träumen, erschiene uns das „voll logisch“. Nur im Leben, mit ein paar Stunden Zeit und vielen hundert Gedanken zwischen den Ereignissen entgeht uns allzu oft die wichtige Botschaft. Ein seltsames Phänomen.

Es gehört zu den weiteren Kuriositäten dieses Buches, dass wir das Zueinanderkommen von Gleichheiten während des Schreibens hier über Serien förmlich anziehen. Weiter hinten im Buch finden Sie einen kleinen Ausflug zu einer Figur, die ich in diesen Tagen erfunden habe. Einem alten Münzer – eine Fantasiefigur - anhand dessen Tätigkeit ich einige Zusammenhänge erklären möchte. Dort sollte auch ein Foto auf die Seite. Ich wusste noch nicht genau was für eines. So findet sich dann ein Platzhalter. Die sehen in der Arbeitsversion dieser Texte immer so aus: **[Foto Münzer]**.

„Ich will heute auf einen Weihnachtsmarkt gehen!“, sagt Caro. Klare Ansage.

„Oh, gute Idee, ich komme mit.“ Mittlerweile weiß ich um diese Resonanzen, die einem dann überall begegnen, deshalb nehme ich einen Fotoapparat mit. Mache ich sonst nicht. Unnötiger Ballast.

Gleich am Eingang des Weihnachtsmarktes fallen wir, Nase voran, direkt über den Stand eines Münzers. Foto raus und Bilder seines Plakates gemacht. So einfach kann es gehen!

Wenn Sie nun sagen, „ich hab im Leben noch keinen Stand von einem Münzer auf einem Weihnachtsmarkt gesehen.“, antworte ich Ihnen. „Ja, ich bis dato auch nicht. Aber wenn man einen braucht ist einer da.“

## Bleileitungen und Wasserkisten

„Man sieht nur mit dem Herzen gut. Das Wesentliche ist für die Augen unsichtbar."
Antoine de Saint-Exupery

Lerne die Zeichen zu sehen. Das Leben hält für uns alle Zeichen parat. Was bei einem Flugzeug das Funkfeuer ist, oder bei einem Remote Viewer die Signallinie, das sind im Leben von uns Menschen die Zeichen.
In Celestines Erkenntnissen bilden die Synchronizitäten den ersten Schritt zum Aufbruch in eine neue Welt. Eine Welt, in der Zufall durch Fügung ersetzt wird und der Mensch von Vertrauen geleitet wird. Kennen Sie die erste Erkenntnis von Celestine? Sie lautet, dass wir uns der „Zufälle" im Leben bewusst werden und sie wie synchrone Erlebnisse wahrnehmen. Fügungen sind der Teil eines gesamten Prozesses. Es gibt keine Zufälle. Wir sind alle an wichtigen Punkten der Evolution. Wir hinterfragen, was das Leben eigentlich bedeutet. Wenn wir ernsthaft fragen, werden wir es heraus finden.

Wir müssen wieder lernen, achtsam zu sein und die Sprache des Lebens zu verstehen. Es ist wie das Rauschen der Bäume. Für die einen bleibt es messbares Rauschen klar definierter Wellenlänge, die anderen können darin ein Flüstern hören. Wenn Synchronizitäten in Deinem Leben auftauchen, dann hast Du lange genug Wellenlängen gemessen.

Du wirst nun aufgefordert, das Flüstern zu hören.

Unsere wichtige Logik ist dabei weniger gefragt, als unsere Fähigkeit intuitiv aufzunehmen. Die Organe, mit denen wir intuitiv Informationen sammeln können, sind unser Bauch und unser Herz. Mit anderen Worten, ist es also wichtig, erneut zu erlernen, mit Bauch und Herz zu kommunizieren. Wieder von innen heraus zu leben. So, wie wir es als Kind bereits taten.
Die Spielarten der Logik, darunter Analyse, Rückblick und Vergleich, sind überaus wichtig – im richtigen Moment. Hingegen stelle ich immer wieder fest, dass es bei großen Entscheidungen oder bei Beziehungen zu anderen Menschen um Längen besser ist, auf den Bauch zu hören. Es ist, als würden Bauch und Herz in der Lage sein, ganzheitlich zu betrachten. Diese intuitive Form der Intelligenz in uns kennt das Ergebnis bereits und vermittelt es über die Emotionen. Wir nehmen dann „nur" unterschwellig wahr, unbegründet, nicht sehr detailliert.
Mit dem Bauch wahrnehmen heißt, holografisch zu denken. Wir bekommen ein Informationspaketchen, meist nur ein vages Gefühl. Gerade das fällt einem durchschnittlich konditionierten und zivilisierten

Menschen in Europa besonders schwer. Erziehung mit dem Schwerpunkt der Logik und Analytik in Elternhaus und Kindergarten, aber auch die darauf folgende Schulausbildung betont linkshemnisphärisches Denken. Sich „nur“ auf Gefühle, vage Vermutungen, ja eben den Bauch zu verlassen wird als gefährlich angesehen. Ich habe auch sehr lange so gedacht und gehandelt – und bin sehr oft sinngemäß „hingefallen“. Dann zahlte man „Lehrgeld“ oder wurde ent-täuscht. Kein Wunder: wer sich selbst täuscht, den Erfordernissen des Lebens nicht ins Auge blickt, muss eben vom Leben selbst ent-täuscht werden. Dann kann er nur über Passivität – Erfahrung - zu Erkenntnissen gelangen.
Tatsächlich nimmt unsere „Bauchintelligenz“ sozusagen ein Paket an, wenn sie uns ein Gefühl vermittelt. Ein Datenpaketchen, ein Informationspaket.

Wir können uns für die weiteren Überlegungen hingegen vorstellen, ein wirkliches Paket vom Postboten zu empfangen. Sie haben nichts bestellt und deshalb auch keinerlei Ahnung, was darinnen ist. Sie wiegen das Paket in Ihren Händen. Wenn Sie nun in sich hören, empfangen Sie bereits Informationen von diesem Paket. Es ist, als läge eine Aura um dieses Paket. Zunächst mögen dies mehr generelle Eigenschaften sein, die Ihnen dabei auffallen. Es fühlt sich zum Beispiel „gut“, „schlecht“ oder „neutral“ an. Vielleicht fällt Ihnen auch sofort ein Detail ein. Ihnen kommt die Farbe „orange“ in den Sinn. Ohne jede Bedeutung, einfach so. Vielleicht verbinden Sie es komischerweise mit einem Sonnenuntergang, den Sie letztes Jahr im Urlaub am Meer beobachteten, wo der Himmel in orange-rotes Licht getaucht war. All diese Gedanken sind äußerst flüchtig. Und wenn wir nicht gegenwärtig und bei uns sind, segeln sie ganz leise – und ungehört – vorbei.
Sie fragen in sich hinein, was darinnen sein mag. Und Sie bemerken, wie es sich „freudig-neugierig“ anfühlt, komischerweise aber trotzdem auch so etwas wie „Langeweile“ mitschwingt, was Ihnen sehr widersprüchlich und unlogisch vorkommt. Vielleicht strecken Sie ja bildlich gesprochen Ihre Sinne durch den Karton und finden es zusätzlich noch „irgendwie kuschelig“ und „warm“ obwohl sich der Karton ja fest anfühlt, wie Karton mit Packpapier drum herum eben.
Das tatsächliche Auspacken vertieft diese ersten oberflächlichen Informationen. Sie sehen nun nach und nach, was sich darinnen verbirgt. Tatsächlich irgend etwas Orangenes.
Auch in den weiteren Beobachtungen und dem Sammeln von Eindrücken geht es nur noch um Detaillierung und Konkretisierung. Ihr Bauch wusste alles schon vorher. Natürlich nur grob aufgelöst.
Dann packen Sie die neue Bettgarnitur aus. Warme orange rote Töne. Von Ihrem Mann bestellt.

Und Sie denken:
„Mann, muss dem langweilig gewesen sein, bevor der sich mit Bettzeug beschäftigt!"
Und plötzlich haben die weit auseinander liegenden Energieformen Freude, Neugier und Langeweile eine eigene innere Logik.
So arbeitet der Bauch. Er liefert zuerst ein äußerst unscharfes unbegründetes Ergebnis und mit einigermaßener Wachsamkeit liefert er vielleicht mal ein paar Details hinterher. Man könnte auch sagen, unsere Intuitivität arbeitet effektiv. Sie liefert direkt das Ergebnis, so als wollte sie sagen: „Wozu soll ich mich mit den lästigen Details rumschlagen."
Sie kennen das vielleicht von früher in der Schule, wenn es bei Klassenarbeiten Punktabzug gab, obwohl das Ergebnis stimmte, weil der Lösungsweg nicht detailgetreu skizziert wurde.

Ich möchte das mit einem weiteren Beispiel noch vertiefen.

Sie möchten zum Beispiel ein Haus kaufen und alles scheint perfekt. Die Lage, das Objekt, der Preis. Auch der Vorbesitzer und vielleicht der Immobilienmakler sind nette Leute. Sie haben bereits alles berechnet und genau durchdacht. Die Details sind ebenfalls durchleuchtet. Sie haben aber leider ein blödes Gefühl in der Bauchgegend, mit dem Sie sich immer ärgerlicher auseinandersetzen. Ein innerer Dialog beginnt. Aber die besten Argumente helfen nichts. Das komische Gefühl bleibt. Und je mehr sie sich mit dem Haus befasst haben und alles durchgerechnet haben, umso weniger wollen Sie etwas davon hören. Sie wollen dieses Gefühl gar nicht. Denn ihr Verstand ist scharf auf das Haus. Aber das Gefühl solide, stabil, störend – bleibt, wie es das immer tut, wenn es mal da ist. Wir haben die Chance, mit folgenden Fragen in uns zu hören.

Ist mir wohl oder unwohl?
Wie fühle ich mich gerade / dabei?

Davon rede ich. Von diesem unbestechlichen und neutralen Gefühl. Und Hand aufs Herz lieber Leser, wie haben Sie sich meist entschieden?
...
Ich auch.
...
Trotzdem.
...
Immer – und so wie wir das Jahre gelehrt bekommen haben – zu Gunsten des Verstandes. Das Gefühl wurde unter den Teppich gekehrt.

Wenn die harten Fakten gut genug waren, habe ich mich immer für den Verstand entschieden.
Man könnte dieses Verhalten auch „Fehlprogrammierung“ nennen.

Und was passierte dann später?
Genau...mir auch.
Dann kam raus, dass die Sache irgendeinen Haken hatte. Ein Detail, vollkommen unbekannt, und alles war dahin. Das gesamte tolle Logikgebilde war auf einmal nichts mehr wert, weil alles in einem neuen Licht stand.
Aber auf was hätte man sonst hören können?
Genau. Den Bauch.
Manche sehen ja auch in der Abfolge der Ereignisse eine Bedeutung.
Aber es scheint, auch der Hergang der Dinge gibt uns keinen sicheren Aufschluss. Manchmal „fliegen uns bestimmte Dinge einfach zu“. Es scheint, als würden sie durch Fügung gefördert. Andere Arbeiten oder Vorhaben scheinen blockiert und werden gewissermaßen behindert. Natürlich kann und sollte man auf diese Bedingungen im Umfeld achten, um zu einem gewissen Maße in Fluss und Harmonie mit dem Leben zu bleiben. Es ist vielleicht die Lehre davon, seine Energie zielgerichtet und klug einzusetzen und in der Balance der Handlungen zu bleiben. Aber manchmal möchte das Leben von uns auch einfach ein Mehr an Energie, damit man einen Erfolg erringt. Es ist beinahe so, als sollte man sich etwas erst einmal richtig verdienen. Andererseits führt manche scheinbare Glücksserie in den sicheren Misserfolg.

Was kann man daraus lernen?
Zum Beispiel, dass Naturgesetze und Schicksalswege eben nicht immer offenkundig vor uns liegen. Dass wir etwas, was wir tun sollen, nicht immer und regelmäßig über offensichtliche Fügungen vor uns finden, nur manches Mal, nach Laune der Natur eben, der standardisierte Muster einerseits vollkommen fremd sind und sie sich derer andererseits ständig bedient. Wir müssen uns darum bemühen, unseren Lebensweg, unsere Bestimmung zu finden. Dies ist wahrhaftig kein Widerspruch. Gerade durch die moderne Quantenphysik beginnen wir zu verstehen, wie sehr Naturgesetze durch das Prinzip des „sowohl als auch richtig“ geprägt sind. Sonnenstrahlen haben eine Doppelnatur. Sie sind sowohl Welle, als auch Strahl, obwohl sich diese Eigenschaften gegenseitig ausschließen. Das klassische „Entweder-Oder“ funktioniert hier einfach nicht mehr.
Auch das Hauptthema dieses Buches - Serien und Synchronizitäten - sind davon betroffen. Ein serielles Ordnungsschema drückt sich in der Natur aus. Aber andererseits tut es das eben nicht und beruht auf Kausalität. Sowohl Kausalität als auch Serie bilden Wirklichkeit.

Fazit aus dem Dargestellten sei, so könnte man nun befürchten, es gäbe kein sicher erkennbares Muster und damit auch keine klare Entscheidungshilfe in unserem Leben. Denn wo hier ein Muster besteht, muss es dort noch lange nicht wiederholbar auftreten.

Aber das Gegenteil ist wahr. Entscheidend für die Beurteilung einer Sache ist nämlich wieder einmal Ihr Bauch. Das Bauchhirn sagt uns, ob eine Blockade in einer Angelegenheit eine Form von Warnung oder Ansporn für uns sein kann. Das Bauchhirn antwortet, ob die Leichtigkeit bei der Verrichtung einer Sache durch den Rückenwind des Schicksals veranlasst wird oder eine Prüfung ist.
Na klar, der Bauch kann es nicht vernunftsmäßig *wissen*. Er kann nicht argumentieren oder sich auseinandersetzen. Er kann – einem Hologramm gleich, nur äußerst vergrobt, das Ergebnis in Form eines diffusen Gefühls melden. Bei weiteren logischen Einwänden muss er passen.

Wir müssen *vertrauen*. Uns selbst vertrauen!

Ich glaube, wir sind auf der Erde, um unsere Herzensfertigkeiten zu entwickeln. Und dazu gehört nicht nur Intuition oder Vertrauen, sondern noch viel mehr.

Und dabei habe ich selbst genau dieses Spiel auch in Remote Viewing Sitzungen erlebt. Immer wieder. Da sitzt ein Viewer da und kennt das Target nicht. Natürlich kann er es nicht wissen. Er weiß, dass er es nicht weiß, der Verstand weiß es, der Monitor weiß es. Alle wissen es: der Viewer weiß nichts.
Und jetzt passiert das Paradoxe. Obwohl der Verstand logisch operiert, beginnt er, hinter das Geheimnis des Zieles kommen zu wollen. Natürlich weiß der Verstand, wie unlogisch das ist. Es ist ein Akt des eigenen Widerspruches. Er weiß, wie unmöglich es ist, das Ziel zu beschreiben und er weiß ebenfalls, wie übersinnlich und absolut unerklärlich es wäre, dahinter zu kommen. Aber trotzdem sucht er, produziert AULs, schafft Verbindungen, wo keine sind... und so weiter. Er hat keine Ahnung, der Verstand. Er kann keine haben – und versucht das leise Flüstern echter und spontaner PSI Informationen zu überschreien.

Genau so wie unsere Logik, sobald eine Bauchentscheidung angesagt wäre. Auch Ihr Bauch kennt das „Target“, den *Ursprung* dieses seltsamen Gefühls so ohne weiteres nicht. Und falls er tatsächlich ganz spontan näher drankommen sollte und Sie in einer Blitzsekunde denken „Vielleicht ist bei so einem alten Haus irgendwas mit Wasser oder

Feuchte!“, wird die dröhnende Stimme der Vernunft sofort einhaken. „Ja, was soll denn sein? Was genau ist es denn? Wenn Du nichts weißt, dann hilft es auch nicht weiter.“

Sehen Sie, und jetzt schreibe ich so, wie vor mir bereits Leute geschrieben haben. Vor 20 Jahren habe ich so etwas gelesen und mir gedacht: „Warum schreibt der nicht harte Fakten? Warum beweist er nicht, was er sagt?“
Wenn zum Beispiel einer behauptet hätte, er wäre Remote Viewer und könne bestimmte Dinge, die nicht ganz so logisch sind, zum Beispiel zu jedem Punkt in Zeit und Raum zu reisen, um dort zu ermitteln, hätte ich harte Fakten gewollt, die alles haarklein beweisen.
Hätte ich die serviert bekommen, so hätte ich mir Gedanken über diesen geschickten „fake“ gemacht.
Letztlich aber habe ich erkannt, dass Wahrheit nicht unbedingt etwas mit Logik zu tun hat und wir vielmehr gefordert sind, aus unserem Inneren heraus, immer wieder selbst zu entwerfen, überdenken und zu erweitern.

Das Wichtige dabei ist nämlich, dass Wahrheit und Erkenntnisse offenbarende Ereignisse mit individuellem Charakter sind. Es finden Prozesse in der Person, im Erleben statt. Hier treten Veränderungen auf. Wahrheit ist eine Veränderung im Inneren. Es ist verrückt, aber sie kommen wie das Amen in der Kirche. Mit unglaublicher Präzision und in perfekter Reihe, ja, sogar oft zeitlich abgestimmt. Das ist mit Logik oder Ursächlichkeit nicht mehr zu erklären, wie ich das noch umfassend aus eigenem Erleben beschreiben werde. Und das noch Verrücktere ist, dass diese Beweise individuell bleiben werden. Ich schreibe Sie Ihnen hier auf, aber Ihr Verstand, wenn er nicht will, wird sie immer wieder hinwegfegen können.
Vielleicht kann Erkenntnis über Dinge gar nicht weiter gegeben werden.
Warum ich das hier trotzdem aufschreibe?
Weil man anregen kann.

Was mit dem Haus ist?
Ach so, ja.
Das haben Sie nicht genommen. War auch gut so. Da waren teilweise die Wasserrohre noch aus Blei. Echt gesundheitsgefährdend so etwas. Das hätte krank gemacht, das Schnäppchen. Nur – woher sollte man das auch wissen.

So. Hier sollte dieses Thema zu Ende sein.
Überleitung sauber, rüber zum großen Thema der Serien und Synchronizitäten. Morgen oder so.

Direkt im Anschluss rufe ich eine Bekannte an. Und wissen Sie, was die mir direkt erzählt?

„Ich habe seit einiger Zeit Probleme mit Bauchschmerzen. Ich dachte die ganze Zeit, das hinge mit meiner Psyche zusammen, dass mir irgendwas auf den Magen geschlagen ist. Ich hätte auf mein Gefühl hören sollen, denn das war rein körperlich. Ich hatte ja vor einiger Zeit schon einmal das Pech mit dem verseuchten Mineralwasser von *piiiiep* (den Namen der Firma habe ich hier ausgeblendet), wo die Rückrufaktion war. Heute höre ich doch wie *piiiep* (das war eine andere zweite Mineralwasserfirma) auch eine Rückrufaktion startet. Jetzt kannst Du mal raten, welches Mineralwasser bei mir steht. Genau das. Zwei Chargennummern wurden zurückgerufen. Meine, die 081010, ist natürlich dabei.
Überleg mal, da passiert mir das schon das zweite Mal in meinem Leben. Das ist doch total unwahrscheinlich."

Unwahrscheinlich ist das eigentlich gerade nicht. Was einmal auftaucht, bekräftigt, stabilisiert und wiederholt sich Kraft seines Bestehens. Ich denke bei mir, dass sich das klassisch nach einem typischen Problem der bevorzugten Bahnen und den Gewohnheiten der Natur anhört. Auch darauf werde ich unbedingt noch eingehen müssen in den weiteren Untersuchungen zum Thema.

„Hast Du denn schon davon getrunken?"

„Ja natürlich, die Kiste ist leer."

So.

Heute sitze ich hier und schreibe einen kleinen Artikel darüber, auf sein Gefühl zu hören. Und dabei habe ich im Schreibfluss ein Beispiel gewählt. Das mit dem Haus und dem versteckten „Haken". Als ich mit dem Artikelchen fertig bin, überlege ich kurz, noch eine runde Überleitung zu schreiben. Spontan fällt mir die Idee mit den verseuchten Wasserleitungen ein. Dabei muss ich hintergründig an Rom denken, mit den alten Bleileitungen, die zur Vergiftung der Bürger geführt hatten. Und keine fünf Minuten später telefoniere ich mit einem Menschen, der eine Kiste verunreinigtes Mineralwasser getrunken hat, das einer Rückrufaktion unterworfen wurde, weil Reinigungsrückstände ins Wasser gelangt sind und das gesundheitsschädlich ist.

Synchronizität. Mitten beim Schreiben hier.

Geht's noch?

Und das Beste dabei ist: würde ich nicht gerade ein Buch darüber schreiben, hätte ich das nicht einmal bemerkt.

Nach diesen vielen verwunderlichen Geschichten können wir nun den Boden der so genannten Tatsachen näher untersuchen.

Also: jetzt und hier ganz bodenständige Gedanken zur Kausalität.

Ist das denn alles Einbildung und subjektive Wahrnehmung der Welt? Oder gibt es Anhaltspunkte, dass mehr dahinter stecken könnte?

## Das globale Netz der Ursachen

Demokrit von Abdera (470-380 v. Chr.) sagte: "Alles, was im Weltall existiert, ist die Frucht von Zufall und Notwendigkeit".
Leider haben wir bis heute weder die Worte „Zufall“, wie auch „Schicksal“ begriffen.

Zu unserer Orientierung benutzen wir alltäglich kausale Gedankenmuster. Dabei ist unerheblich, ob wir von den theoretischen Lehren über die Kausalität (lat.: von causa = Ursache) Kenntnis haben oder nicht. Kausale Zusammenhänge werden von frühester Kindheit an gelernt, wenn ein Kleinkind sich zum Beispiel an einer Kerze die Finger verbrennt. Die Lehre könnte dann heißen: „Vorsicht, wenn ich den Finger in die Flamme strecke, dann macht das Aua.“ Die Lehre ist folgerichtig, da die Flamme als Ursache des Schmerzes erkannt wird. Nachfolgend einige kausale Zusammenhänge.

Wenn ich den Netzstecker eines laufenden Haartrockners ziehe, dann geht das Gebläse aus.
Wenn ich in der Küche Äpfel schneide, dann beobachtet mich mein Hund hochkonzentriert.
Wenn ich einen Stein in eine Scheibe werfe, zerbricht diese.
Wenn ich meine Gasrechnung nicht bezahle, wird es hier drinnen früher oder später kalt.

Gerade dieses letzte Beispiel ist im Grunde hochkomplex und für Kinder gar nicht mehr verständlich. Was hat auch die Wärme der Heizung mit irgendwelchen Briefen zu tun, wo Zahlen drauf stehen? Deshalb sind viele Kinder auch überzeugt, dass ihre Eltern zaubern oder durch Wände schauen können. Die Dimension innerer unsehbarer Bezüge ist ihnen vollkommen fremd. Für sie gibt es nur die *offensichtliche* Verbindung von Sachverhalten. Und dann passiert es! Die großartige „Warum-Frage“.

Als Kind erleben wir mit der Frage nach dem „Warum“ das Aufplatzen einer neuen Dimension, die uns bis dato verschlossen blieb. Es ist, als würde dieses Zauberwort uns einen Schleier lüften, als würden wir die Welt neu verstehen, und hinter bislang verborgene und geheime Geschehnisse dieser Welt blicken, die bisher unsichtbar für uns waren. Das „Warum“ legt tatsächlich den Blick auf verborgene Ursachen frei. Es enthüllt. „Warum“ führt zu einem A-ha-Effekt, es beherbergt die Denkwende.
Eltern können ein Lied davon singen, wenn die Kleinen plötzlich den ganzen Tag „Warum?“ fragen, was zu regelrechten „Warum-Ketten“ führt.

Würden die Kinder lange genug fragen und hätten die Eltern die Engelsgeduld gepachtet, so würde die letzte Antwort auf das letzte „Warum?“ zwingend am ersten Kettenglied der uns bekannten Ursachen enden müssen. Egal mit welcher Grundfrage die Kleinen beginnen. Ob es die Frage ist, warum Himbeereis rosa ist, oder warum Wale beim Auftauchen so große Fontänen spucken. Vollkommen egal. Die letzte überhaupt mögliche Antwort wäre, wie gesagt, der allererste Entstehungsgrund aller Dinge. In den populären Wissenschaften ist dies der Urknall. Alles was ist, mit allen Eigenschaften, entspringt nach herrschender Lehre diesem nichtlokalen, nicht zeitlichen und nicht räumlichen „Entstehungs-Punkt“.
Hilfsweise wird also hier empfohlen, die nächste „Warum-Frage“ Ihres Kindes gleich und direkt mit: „Weil es den Urknall gab!“ zu beantworten und die drei Millionen Detailfragen dazwischen zu überspringen. ☺

Kausalität – und das ist das Einprägsame – ist zutiefst logisch. Das Problem in unserer aufgeklärten Welt ist, dass wieder einmal so getan wird, als könnte man mit Logik und Ursache-Wirkungs-Gedanken alles andere erklären. Es gab wahrhaft galaktische Erfolge dieses Weltbildes. Man konnte Sonnenuntergänge, Planetenbahnen und dergleichen mehr erfolgreich voraussagen – was ein echter Hammer ist. Aber es hat eben auch Grenzen. Kausalität ist zu einem Dogma geworden: Was logisch in die Ursachenkette einzureihen ist, gibt es, der Rest ist Unsinn, Aberglaube, Spinnerei.
Aber ist das berechtigt? Hat Kausalität, so, wie wir sie alltäglich anwenden, erklärenden Charakter? Oder wenigstens Vorteile? Erkennen wir darüber tatsächlich Ursachen?

Tagtäglich leben wir inmitten eines undurchschaubar hochkomplexen Systems von Ursachen und Wirkungen und haben uns darinnen über angenommene, gedankliche Vereinfachungen perfekt eingepasst. Wir bemerken es nur nicht mehr. Wir leben oft nicht in der Welt, sondern bewegen uns nur körperlich darin, während wir im Geiste Erwartungen spinnen. Fiktionen.
Und noch schlimmer: vereinfachte, schematische Fiktionen und Vorstellungsbilder.

Gibt es für diese Behauptung konkrete Beispiele?

Kürzlich sah ich einen Herrn mittleren Alters mit Aktentasche an einer Bushaltestelle stehen. Schon als der Bus näher kam, die Bremsen quietschten und die Geschwindigkeit reduzierte, postierte sich der Mann an einer exakten Stelle des Bürgersteigs. Es war klar zu erkennen, wie er auf den Zentimeter genau dort stehen wollte, wo die vorderen

Bustüren zum Stillstand kommen. Sein Vorhaben gelang. Er stand direkt vor den Doppelschwingtüren, die mit einem kleinen Zischen anzeigten, zur Seite weg zu schweben, um sich augenblicklich zu öffnen. Der Mann setzte einen Schritt nach vorne, schwang sich auf, um in den Bus hinein zu steigen – und stieß mit der Nase gegen die, trotz Zischens, weiterhin geschlossene Bustür. Der Elektromotor für die Türen war defekt. Beenden wir die kleine Szenerie an dieser Stelle.
Der Herr mit der Aktentasche ist seinen Konditionierungen und Erwartungen zum Opfer gefallen. Die Gleichförmigkeit des alltäglichen Erlebens hatte seinen Wahrnehmungsrahmen eingeschränkt und auf Annahmen vereinfacht. Mit dem Zischen verband er in einem millisekundengenauen Prozess der Gewöhnung die Öffnung der Bustüren. Man könnte auch anders formulieren: „Wenn es zischt, dann öffnet sich die Tür." Und das ist eine der vielen unwahren oder vereinfachten Lehren, nach denen wir täglich unüberdacht handeln. Auf Ereignis A folgt B. Das hat natürlich Vorteile, sonst müssten wir unser Gedächtnis täglich neu mit Bekanntem fordern. Aber das Zischen ist eben nicht gleichbedeutend mit der sich öffnenden Tür. Es ist ein *Glaube* und eine Gewohnheit unseres Geistes. Zu dieser Erkenntnis kam jedenfalls David Hume, der neben vielen anderen Forschern die Kausalität untersuchte. Meist aber werden wir nicht so drastisch wie der Mann am Bus auf die Wirklichkeit aufmerksam gemacht. Meist bemerken wir unser Verbleiben in den Vorstellungsdimensionen nicht einmal. Unbemerkt fließen dann die Geschehnisse weiter.

Die Kausalität bettet uns in eine Scheinsicherheit. Wir sehen nicht wirklich, sondern denken und erwarten. Unser Blick wird eingeengt auf das, was wir sehen und hören *wollen* und nicht mehr darauf, was wirklich um uns herum geschieht. Es ist ein Leben in psychologischen Gewohnheitsmustern, die „tatsächlich", also im dreidimensionalen Außen, nicht einmal vorhanden sein müssen. Eine Beschränktheit, die wir mit logischer Abfolge *verwechseln*.

Gehen wir einen Schritt weiter und nehmen wir ein klassisches Beispiel für kausale Zusammenhänge. Ein Billardtisch, auf dem die Kugeln in einer bestimmten Position zur Ruhe gekommen sind. Dank unserer Erfahrung stoßen wir die weiße Kugel nun genau auf die linke Seite der blauen Kugel, so dass diese schließlich die gelbe ins Loch schubst. Wir können das Kommende so genau vorhersagen, weil uns Einfalls- und Ausfallswinkel aus der Physik bekannt sind, weil wir wissen, wie ein ruhender kugelförmiger Körper auf einen Stoß reagiert und so fort. Es scheint sich bei dieser Alltäglichkeit um einen absolut mathematischen, berechenbaren, determinierten Fall zu handeln, wie ja auch Jahrzehnte alte Billardsimulationen auf Computern belegen. Aber das ist bloße Theorie.

In Wirklichkeit haben wir es mit einem praktisch unberechenbaren System zu tun. Zu viele physikalisch einwirkende Größen sind gänzlich unbekannt, wie zum Beispiel Abnutzungsgrad des Queues, Reibungswiderstand der Filzauflage, Dellen und Unrundungen an den Kugeln, Staub oder andere Partikel auf dem Tisch, die verschiedenen Konsistenzen und Gewichte der Kugeln und so fort. Wir tun wieder nur so, als ob wir ein gültiges Erklärungsmodell gefunden hätten, ja, von vielen Menschen werden diese Modelle mit „Wahrheit" verwechselt. Nun, wir können manchmal vorhersagen, was passiert. Können es aber nicht mit Sicherheit. Mathematisch ausgedrückt würde man kausale Zusammenhänge in diesem Fall als arge „Rundung" betrachten. Uns sollte aber gewahr sein, dass nicht die Wirklichkeit mit allen Faktoren gemessen wird, sondern vielmehr ein theoretisches Idealbild untersucht wird. Die Übertragbarkeit auf echte Ereignisse funktioniert hier nur im Rahmen der speziellen Anwendungen und schafft die gewollten Vorhersagen.

Übrigens funktionieren die allermeisten Spiel – und Sportarten nach genau diesem Unsicherheits - Prinzip. Ein bisschen Unberechenbarkeit und Unwägbarkeit müssen überall enthalten sein, sonst würde Billard keinen Spaß mehr machen. Auch Basketball, Tennis und Dart wären absolut berechenbar und damit langweilig.

Allein den Flug einer Gewehrkugel – ein einfaches Problem Newton'scher Physik – in eine mathematische Gleichung zu packen, ist nicht möglich.

Wir können dies theoretisch und modellhaft und idealisiert, aber dies sind nur näherungsweise Annahmen (mit denen wir recht gute Ergebnisse erzielen). In Wirklichkeit haben wir keine Ahnung von Windverhältnissen, Luftfeuchte, verschieden gezogenen Läufen oder der Einwirkung der Gravitation auf unsere Gewehrkugel. In Wirklichkeit ist diese ursprünglich einfache Modellgleichung einem Netzwerk unzähliger und miteinander verwobener Bedingungen ausgesetzt, die wir überhaupt nicht beziffern können. Sogar über die Erde hinaus wirken die Gravitationskräfte von Mond oder Mars auf die abgeschossene Kugel ein.

Da wir aber Billardkugeln und ballistische Kurven zur Zufriedenheit der Anwender berechnen können, geht man nicht weiter auf die physikalische Wahrheit und unser Unvermögen ein. Wozu auch? Das Modell funktioniert soweit, es ist praktikabel, die Näherungswerte genügen. Man ist zufrieden.

Dies mag für unsere einfachen Versuche wie den Flug einer Gewehrkugel stimmen. Idealbild und Wirklichkeit funktionieren weitgehend miteinander. Jedenfalls soweit man damit praktikabel arbeiten möchte.

Treten wir jedoch aus dem Versuchslabor heraus und versuchen mittels Kausalität komplexere Probleme zu verstehen, scheitern diese Idealvorstellungen, mit denen sich bislang gut rechnen ließ. Dann rächen sich eben die verschiedenen idealtypischen Annahmen bis zum Versagen und bis zur Unberechenbarkeit.

Zahlreiche Wissenschaftler in aller Welt kämpfen genau mit diesem Problem. Biologen wollen zum Beispiel Szenarien für die Verschmutzung von Flüssen oder Seen bei den vorherrschenden Bedingungen erstellen. Also durchaus überschaubare Systeme, wir reden hier nicht von Weltklimadaten, Meerestemperaturentwicklungen –also sehr großen und komplexen Untersuchungsobjekten. Nur von Flüssen oder Seen. Die Verschmutzung lässt sich sehr schwer simulieren. Regelmäßig erhalten die Forscher zunächst fehlerhafte Daten, die viel zu große Abweichungen erkennen lassen. Der Grund: sie haben zu wenig Parameter in der Simulation. Also genau das, wovon wir oben bei den Beispielen mit der Billardkugel oder dem Gewehr bereits gesprochen haben. Um ein Modell für den Verschmutzungsgrad eines Sees ermitteln zu können, müssen eben unglaublich viele Einzelheiten mit in die Gleichungen genommen werden und bezifferbar sein. Tatsache ist, dass wir unzählige Daten benötigen, um ein die Wirklichkeit abbildendes Modell zu entwerfen. Dies ist bislang nicht oder nur völlig unzureichend möglich.

Sobald wir also komplexere Systeme beobachten oder sogar Voraussagen erhalten wollen, sind unsere bislang recht zufriedenstellenden Gleichungen der Kausalität unvollkommen, ja mangelhaft, da nicht tiefgehend genug.

Dazu gehört auch die banale und alltäglich Frage, warum Herr Schulze heute Morgen zu spät zur Arbeit erschien.

Genau. Sie haben Recht. Weil die weiter oben beschrieben Bustür nicht aufging.

Moment mal. Er kam zu spät, weil die Bustür nicht aufging?

Es war natürlich in etwa so: Die Bustür ging nicht auf, weil der Elektromotor versagte. Kein Wunder, der sollte schon seit Monaten bei

einer Standardinspektion überprüft werden, aber der hierfür verantwortliche Mechaniker ist leider übervoll mit Arbeit, weil aus einem Team von ursprünglich sechs Mitarbeitern nun nur noch er allein da ist. Effizienzsteigerung des Reparaturwesens nannte man dies.
„Gut", mag man entgegnen, „aber wieso kam er zu spät? Soll er doch die hintere Tür nehmen und gut."
Weil der Busfahrer, seines Zeichens Hobbyhandwerker, mit den Worten „geht gleich weiter", aus dem Handschuhfach einen Schraubenzieher holte und begann mit einigen kräftigen Hebelbewegungen die Tür aufzustemmen. „Kommt gleich, und ist auf!" Allein das brauchte satte, wertvolle, arbeitnehmerunfreundliche zehn Minuten. Herr Schulze saß da und wippte mit dem Knie auf und ab. Schließlich gab der Busfahrer auf. Auch, weil einige Fahrgäste verhalten maulten. Nachdem er sich umständlich zurück auf seinen Fahrersitz begeben hatte, denn er war ein gemütlicher Typ, suchte er noch den Zündschlüssel. Den hatte er allerdings verlegt. Diese Vergesslichkeit begleitete ihn schon sein ganzes Leben. Man fand ihn im Handschuhkasten. Neben dem Schraubenzieher. Nach 20 Minuten brummte der Diesel endlich beruhigend los. Diese Verspätung reichte exakt, um direkt hinter Erna Friedrich, 78 Jahre alt, kurzsichtig und sehr übervorsichtig, nachdem sie im Alter von 55 Jahren einmal einen Unfall hatte, über die Straße zu kriechen. Erna fährt meist 50-60 Stundenkilometer – auf Autobahnen. In der Stadt bevorzugt sie ein Durchschnittstempo von 20-30 km/h. Kanaldeckel, Straßenbauarbeiten oder Fußgänger an Ampeln führen nicht selten zum vorausschauenden Stillstand ihres Fahrzeugs. Ihr Motto ist: „Ich fahr langsam, hinter mir staut es sich schon!"
An der nächsten Haltestelle klopften die Leute an die vordere Flügeltür. Der Busfahrer gab mit großen Gesten zu erkennen, die Fahrgäste sollten bitte alle durch die hintere Tür treten. Auch dies führte zu Diskussionen, Verwirrungen und weiteren Verspätungen. Alles in allem waren es am Ende 30 Minuten. Herr Schulze war eine halbe Stunde später als sonst im Büro.
„Na, was war denn bei Ihnen heute los?", fragte ihn sein Chef freundlich.
„Kennen Sie die Tage, wo einfach alles schief geht? Wo eine Serie von blöden Zufällen regiert?", antwortet er seinem Chef.

Wir sollten klarstellen, dass es sich mitnichten um Zufälle handelt, sondern um Vernetzungen zwischen Menschen, Geschehnissen und Ordnungen, die selbst im allerkleinsten Vorgang und ständig zum Tragen kommen. Wir selbst blenden die Realität, eine Ereignistiefe, die sich unserer Betrachtung weitgehend entzieht, ständig aus und reduzieren unsere Sicht der Geschehnisse auf das absolut Notwendigste. Wir leben, denken, schlussfolgern an der Oberfläche. Unser Bezugsrahmen oder das, was wir „ursächlich" nennen, ist immer der nächst direkte. Auf einem Zeitpfeil ist immer das vorherige Ereignis Ursache des Folgenden. Und so könnte, ja, müsste man jede einzelne Ursache zurückverfolgen. Heraus käme wahrscheinlich die Verbindung aller Menschen und Geschehnisse in einer universalen Ereignismatrize. Versinnbildlicht vielleicht so etwas, wie ein Fischernetz von Handlungen, quer über den Planeten gespannt.

Aber es käme auch noch etwas anderes heraus. Oben hatten wir es bereits kurz angedeutet. Es ist der Zeitpfeil. Die Frage nach der Ursache einer Begebenheit kehrt den Zeitpfeil um. Man blickt zurück. Und bei jeder einzelnen Station fragt man nach der vorigen. Im Beispiel von Herrn Schulzes Verspätung war dies der defekte Elektromotor. Er ging kaputt, weil er nicht überprüft wurde. Das geschah wegen Arbeitsüberlastung, die durch Personalmangel ausgelöst wurde, der wiederum auf Stellenstreichungen fußte, die durch den Personalchef Frenz veranlasst und unter Beteiligung des Betriebsrates verhandelt wurden. Durch seine rhetorischen Fähigkeiten, sein taktisches Geschick und seine Intelligenz, konnte der Personalchef die Verhandlung für sich entscheiden und die Kollegen des Betriebsrates überzeugen. Diese bestechenden und entscheidenden Eigenschaften hatte er von seiner Mutter geerbt. Die wiederum hatte es von ihrem Vater. Und da sind wir plötzlich im Stammbaum der Frenzens angekommen und verfolgen nun die obigen drei Eigenschaften quer durch die Jahrtausende zurück. Der Ururur-Großvater von Frenzen wollte zum Beispiel wegen der besseren beruflichen Perspektiven nach Amerika auswandern. Damals 1860 herum. Er blieb nur hier, weil er mittags zum Kolonialwarenhändler ging, um etwas Kaffee zu kaufen. Dort traf er seine spätere Frau Hanna. Sein Leben wandelte sich, er blieb.
Sollten wir uns dort tatsächlich in die tiefste Vergangenheit durchgearbeitet haben, werden wir uns fortan mit globalen Fragen wie erworbenen Eigenschaften, Menschwerdung, Schöpfungsprinzipien und Ursuppen weiter vertiefen um letztlich dort zu landen, wo schlicht alles seinen Anfang nimmt: dem Urknall.

„Ich kam durch eine direkte Folge des Urknalls zu spät!“

Das klingt nun wahrhaft überspitzt und fernab jeder Akzeptanz, nicht wahr?
Aber genau das ist Kausalität in Reinform.
Hätte Herr Newton im Augenblick des Urknalls neben Gott stehen dürfen und alle nötigen Formeln, Berechnungen und Größen mit einsehen können, so könnte er jedes einzelne kleinste Ereignis der nächsten Jahrmillionen errechnen. Wie unzählige fallende Dominosteine. Das ist Kausalität.

Sie bewegt sich in einem absolut berechenbaren, deterministischen System und regiert diese Welt. Sie ist ein Schlüssel zum Verständnis. Lange Zeit gingen deshalb unsere Wissenschaftler von einem statischen berechenbaren Universum aus. Heute ahnen wir, das dies unzutreffend ist.

Was anfangs so einfach und logisch und überschaubar wirkte, ist es keineswegs. Im Gegenteil. Wir haben es uns nur einfach *gemacht*.

Ich kann mich noch gut daran erinnern, wie ich vor ca. zehn Jahren angeregt mit einem Physiker diskutierte. Ich hatte damals noch den Glauben, Physik und Formeln würden unsere Wirklichkeit abbilden und in Zahlen verwandeln. Sodass nachher aus Physik eine Art Wirklichkeitsmathematik wird.

Er zog mir diesen Zahn. Und wie. Auf meine vielfältigen Fragen wich er mehr und mehr aus, bis eines schließlich fad und groß im Raum stand:

Alles sind nur Modelle. Was im einen Modell funktioniert, ist im anderen ungültig. Die Konstante hier darf aber nicht dort verwendet werden. Eng abgegrenzte Modelle mit umzäunten Gültigkeitsgrenzen. Die Formelwelt als Flickenteppich.

Weiterhin sollten wir der Frage nachgehen, ob es neben der Kausalität ein weiteres Wirkprinzip geben könnte. Eine Organisationsstruktur, die nicht kausal, sondern akausal wirkt.

Diese Antwort bringt uns im Folgenden zu Herrn Kammerer, der als erster das Gesetz der Serie eindringlich untersuchte.

Ab jetzt wird es akausal.

## Serien als Ordnung

„Ein geistvoller Naturforscher (Paul Kammerer) hat vor kurzem den Versuch unternommen, Vorkommnisse solcher Art gewissen Gesetzen unterzuordnen, wodurch der Eindruck des Unheimlichen aufgehoben werden müsste. Ich getraue mich nicht zu entscheiden, ob es ihm gelungen ist."
Sigmund Freud

Interessiert man sich heute für Paul Kammerers Arbeiten, wird man zumeist direkt mit der Feststellung konfrontiert, es habe bei seinen letzten Experimenten mit Kröten Vorwürfe von Betrug gegeben. Ihm wurde vorgeworfen, er habe die Experimente zur Vererbung erworbener Eigenschaften an seinen Kröten manipuliert. Probieren Sie es doch einmal aus und suchen Sie etwas über ihn.

Bei tieferen Nachforschungen trifft man auf einen genialen und quer denkenden Geist.

Einstein bezeichnete Kammerers Arbeit über Serien mit einem Nebenvermerk auf kritische Stimmen als „originell und keineswegs absurd".

Kammerer veröffentlichte im Jahr 1919 sein Buch mit dem Titel „Das Gesetz der Serie. Eine Lehre von den Wiederholungen im Lebens- und Weltgeschehen". Für diese Arbeit hatte er 20 Jahre lang Fälle gesammelt.

Vorher schon tauchte der Gedanke einer serialen Ordnung bei Camille Flammarion, einem Astronom und Autor, auf. Von ihm stammt auch der abgedruckte weltberühmte Holzstich eines Menschen, der die irdene Himmelsgrenze durchbricht.
Nebenbei vermerkt, ist von genau diesem Camille Flammarion ein sonderbarer Vorfall aufgezeichnet.
Er schrieb gerade einen Artikel über den Wind, als ein Windstoß einen Stapel Blätter von seinem Schreibtisch aus dem Fenster fegte. Das war ärgerlich, denn es handelte sich um die letzten Korrekturseiten, die zu seinem Verleger mussten. Er fand sie aber nicht mehr. Einige Zeit später erhielt er seine Texte vom Verleger trotzdem *vollständig* zurück. Der Kurier hatte die Blätter standardmäßig eingesammelt und an den Verleger geschickt.

Noch heute wird der geflügelte Spruch vom Gesetz der Serie immer wieder verwandt, wenngleich auf eher unterhaltsamem und oberflächlichem Niveau in Spielfilmen, Kurzgeschichten, Sprichwörtern, Fernsehzeitungen oder als hingeworfene Floskel. Ein Anspruch als Naturgesetz oder physikalische Größe ist nicht mehr vorhanden. Seine Arbeiten sind auch vollständig aus der wissenschaftlichen Diskussion geraten.

Paul Kammerer untersuchte die Serialität im Alltag. Er untersuchte Ereignisbündelungen, die man heute wohl mangels weiterer Beachtung als zufällig abtun würde. Kammerer hingegen nahm an, dass sich Gruppen von wiederkehrenden Ereignissen in Zyklen fortpflanzen würden. Er kam zu dem Ergebnis, dass ein akausales Prinzip verwandte Konfigurationen in Raum und Zeit zusammenfügt, die durch Affinität zusammenhängen und dadurch passieren. Sein Buch besteht im ersten Teil daraus, hunderte von Gleichzeitigkeiten und Serien des Alltags aufzuzeichnen. Teil zwei analysiert schließlich und bildet die theoretische Struktur eines akausalen Organisationsprinzips. Als Beispiel seiner Schilderungen mögen die nachfolgenden Absätze für einen Eindruck dienen.

Eine Frau sieht im Wartezimmer eines Arztes ein Kunstbuch an, in dem ihr besonders die Bilder eines Malers namens Schwalbach auffallen. In dem Moment öffnet sich die Tür und eine Bedienstete fragt, ob eine Frau Schwalbach anwesend sei. Sie werde am Telefon verlangt.

1916 las Kammerers Frau einen Roman, in dem eine Frau Rohan auftauchte. Als sie an jenem Tag eine Straßenbahnfahrt unternahm, sah sie einen Mann, der dem Fürsten Josef Rohan sehr ähnlich sah. Er sprach über das Dorf Weissenbach. Am gleichen Tage noch fragte eine

Verkäuferin, ob sie (Kammerers Frau) vielleicht Weißenbach kenne, denn sie habe etwas dorthin zu bringen. Ihr sei aber die Anschrift unbekannt. Am gleichen Abend besuchte schließlich Fürst Rohan die Kammerers.

Hier spiegelt sich eine verwobene Serie der Namen Weißenbach und Rohan. Lassen wir ihn mit dem nächsten Beispiel selbst zu Wort kommen:

„Am 17. Mai 1917 waren wir bei Schrekers eingeladen. Auf dem Weg dahin kaufe ich meiner Frau bei dem Kanditenstand vor dem Bahnhof Hütteldorf-Hacking Schokoladenbonbons. – Schreker spielt uns aus seiner neuen Oper „Die Gezeichneten“ vor, deren weibliche Hauptrolle Carlotta heißt. Nach Hause gekommen, entleeren wir das Säckchen mit den Bonbons; eines davon trägt die ... Aufschrift Carlotta.“

Ein weiteres berühmtes Beispiel aus seinem Buch.

Ein Monsieur de Dechamps erhielt als Junge in Orléans von einem Monsieur Fortgibu ein Stück Plumpudding. In einem Pariser Restaurant entdeckte er zehn Jahre später einen Plumpudding und wollte diesen bestellen. Dies war nicht möglich. Der Pudding sei schon bestellt hieß es. Von einem Monsieur de Fortgibu. Wiederum Jahre später wurde er, Monsieur Dechamps, eingeladen, an einem Plumpudding-Essen teil zu nehmen.
Er bemerkte, das einzige, was fehle, sei Monsieur de Fortgibu.
In diesem Moment trat Fortgibu ein.
Er hatte eine falsche Adresse erhalten und stieß versehentlich doch in die Runde der Plumpudding – Esser.

Auch der Fall Nummer zehn seines Buches soll hier kurz skizziert werden.

Es geht um zwei Soldaten, die beide in Schlesien geboren und neunzehn Jahre alt waren. Sie waren einander jedoch unbekannt, aber freiwillige im gleichen Truppenteil. Sie wurden 1915 ins gleiche Militärhospital aufgenommen, wurden Opfer einer Lungenentzündung und hießen beide Franz Richter.

Oder das Erlebnis seines Schwagers. Er ging zu einem Konzert und erhielt Platz Nummer 9 und Garderobenzettel Nummer 9. Am nächsten Tag ging er zu einem weiteren Konzert. Er erhielt Garderobenzettel Nummer 21 und auch Platz Nummer 21.

Dies mag für einen groben Überblick seiner Schilderungen hinreichend dargestellt sein. Er sortierte die gesammelten Beispiele und klassifizierte sie zu verschiedenen Ordnungen. Besonders interessant fand er Beispiele wie das mit dem Pudding. Für ihn war die Serie ein bislang nicht entdecktes Naturgesetz. Er definierte sie als eine gesetzmäßige Wiederholung oder Häufung in Zeit und Raum, wobei die einzelnen Bestandteile dieser Abfolge nicht mit derselben aktiven Ursache verbunden sind.

„Und so entsteht das Bild eines Weltmosaiks oder kosmischen Kaleidoskops, das trotz ständigen Neumischens und Umschichtens nicht vergisst, gleiches zusammenzuführen."

Also ein akausales unerklärbares Phänomen, das gleichartige Häufungen hervorbringt. Er schlussfolgerte daraus, es gebe in der Natur ein Muster oder eine Art höhere Harmonie. Er vermutete hinter den aufgezeichneten Serien ein Mosaik oder eine „Nabelschnur, die Gedanken, Gefühle, Wissenschaft und Kunst mit dem Schoß des Universums verbindet, der sie hervor brachte."

So wie sich Asteroiden in Gruppen durch das Weltall bewegen, so würden auch seriale Ereignisse in Gruppen auftreten.

Paul Kammerer entwickelte den Gedanken, der sich selbst bestärkenden Serien. Er ging davon aus, die Eintrittswahrscheinlichkeit identischer Ereignisse erhöhe sich mit der Anzahl ihres Vorkommens. Er vertrat das Gesetz einer Art höheren Wahrscheinlichkeit.
Tritt ein Umstand einmal auf, erhöht sich seine Chance zur Wiederkehr. Mit jeder weiteren Wiederholung, stabilisiert sich der Prozess. Die Eintrittswahrscheinlichkeit steigt weiter enorm an. Etwas ist also konstanter und stabiler, je öfter es auftritt. Die Serie bekräftigt sich selbst. Wo finden wir praktische Beispiele für diese Selbstverstärkung?

Als kleiner Hinweis mögen uns die berühmten Glückspilze und Pechvögel dienen, die wohl jeder kennt. Es gibt Menschen, die machen bei einem Kreuzworträtsel mit und gewinnen, obwohl sie bereits so viel vorher gewonnen haben. Auf der Tombola des Turnvereins vielleicht und drei Richtige im Lotto und so weiter. Sie haben eine Serie in ihr Schicksal eingegliedert. Diese tritt mit jedem erneuten Vorfall immer stärker auf und macht diese Personen umso mehr zu einem Glückspilz. Bestehendes bestärkt und stabilisiert sich immer weiter selbst.
Demnach müssten Lottogewinner eigentlich erhöhte Chancen auf einen zweiten Gewinn haben. Gibt es für solche Glückspilze Beispiele?
Das Super-Geldspiel in Amerika wurde dreimal von Donald Smith aus Wisconsin gewonnen. Am 25.05.1993, 17.06.1994 und am 30.07.1995 gewann er jedes Mal 250.000 $.

Aber ein echter Pechvogel ist nicht etwa, wer nur Nieten zieht, wie die nachfolgende Geschichte zeigt.

Maureen Wilcox kaufte Lose für zwei Lotterien. Die eine in Rhode Island und die andere in Massachusetts. Sie hatte bei beiden Losen die Gewinnzahlen. Sie gewann jedoch nichts. Der Grund: das Lois von Rhode Island hatte die Gewinnzahl von Massachusetts und umgekehrt.

Eine Analogie zu sich bestärkenden Serien finden wir zum Beispiel im Prozess des Wachstums im menschlichen Gehirn vor. Anfangs gibt es nur wenige und vereinzelte Gehirnzellen, die sich, Lernfortschritt und Erfahrungen in den ersten Lebensmonaten entsprechend, immer mehr ausbreiten und schließlich zu einem Netzwerk verbinden. Hier entsteht mit der Zeit durch äußere Reize ein neuronales Netz bevorzugter Bahnen im Gehirn eines Menschen. Je öfter eine Erfahrung gemacht wird, umso besser wird die Verbindung zwischen den Nervenzellen ausgebaut. Aus Trampelpfaden werden Autobahnen. Im sportlichen Bereich ist ein anderes Wort hierfür zum Beispiel „Training“. Eine Schrittfolge, ein Wurf, ein Schuss sind erlernt und werden im Schlaf beherrscht, wenn – vereinfacht ausgedrückt – die Verbindung zwischen den Zellen stark genug ausgebaut ist.

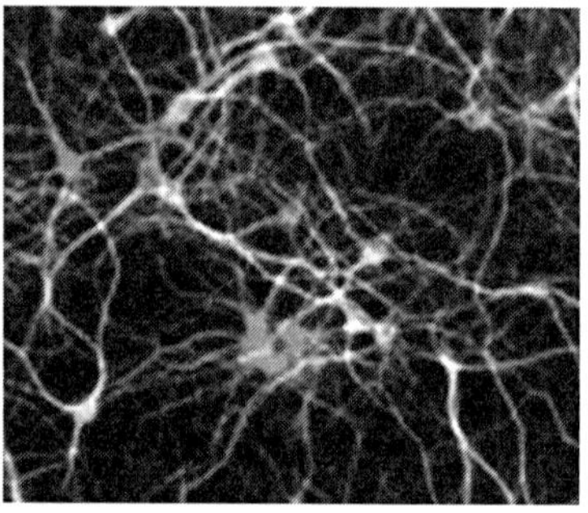

*Ein Vorgang wird immer wahrscheinlicher, je öfter er auftritt.*

Ein Gedanke, eine Tat, immer leichter, je öfter sie gedacht wurde. Das neuronale Netzwerk wächst so, wie es bedacht wird. Es wird zu einem physischen Spiegel des psychischen. Fortan wird ein ebensolcher Gedanke einfacher zu denken sein, wie auch auf der physischen Ebene eine derart oft wiederholte und gespiegelte Handlung einfacher, ja automatisch vonstatten geht.

*Je öfter etwas geschieht, umso einfacher kann es wiederholt werden und wieder geschehen.*

Das Sprichwort „Aller Anfang ist schwer“, im Umkehrschluss also „Alles Folgende ist umso leichter“, gilt damit nicht mehr nur für das Erlernen von bestimmten Fertigkeiten – wobei eben genau dieser besondere Akt vom Verwachsen der Gehirnzellen hin zu Bahnen auftritt – sondern auch

für das „Ver-gegen-wärtigen“ (übersetzt: das in die Gegenwart bringen eines Ereignisses), also das Eintreten von Ereignissen. Ein Ereignis tritt umso einfacher und damit umso öfter in unsere dreidimensionale Realität, je häufiger es bereits auftrat. Ereignisse geschehen umso leichter und öfter, je öfter sie bereits eingetreten waren. Die Natur als eine Folge von Gewohnheiten und sich stabilisierenden Prozessen.
Im Volksmund finden wir dieses Naturgesetz auch noch überliefert in dem Sprichwort: „Wehret den Anfängen“ (bevor sie sich beginnen zu wiederholen und zur Regel werden...). Unerwünschte Ereignisse sollen direkt bei ihrem Auftreten bereinigt werden. Später wird deren Auftreten immer wahrscheinlicher. Schon unsere Vorfahren haben dieses Muster erkannt.

Dinge, Abläufe, Geschehnisse *werden* zur Regel. Danach stabilisieren sie sich bis fast zum Gesetz. Aber nur fast. Denn, wie Aristoteles sagte, ist das Unwahrscheinliche wahrscheinlich. Durch einen kreativen, unwahrscheinlichen Stoß – das Unwahrscheinliche – tritt eine neuerliche Variante ein und kann sich zum neuen Gesetz auswachsen.

Es liegt auf der Hand: was im Gehirn eines einzelnen Menschen passiert, könnte symbolisch auch für die Menschheit als kollektives Organ stehen, das ein gemeinsames Gedächtnis aufbaut. Technisches Pendant wäre in diesem Zusammenhang das Internet. Weiter gedacht könnten sich auch Naturgesetze und formbildende Ursachen auf die gleiche Art und Weise ausbreiten. Es wäre die Evolution eines Universums mitsamt seinen Definitionen und Naturgesetzen. Ein ewiges Wachsen, Fließen und Verweben von Geschehnissen, Schicksalen und Ordnungen hin zu einem Muster. Spätestens hier ist ein Vergleich mit Rupert Sheldrakes morphischen Feldern herleitbar. Auch er beschäftigte sich mit den formbildenden Ursachen, zum Beispiel bei Kristallen, und kam zu dem Schluss, Formen oder Ereignisse träten umso wahrscheinlicher auf, je öfter sie vorkommen. Das heißt, was sich wiederholt, erfährt mit jeder Wiederholung mehr Stabilität und wird wahrscheinlicher. Wer einen vergifteten Kasten Wasser getrunken hat, „qualifiziert“ sich sozusagen beim Universum nachdrücklich für die „zweite Runde“ eines ähnlichen Skandals.

Ereignisse bestehen also aus einem kreativ-chaotischen Auslöser und einen regelmäßigen Stabilisator. Der symbolische Urkampf von Ordnung und Chaos. Auf diese Art und Weise kommt es durch eine kreativ treibende Kraft in der Natur und eine gegenläufig ordnend und stagnierend Wirkende zu den angesprochenen Bauplänen von Gattungen. Es sind dies die „Ideen“ als Blaupause einer Tierart, von der dann tausende unterschiedliche und doch gleichartige Genossen abstammen. Wir erkennen hier die sich ergänzend wirkende Kraft gegensätzlicher Kräfte. Diese Gedanken sollen an dieser Stelle jedoch nicht tiefer besprochen werden – sie sind in den vorigen Bänden geschildert.

Die Gedanken der Serialität hätten epochal und zu einem vollkommen neuen Weltverständnis beitragen können. Sie könnten heute bedeutend und brandaktuell sein. Nicht Kausalität, sondern auf Gleichartigkeit basierende Resonanz würde zum Weltverständnis beitragen. Leider aber wurden Forschungen in diese Richtung Mitte des letzten Jahrhunderts eingestellt.

Warum konnte dies geschehen?
Zur Aufklärung dieser Frage sei ein kleiner Exkurs gestattet.

## Unerwünschte Wissenschaft

"Wir sind nicht Sklaven der Vergangenheit, sondern Werkmeister der Zukunft."
Paul Kammerer

Wie wir sahen, sammelte Paul Kammerer Serien. Danach entwickelte er ein Gesetz der Serie, welches betonte, Ereignisse treten umso häufiger und leichter auf, je öfter sie stattfinden. Die Serie bekräftigt sich gewissermaßen selbst.

Was lag näher, als diese Gedanken nun nicht mehr nur abstrakt oder an toter Materie zu untersuchen, sondern auf lebendige Organismen zu erweitern?

Könnte man gleichartige Ereignisse in eine beeinflussbare Kette von Vererbbarkeiten, Zucht und Auslese einbringen?
Mit anderen Worten: ist es möglich, bestimmte Rassemerkmale nach gewünschten Merkmalen fest zu etablieren, wenn man deren erstmaliges Auftreten forciert, um danach auf eine Serialisierung des Vererbungsprozesses hinzuwirken?
Es ging also darum, eine Vererbungsserie in Gang zu setzen, die sich fortan stabilisiert.

Tatsächlich waren dies Paul Kammerers Ziele. Kammerer war einer der letzten Biologen Lamarck'scher Prägung. Damit stand er in scharfem Kontrast zu der Darwinschen Theorie einer zufälligen Auswahl von Merkmalen kombiniert mit dem Überleben des Stärkeren. Er versuchte, Eigenschaften und Vererbbarkeiten über bewusste Auslese und Zucht herbei zu führen.

Kammerers Versuche gingen immer mehr in die Zielrichtung hinein, die Vererbbarkeit von Eigenschaften zu beweisen, was ihm enorme Popularität einbrachte.
Dies ist keineswegs verwunderlich. Spätestens mit einer Zucht erfolgt ein unglaublicher Quantensprung. Bei näherer Betrachtung erkennen wir, dass sich Information – also ein ideeller, nicht dreidimensionaler Wert, stabil *verkörpert*. Eine Eigenschaft manifestiert sich in dreidimensionaler Dimension.

Paul Kammerer drückte den Gedanken der Vererbbarkeit von Anlagen auf uns Menschen und unsere Evolution bezogen folgendermaßen aus:

"Indem man Kinder gut erzieht, schenken wir ihnen mehr als kurzen Gewinn ihres eigenen Lebens; ein Extrakt davon geht dorthin, wo der Mensch wahrhaft unsterblich ist – in jene wunderbare Substanz, aus der in ununterbrochener Folge die Enkel und Urenkel entstehen."

Was ist dies für eine „wunderbare Substanz", die er hier anspricht?

Hier wird zum ersten Mal ein global-menschliches kollektives Bewusstseinsfeld angesprochen. Eine Ideenebene. Eine andere Dimension. Er war damit seiner Zeit weit voraus und sprach völlig neuartige Ideen aus.

Aber wie kam er zu derart kühnen Schlüssen? Was lieferte ihm die Basis für diese Aussagen und welche Untersuchungen lieferten ihm die Grundlage für diese Ergebnisse?

Er verwendete in einer ersten Versuchsserie zwei Arten von Salamandern. Beide waren von ihrer Untergattung höchst unterschiedlich, da sie gegensätzliche Lebensräume zur Brut benutzten. Er zwang sie, im gegensätzlichen Lebensraum der jeweils anderen Art zu brüten, was ihm auch gelang. In der nächsten Generationen konnte er bei deren Nachkommen die gleichen erworbenen Eigenschaften nachweisen, womit die wissenschaftliche Sensation perfekt war. Ihm war damit der Beweis gelungen, dass die Erfahrungen oder der Erwerb von Fertigkeiten einer Generation, vererbt und fortan von der nachfolgenden Generation genutzt würden. Dies wies auf ein evolutionäres, ein wachsendes und lebendiges, ja beinahe zielgesteuertes Werden der Arten hin und nicht, was bis heute überwiegende Schulmeinung ist, auf ein kreativ-chaotisch- *zufälliges* Vorwärtsentwickeln.
Damit war die Hypothese von Lamarck bekräftigt, der behauptet hatte, die Artenentwicklung verlaufe nach einem systematischen und logischen Prinzip der Umwandlung. Diese Gedanken sind bis heute aktuell.
Sie bekräftigen die These von einer Transformation der Menschen; einem Übergang oder Aufstieg im Fließen der Evolution.

Nach Salamandern arbeitete er mit Kröten. Es gelang ihm sechs Generationen weiter entwickelter Kröten zu einer Transformation zu bringen, womit er den Erwerb von Merkmalen nachwies. Ein einziges Tier seiner Reihen war übrig geblieben. Ein englischer Widersacher untersuchte das Tier. Es war künstlich präpariert. Durch die folgenden Artikel in den Zeitungen war das berufliche Wirken Kammerers unwiderruflich gescheitert.
Die Präparationen an der Kröte waren jedoch derart primitiv und offensichtlich, dass die Frage offen blieb, wie solche Veränderungen über Jahre von Dutzenden Wissenschaftlern und noch dazu mit

mikroskopischer Untersuchung hätten unbemerkt bleiben können. Offen blieb, *wer es wann* präpariert hatte.
Trotzdem waren seine Arbeiten zur Vererbung endgültig gescheitert. Wenige Tage später nahm er sich am 23.09.1926 unter mysteriösen Umständen das Leben.

Ihm wurde vorgeworfen, seine Arbeiten zur Serialität seien letztlich zwar interessant aber nicht haltbar, da es immer wieder in Betracht zu ziehen sei, es könne sich trotzdem um zufällige Ereignisse handeln. Auch wenn dies unwahrscheinlich wäre. Außerdem habe er niemals den Sprung geschafft, einen imaginären äußeren Standpunkt als reiner Beobachter zu verlassen. Er betrachte die Vorfälle extern und unbeteiligt, was auch der damaligen Tradition artigen Forschens entsprach. Im angehenden 20 Jahrhundert, in dem das Weltbild durch die Quantenphysik zu bröckeln begann, wurden Überlegungen wie seine als überholt angesehen. Kammerer wollte als unbeteiligter Aufzeichner Naturphänomene entdecken. Was er nicht entdeckte, war der springende Punkt, als Beobachter, ja Teilnehmer der Ereignisse, gestaltend und auswählend mit zu wirken und damit den Geschehnissen einen inneren Sinn, eine interne psychologische Dimension zu geben. Und erst diese Wendung verleiht Serien eine bedeutungsvolle Tiefe, eine weitere Dimension. So nannte sein Biograf Arthur Koestler die Serien auch „sinnvolle Zufälle“ und spielt damit auf die psychologische Ebene an.

Es ist wohl richtig, dass Kammerers Untersuchungen nicht mehr mit den Erkenntnissen der Quantenphysik zu vereinbaren sind, weil sie der Tradition objektiver Beweisführung des 19. Jahrhunderts entstammen.
Andererseits aber stellt die Wendung einer inneren persönlichen Bedeutung bei Serien oder einer psychologischen Variante, neben einer Erweiterung auch eine fälschliche Reduktion des Phänomens dar. Es ist beinahe, als würde man teilweise zugestehen, was sein muss.

Bei näherer Kenntnis der Zusammenhänge scheint jedoch auf der Hand zu liegen, dass Paul Kammerers Gedanken extrem unpopulär wurden, da sie Grundlagenmaterial für die nationalsozialistische Rassenideologie lieferten.
Hiervon waren fortfolgend nicht mehr nur seine Forschungen zur Vererbbarkeit von Anlagen betroffen, sondern ebenfalls seine Studien zur Serialität von Ereignissen.

So oder so sind seine Arbeiten heute nicht mehr hoffähig. Er tätigte Aussagen zur Vererbung, die der heutigen Philosophie grundlegend zuwider laufen.
Es ist Ihnen überlassen, sich darüber weitere Gedanken zu machen.

Im weiteren Verlauf dieses Buches soll nun ein weiteres Detail beleuchtet werden: Kammerer hatte sich auf seinen direkten Lebensbereich beschränkt, um seine Beobachtungen zu fixieren und auszuwerten.
In unserer heutigen multimedialen Welt lassen sich ein Privatleben und öffentliche Geschehnisse längst nicht mehr so klar kontrastieren, wie damals. Es findet eine Vermischung von Privatem und Öffentlichem statt. Fernsehen, Radio und Internet wirken direkt in unseren privaten Lebensbereich ein. Und das zu jeder möglichen Tages – und Nachtzeit. Der Horizont ist dadurch breiter, die Welt kleiner.

Sobald man aber Kammerers Grundgedanken der Serialität mit einem erweiterten Untersuchungsfeld, nämlich dem Weltgeschehen verbindet, ist man in der Ecke des Spinners und Außenseiters. Denn genau dann haben wir es mit Menschen zu tun, die Zeitungen sammeln und zwar nicht etwa, um den Ofen anzufeuern, sondern weil sie in Ereignissen nach Serien fahnden.

Filme wie „Fletchers Visionen“ mit Mel Gibson sind - durch Massenmedien verbreitet - mittlerweile tief im kollektiven Gedächtnis der Menschheit eingegraben. Und schon sind die Bilder vor Augen, wo ein überspannt scheinender Mensch genau nach solchen hintergründigen Verbindungen sucht (mit einer selbstgebauten Kappe aus Aluminium auf dem Kopf). Dann passiert es: Durch einen „Zufallstreffer“ hat er auch noch Recht und wird fortan verfolgt.

Mit dem Hauptdarsteller begegnet uns schließlich der Archetypus des Verschwörungstheoretikers in Reinform: ein Zeitungsschnipsel sammelnder, halb-genialer Spinner mit Aluhaube auf dem Kopf.

Ich finde es nebenbei gesagt schon fast vernünftiger, eine Aluhaube am Ohr zu haben, als jede Art schnurlosen Telefons, aber das ist eine andere Geschichte.

Möchte man also nicht die Akzeptanz des Lesers verlieren, sollte man unbedingt vermeiden, Kammerers Gedanken der Serialität auf das Weltgeschehen anzuwenden, um nach Kongruenzen zu schauen.

Das ist nicht korrekt, nicht erwünscht und ultimativ spinnert.

Ich glaube, Sie wissen was nun kommen muss.

Serialität und Weltgeschehen.

Bleiben Sie bitte trotzdem hier.

## Aluhaube auf dem Kopf - Verschwörungstheorie und Serie

„Ein Unglück kommt selten allein!"
altes deutsches Sprichwort

So, da wären wir also mittendrin in so genannten Verschwörungstheorien und spinnerten Themen. Dabei haben sich qualifizierte Wissenschaftler – und wir werden noch einige Größen mehr kennen lernen – mit dem Thema der Serien oder Koinzidenzen auseinandergesetzt. Und sie gehörten keiner Geheimgesellschaft an und waren auch nicht extrem.

Tatsächlich ist der Grundgedanke völlig logisch. Einem kausalem Ordnungsprinzip gegenübergestellt, existiert in einem dualen organisierten Universum zwangsläufig auch ein serielles Prinzip und bestimmt das Geschehen der Dinge mit.
Unserer Realität funktioniert nicht nur nach kausalen, sondern auch nach seriellen Prinzipien.
Wir leben nicht nur in einer logisch kausalen Dimension, sondern diese ist auch nach Gleichartigkeit und Serie geordnet.

Stellt man eine solche Hypothese auf, sollte diese auch offenkundig nachweisbar und nachvollziehbar sein.

Sobald man hierzu Beispiele sammelt, mag das ja noch angehen. Bislang haben wir das ja schon etwas getan. Nimmt man diese Beispiele aber aus der bunten Kiste unseres alltäglichen Blätterwaldes und dann noch aus der Politik, dann mutiert der Versuchsaufbau sofort zur Verschwörungstheorie. Also: Sammeln Sie niemals Beispiele aus Zeitung, Funk und Fernsehen, wenn Sie nicht als Spinner dastehen möchten.

Ich finde es hingegen immer wieder wichtig, in die blinden Flecken des kollektiven Bewusstseins vorzustoßen. Also, setzen Sie sich bitte auf den nächsten Seiten eine Haube aus Alupapier auf den Kopf, denn das hat, wie wir wissen, jeder anständige Verschwörungstheoretiker als Grundausrüstung bei sich. Versprochen, Sie dürfen das Ding auch wieder absetzen. Ich habe es wenigstens vermieden, einige Schlagzeilen und Titelbilder als argumentative Bestärkung hier mit abzulichten (obwohl diese hier vorliegen).

Wenden wir uns weiteren Beispielen zu. *Ein Unglück kommt selten allein*, sagt man. Diese Redensart des Volksmundes basiert auf der

Erfahrung und Beobachtung von Serien, wie sie gleich geschildert werden.

Ausdrücklich am Herz liegt mir, Ihnen mitzuteilen, die folgenden – oft tragischen Beispiele – nicht aus Sensationslust in dieses Buch zu bringen. Vielmehr sind Unfälle und andere unglückliche Ereignisse auch im nachhinein detailliert recherchierbar, da diese in Zeitungen und in Nachrichtenagenturen gemeldet werden. Dies ist bei vielen weniger außergewöhnlichen Geschehnissen einfach nicht der Fall. Mir ist bewusst, dass hinter all diesen Meldungen Menschen und Schicksale stehen. Alle dargestellten Fälle wurden bereits veröffentlicht. Sie sind hier übergreifend dargestellt. Als Quelle dienten diverse Nachrichtenagenturen.

Natürlich stehen all diesen Fällen etliche „Nicht-Serien", also normal kausale Ereignisse gegenüber. Nicht entgegen – sondern gegenüber. Denn auch im Alltag – wie zu Anfang des Buches geschildert, finden wir Synchronizitäten eingebettet inmitten gewöhnlicher Begebenheiten. Wir sehen sie seltener, nicht etwa, weil sie seltener als kausale Ereignisse sind, sondern weil

1. unsere bewusste Wahrnehmung dahingehend konditioniert wurde, kausal zu arbeiten und
2. weil diese Muster abstrakt wirken und meist nicht offenkundig zu Tage treten.

Eine derartige Untersuchung muss damit fragmentarisch und unvollständig bleiben.
Schon der phantastische Untersuchungsgegenstand lässt sich nur bis zu einem gewissen Grade enthüllen. Dies liegt in der Natur der Sache. Allerdings können die Seiten trotzdem wertvolle Dienste leisten. Sie können Ihren Blick schärfen. Und das wäre wirklich wunderbar. Dann werden Sie selbst zum Zeugen. Der Scharfsinn einer veränderten Betrachtungsweise liefert Beweise.

Ich möchte also zu Bedenken geben, dass eine solche Sammlung von Wiederholungen niemals vollständig befriedigen kann und somit immer vollkommen unvollständig bleiben muss. Grund hierfür bildet nicht etwa die Instabilität beim Auftreten von seriellen Geschehnissen, sondern vielmehr deren schwere Nachweisbarkeit aufgrund Datenmangels.

Oder an einem Beispiel illustriert: Wir gehen seit Jahren jeden Morgen über eine Straße, ohne dass irgend etwas passiert und machen uns

nicht die geringsten Gedanken darüber, es hier vielleicht mit einer Serie zu tun zu haben.
So unsinnig dieser Gedanke erscheint, er ist es gar nicht. Denn wissenschaftlich und logisch betrachtet ist es unter bestimmten Umständen sogar viel wahrscheinlicher von einem Auto erfasst zu werden, obwohl es nie geschah (was uns „normal“ vorkam).
Und letztlich ist jedes Ereignis (wie dessen Ausbleiben) gleichermaßen unwahrscheinlich wie wahrscheinlich, weil absolut unerklärlich geblieben ist, dass überhaupt irgend etwas geschieht und *wie* es passiert..

Als Einstieg in die Beispiele bietet sich eine Meldung des Remote Viewer News Tickers an.

„04. Juli * (*2008 - Anmerkung Autor), Newsticker
Der Echo-Effekt geht weiter

... Die Nachrichtensendung des 1. Deutschen Fernsehens hat unlängst ein peinlicher Zwischenfall ereilt: Die Deutsche Fahne wurde falsch dargestellt. Abgesehen davon, dass so etwas in so einer Sendung nicht passieren darf (Da sitzen die besten von den besten Journalisten, oder?), dass sich so etwas wiederholt, ist schon sehr unwahrscheinlich, besonders wenn die Kollegen ihre Häme über das Tagesthemen-Team ordentlich ausgeschüttet haben. Aber die Matrix ist unnachgiebig:doppeln! heißt die Devise.

Jetzt hat es die amerikanische Fahne erwischt. Mal sehn, ob noch eine falsche britische oder französische nachgeschoben wird, das nennt man dann Feldeffekt.
...“

Ich finde diese Meldung gerade deshalb besonders wertvoll, weil sie eine der vielen kleinen beinahe unsichtbaren Nichtigkeiten aus dem Dunkel geholt hat. Ereignisse wie diese passieren täglich millionenfach – unbemerkt. Hier sind es falsche und verwechselte Fahnen, die über einen Nachrichtenkanal laufen. Da wurden bloß Fahnen falsch dargestellt, falsch gezeigt und in den Nachrichten gesendet.
Dann gab es noch eine Serie von explodierenden Windrädern. Vielleicht hatten Sie davon gelesen. In mehreren Ländern explodierten ohne logischen Sachzusammenhang und unabhängig voneinander auf einmal innerhalb weniger Wochen Windräder.

Aber dies sind nur kleine Beispiele knapp über der Merklichkeits-schwelle. Leichter auffindbar sind leider Dramen, wie nachfolgend geschildert.

Herman Cordoba, ein kolumbianischer Fußballer, 19 Jahre alt, starb bei einem Autounfall. Kurz zuvor wurde er mit dem deutschen Fußballclub Werder Bremen in Verbindung gebracht, zu dem er wechseln sollte. Genau zehn Jahre früher war Werder Bremen an einem jungen Peruaner, 20 Jahre alt, namens Sandro Beylon interessiert. Der Vertrag kam nicht zu Stande, denn auch Beylon starb kurze Zeit später bei einem Autounfall.

Wie so oft gab es auch im Sommer des Jahres 2008 wieder einmal eine Serie von Zwischenfällen im Flugverkehr. Der rote Faden dieser Ereignisse bestand im Ausbleiben der Katastrophe. Vielmehr blieb das Ausmaß der Schäden vergleichsweise gering, die Störungen „entwickelten“ sich nicht weiter.

Am Freitag, den 25. Juli 2008, musste eine Boeing 747-400 in Manila notlanden. Das Flugzeug war auf dem Weg von London nach Melbourne in Australien und war in Hongkong zwischengelandet. Wie so oft, saß der Teufel im Detail. Durch eine schadhafte Sauerstoffflasche kam es zu einer Explosion. Die Druckwelle und umherfliegende Teile rissen ein zwei Mal vier Meter großes Loch in den unteren seitlichen Rumpf nahe dem rechten Triebwerk. Die Maschine sackte von 12.000 auf 8.000 Meter durch. Keiner der 346 Passagiere wurde verletzt.

Am folgenden Mittwoch, dem 30. Juli 2008, geschah Fall Nummer zwei. Auch hier war eine Boeing 747 in die Geschehnisse verwickelt. Das Flugzeug war auf dem Weg von New York nach Hongkong und wollte in Vancouver zwischenlanden. Die schadhafte Abdeckung der Klimaanlage löste sich an der Unterseite des Rumpfes. Umher fliegende Teile beschädigten hier ebenfalls den Rumpf. Auch diese Maschine musste notlanden. Hier blieben 363 Passagiere unverletzt.

Am gleichen Tag, dem 30 Juli 2008 folgte Fall Nummer drei. Eine Boeing, diesmal eine 777, musste in Tokio notlanden. Während des Fluges bemerkten die Piloten das Überschreiten der Grenztemperatur am rechten Triebwerk. Kurz darauf entwich Qualm. Nach der Landung blieben auch hier alle 264 Passagiere unverletzt.

Serialität: Drei Boeing Flugzeuge haben binnen fünf Tagen starke Probleme, ohne dass sich das Unglück in seinen Auswüchsen voll „entfaltet“.

Notlandende Präsidenten: Der honduranische Präsident Ricardo Maduro hat nun auch eine Serie von Flugzwischenfällen hinter sich. Im Mai 2005 stürzte sein Kleinflugzeug an der Küste von Honduras ab. Er überlebte ohne größere Verletzungen. Schon im Juni 2005 war er Passagier einer Boeing 757, die bei Tegucigalpa – ebenfalls in Honduras - notlanden musste. Im März 2006 erwischte es Festus Gontebanye Mogae, den Präsidenten von Botsuana. Seine Maschine musste in Athen notlanden.

Unvorhergesehene Landungen am laufenden Band: Am Münchner Flughafen ereignete sich am 29.10.2005 eine merkwürdige Serie. Zuerst traf es einen Airbus der Lufthansa. Wegen Problemen an der Hydraulik drehte er um und flog nach München zurück.
Ein weiterer Airbus, diesmal von der türkischen Fluggesellschaft Atlasjet, musste umkehren und wieder in München landen. Auch hier waren Hydraulikprobleme der Grund.
Und auch der dritte Airbus landete schließlich auf dem Münchner Flughafen. Hier war es allerdings wegen eines erkrankten Passagiers.
Damit waren innerhalb von nur zwei Stunden drei ungeplante Landungen in München vorgefallen. Bloßer Zufall oder doch eine sich selbst bekräftigende Serie?

Das „Bermuda Dreieck“ in Süditalien: Am 6. August 2005 war eine Maschine des Typs „ATR 72“ vor der sizilianischen Küste in der Nähe Palermos ins Meer gestürzt. Die Motoren hatten keinen Treibstoff mehr.
Am gleichen Wochenende musste eine ATR 42 auf Pantelleria in Süditalien notlanden. Hier waren Motorprobleme ursächlich.
Eine Fokker 100 musste am folgenden Freitag, den 9. September 2005, in Palermo notlanden. Ursache: Probleme mit dem linken Motor.

Drei Maschinen mussten innerhalb weniger Tage auf einer äußerst begrenzten Fläche notlanden. Immer war die Gefahr eines Motorausfalls gegeben, zweimal weil die Motoren Probleme hatten, einmal wegen des fehlenden Treibstoffs. Bei weiterer Fehlerausbreitung, wären alle Motoren zum Stillstand gekommen.

Das Wochenende der abstürzenden Sportflugzeuge: Am 19. und 20. September stürzten gleich drei Kleinflugzeuge über Deutschland ab. Eine Sportmaschine stürzte bei Porta Westfalica (NRW) in einen Teich. Nur ca. 30 km entfernt, stürzte ein Ultraleichtflugzeug über Oerlinghausen (NRW) ab und überschlug sich am Boden.
Ein weiteres Ultraleichtflugzeug fiel bei Stechow-Ferchesar (Brandenburg) zu Boden.
Drei abstürzende Kleinflugzeuge über Deutschland in zwei Tagen.

Kennen Sie eine Stadt auf die *ständig* Flugzeuge niederfallen?

Die Bilder des 11.09.2001 sind wohl sicherlich jedem erwachsenem Menschen für immer geläufig. Hier wurden innerhalb weniger Stunden Millionen von Menschen über Massenmedien traumatisiert und Bewusstseinsenergien von riesigem Ausmaß geschaffen.

Bekanntlich rasten zwei Flugzeuge ins World Trade Center hinein und explodierten. Im weiteren Verlauf der Ereignisse brachen befremdlicherweise und vollkommen ungenügend reflektiert, gleich drei Gebäude exakt wie Kartenhäuser in sich zusammen. So befremdlich und fernab logischer Zusammenhänge dies auch war, wurde es weder ausreichend diskutiert noch nachuntersucht. Kritische Betrachtungen hierüber findet man nicht in den Massenmedien.

Von anderen Städten als New York sind mir derartige Katastrophen nicht bekannt. Gerade in New York sind aber für derartige Ereignisse offensichtlich „bevorzugte Bahnen“ existent. Muster, die Platz und Ereignis zu einer grausamen Szenerie verbinden. In New York existiert ein „Domino-Effekt“, der immer wieder Luftfahrtkatastrophen begünstigt.

Mit anderen Worten: stürzt einmal ein Flugzeug in eine Stadt, wird es umso wahrscheinlicher, dass es wieder passiert. Dabei waren die Flugzeugkatastrophen 2001 nicht die ersten. In New York gab es schon vorher ein Webmuster hierfür.

1.

Im Dezember 1996 berührte ein Rotorblatt einer Liberty-Maschine die Fassade eines Gebäudes am Heliport und musste notlanden.

2.

Im Juli 1997 stürzte ein Touristen-Hubschrauber der Firma Liberty Helicopters in den Hudson River.

3.

Dann geschahen die Ereignisse des 11.09.2001. Zwei Flugzeuge der American Airlines rasen um 08:46 und 09:03 Ortszeit in das World Trade Center.

Der bei den Einsätzen am WTC mitwirkende Feuerwehrmann Michael Morgan forderte später bei einem Wohltätigkeitskonzert im Madison Square Garden das Schicksal heraus:

„Im Geist der Menschen aus Irland, Osama bin Laden, Du kannst mich an meinem königlich irischen Arsch lecken. Ich wohne in Rockaway und dies ist mein Gesicht.“ Man könnte geneigt sein, in diesem Satz eine Provokation zu sehen...

Bitte stellen Sie sich einmal vor, sie seien beruflich bei den Flugzeugkatastrophen des 11.09.2001 zugegen gewesen und zwei Monate später fällt neben ihrem Wohnhaus ein weiteres Flugzeug herunter. Genau das ist Punkt 4.

4.

Zwei Monate später, am 12. November 2001 geschah die nächste Luftfahrtkatastrophe über New York. Wieder waren Jets der American Airlines betroffen. Flug 587 startete vom Kennedy Flughafen und stürzte um kurz nach 09:00 Uhr morgens in Rockaway, einem Wohngebiet, in dem sehr viele Feuerwehrleute wohnten, die am 11. September 2001 im World Trade Center eingesetzt waren und diese Katastrophe überlebten. 265 Menschen starben.

5.

Am 11.10.2006 raste ein Kleinflugzeugzeug in einen Wolkenkratzer auf der East Side und stürzte ab.

6.

Im Januar 2009 musste ein Flugzeug vom Typ Airbus 320 der Fluglinie US Airways im Hudson River notlanden. Sie ging unmittelbar vor den Hochhäusern von Manhattan nieder. Alle Passagiere konnten gerettet werden. Den Berichten zufolge war das Flugzeug kurz nach dem Start mit einem Vogelschwarm kollidiert. Beide Triebwerke fielen aus.

7.

Im August 2009 kollidierten ein kleines Propellerflugzeug und ein Hubschrauber über dem Hudson River. Der Typ des Hubschraubers? Wieder ein „Liberty Helicopter".

Noch ein unheimliches Echo zu den Vorfällen des 11.09.2001. Der nationale Aufklärungsdienst in Chantilly, Virginia, hatte für den Tag der Anschläge auf das World Trade Center Übungen geplant. In deren Verlauf – so der Plan - ein Sportflugzeug gegen ein Hochhaus prallen sollte. Hierbei sollte das Hochhaus der Behörde als Ziel dienen. Es ist ca. 6 km vom World Trade Center entfernt. Die Führungsriege der Behörde hatte sich das Szenario ausgedacht, um die Fähigkeit der Angestellten zu testen, mit solch einer Katastrophe umzugehen. Um die Schäden des Aufpralls zu simulieren, sollten einige Treppenhäuser gesperrt werden. Fast zeitgleich geschah dann der erste Flugzeugeinschlag am WTC. Der Sprecher, Art Haubold, äußerte sich dazu: „Es war einfach ein unglaublicher Zufall, dass ausgerechnet ein Flugzeug gegen unser Hochhaus prallen sollte. [...] Sobald die tatsächlichen Ereignisse einsetzten, sagten wir die Übung ab."

Flug Nummer 77 – eines der beteiligten Unglücksflugzeuge dieses morgens - stürzte amtlichen Darstellungen zu Folge tatsächlich in eine Behörde. Und zwar nicht in das des Aufklärungsdienstes, sondern in das Pentagon.

Der Pilot dieses Fluges hatte als letzte dienstliche Aufgabe bei der Navy das Pentagon dabei unterstützt, Katastrophenpläne für den Fall, dass ein Flugzeug in das Gebäude stürzen würde, auszuarbeiten.

Ja, Sie haben richtig gelesen: Der Pilot, dessen Maschine ins Pentagon gestürzt sein soll, hatte das Pentagon dabei unterstützt Katastrophenpläne für genau diesen Fall auszuarbeiten.

Der Pilot hieß Charles Burlingame. Das englische Verb „burgling" (mit „g") bedeutet so viel wie „einbrechend". Verbindet man auf diese Weise die Wortsilben, entsteht die Kombination „einbrechendes Spiel"

(burgling-game). Und der Staatsangestellte mit dem beinahe identischen Namen arbeitete Schutzpläne („Plan*Spiele*") für das Pentagon aus und wurde Teil des Geschehens.
Und dann gibt es da noch die Einschläge von Flugzeugen in Hochhäusern zwei Tage vor denen in New York, die mittlerweile beinahe in Vergessenheit geraten sind. Man redet nicht mehr darüber. Aus Taktgefühl?
Am 09.09.2001, zwei Tage vor den realen Albtraumszenarien schlugen bereits riesige Passagierflugzeuge in einem Hochhaus ein. Sie wissen nichts davon? Doch, ganz bestimmt haben Sie das gesehen...
In einem Straßencafé unter einem Hochhaus, das ein bisschen wie das World Trade Center aussieht, lässt sich ein Paar Rotwein und Kaffee servieren. Dann fängt der Tisch an zu zittern wie bei einem Erdbeben. Man hört das gewaltige Geräusch von Flugzeugdüsen. Die beiden schauen entsetzt hoch. Die Kamera reißt nach oben.
Aus allen denkbaren Perspektiven, sieht man nun, wie ein Flugzeug durch das Hochhaus fliegt. Alles wird zertrümmert und Menschen laufen schreiend davon. Dann kommt die Flugzeugspitze auf der anderen Seite des Hochhauses wieder zum Vorschein.
Ein Exemplar einer Tageszeitung mit dem Bild des durchs Hochhaus brechenden Jumbo liegt mir vor.
Dies sind nicht die Dokumentaraufnahmen des 11.09.2001, die sie wahrscheinlich jetzt vor Ihrem geistigen Auge sehen.
Dies ist der Werbespot der Firma Telegate. Er wurde am 9. September zum ersten Mal gesendet, auf allen deutschen Fernsehsendern. Und auch am 10. September noch einmal. Dann kam der 11. September. Seither ist der Spot nie wieder irgendwo gezeigt worden.
Überall rund um den Globus finden wir die Idee eines Einschlages in ein Hochhaus. Und zwar *vor* den realen Geschehnissen. Merkwürdig, nicht?

Noch einmal zurück zu den Piloten der Unglücksmaschinen. Am 16.08.2001 wurde Zacharias Moussavi verhaftet. Er hatte sich in einer Flugschule auffällig benommen und kaum Interesse an Starts und Landungen gezeigt.
Einer der verhaftenden Agenten schrieb in seinen Bericht:
„Typ von Person, der etwas in das World Trade Center fliegen könnte."

John Woods, Seniorpartner einer Anwaltskanzlei, verließ seine Büroräume nur Sekunden, bevor das Gebäude vom ersten Flugzeug gerammt wurde und kam mit dem Schrecken davon. Dies war jedoch nicht das erste Mal, dass er bei einer Katastrophe nur um Sekunden dem Tode kam. Auch 1993 war er in genau jenem Gebäude zugegen, das einem Bombenanschlag zum Opfer fiel.

1988 hatte er eine Reservierung für den Pan Am Flug, der über Lockerbie in Schottland explodierte und abstürzte. Wegen einer Bürofeier hatte er jedoch in den letzten Minuten abgesagt.

Bei der New Yorker Zahlenlotterie. Am 11. September 2002 – ein Jahr nach den Anschlägen des so genannten „Nine-eleven" („911"), wurde genau diese Zahl – die 911 – auch gezogen.

Finden Sie das auch nur annähernd normal oder noch logisch zu erfassen?
Ich nicht.

Dies ist aber nicht der einzige bekannte Vorfall synchroner Geschehen bei dieser mysteriösen Zahlenlotterie. Es gibt da noch den Vorfall des seltsamen Zuges:

Am 15.11.1948 raste – natürlich ebenfalls in New York – ein Zug in die Bucht von Newark. Dabei kamen einige Fahrgäste ums Leben. Die Fotos auf den Titelseiten der Zeitungen zeigten den Zug, wie er mit einer Seilwinde aus dem Wasser gezogen wurde. Deutlich und gut sichtbar war die Zahl „932" zu erkennen. Sie war auf der Seite des hinteren Wagens aufgedruckt. Einige Menschen hielten dies für ein besonderes Zeichen und wählten diese Zahl für die dreistellige Zahlenlotterie Manhattans dieses Tages. Tatsächlich wurde die 932 am gleichen Tag gezogen.
Ein Zug mit der Zahl 932 wird aus dem Wasser gefischt und ein Los mit der gleichen Zahl ebenfalls gezogen.

Nach dem Zugunglück vor der Einfahrt in den Bahnhof der Schweizer Stadt Thun am 28. April 2006, bei dem ein ICE aus Deutschland entgleiste, könnte theoretisch an jedem Bahnhof der Welt erneut ein Unglück passieren – oder überhaupt keines – aber es trifft abermals die Stadt Thun. Am 17.05. des gleichen Jahres ereignete sich ein zweites schweres Zugunglück. Ich vermute, die statistische Wahrscheinlichkeit von solchen Wiederholungen wäre – wenn sie zu ermitteln wäre – astronomisch hoch.

Haben Sie schon einmal von einem Geisterzug gehört? Nein, kein Geisterschiff, ein Geisterzug. Bitte sehr.

Mitte November 2008 rollte ein führerloser Zug mit 31 Waggons von Frechen in Richtung Köln. Nach sechs Kilometern durchbrach der Zug die Wand einer Lagerhalle und kam zum Stillstand.

Ende November 2008 fuhr ein führerloser Wagen im bayerischen Landkreis Garmisch-Patenkirchen 20 Kilometer auf abschüssiger Strecke. Die Strecke führt durch Ortschaften und überquert mehrfach Straßen.

So seltsam und außergewöhnlich dieses Szenario anmuten mag, wiederholte es sich wenige Tage später in Deutschland.
Am 08.12.2008 setzte sich ein Regionalzug auf dem Bahnhof Merseburg führerlos in Bewegung und fuhr über 40 Kilometer quer durch Sachsen-Anhalt.
Die Nachrichten hierzu:

„Ein Regionalzug ist am Montag fast 40 Kilometer führerlos durch Sachsen-Anhalt gefahren. Das teilte die Deutsche Bahn in Leipzig mit und bestätigte damit einen Bericht der "Mitteldeutschen Zeitung". Der Triebwagen der Burgenlandbahn habe sich am Morgen nach 7.00 Uhr im Bahnhof Merseburg selbst in Bewegung gesetzt, Fahrgäste oder ein Lokführer seien nicht an Bord gewesen. Erst wenige Kilometer vor Querfurt kam der Zug zum Stehen.
Der Zug habe einige Bahnübergänge passiert, sagte ein Bahnsprecher am Dienstagabend. An modernen Übergängen hätten sich die Schranken von selbst geschlossen, in anderen Fällen hätten Bahnwärter über die Gefahr informiert werden müssen...“

Im Weltgeschehen bilden Zugunglücke oder andere Unfälle nur eine winzig kleine Eisbergspitze von Billionen täglicher Ereignisse mit unzähligen Verknüpfungen, die allesamt im Dunkel bleiben, sich niemals offenbaren, nie bekannt werden. Ihnen geht die Außergewöhnlichkeit ab.

Die Masse serieller Folgen ist zweifellos in täglich Millionen unscheinbarer Details zu finden und weniger in großen, beutungsschweren Katastrophen. Dies wurde ja in den persönlichen Aufzeichnungen hinreichend dargelegt. Hier waren die auftretenden Wiederholungen fast immer von absolut unbedeutender Natur.

Wir bemerken Serien nur, wenn sie uns außergewöhnlich oder unwahrscheinlich erscheinen oder sie sonst in irgendeiner Form ins unser Auge fallen oder unsere Aufmerksamkeit stark erregen. Erst dann beginnen wir zu hinterfragen. Meist sind wir doch – Hand aufs Herz – in einer Art „tagesblindem Schlaf“ und nehmen nur wahr, was unseren Gewohnheitsrastern entspricht.
Die sonstige alltägliche Serie, die – lächelnd formuliert – „echte daily soap“ – bleibt unserem Auge zumeist unsichtbar.

Im Weltgeschehen ist derlei leider überhaupt nicht mehr zu ermitteln und muss sich begrenzen. Diese – wahrscheinlich täglich millionenhaft vorliegenden Serien und Übereinstimmungen - können hier nicht angerissen werden, da sie einfach latent und unbekannt bleiben. Dies kann von Übereinstimmungen an der Kleidung, bis über Vorlieben, Farben, Schicksale und so weiter reichen. In den alltäglichen unzählbaren Kleinigkeiten des Lebens Serien zu ermitteln, gliche dem Versuch, Schatten zu fangen, das Ungreifbare zu greifen. Ein Ergebnis ist hier unmöglich. Wie könnte man sich derlei unsehbare Zusammenhänge vorstellen?

Vielleicht geschieht es täglich, dass an einer Kasse fünf Personen gleichen Geburtstages oder Vornamens, Geburtsortes, gleichem Vornamen des Vaters oder der Mutter, hintereinander stehen ohne dies je zu erfahren oder alle im letzten Jahr am gleichen Urlaubsort waren und so weiter.
Oder dass in bestimmten Bussen oder Zügen Häufungen verlorener Gegenstände auftreten. Es bleibt spekulativ und soll deshalb hier nicht weiter verfolgt werden.

Manchmal haben Ereignisse auch einen verborgenen Sinn. Das heißt, es geht nicht vordergründig um das Auftreten von gleichen Objekten, sondern den Geschehnissen liegt ein innerer Sinn, eine innere Verbindung zu Grunde, die erst im Zusammenwirken der Geschehnisse vollkommen verrückt erscheint.
Nicht selten geht dies mit einem tiefen inneren Gefühl von Fügung einher.
Man ist tief innerlich ergriffen und meint, schicksalhaftes Wirken zu erkennen.

Einen Geschmack für die Verrücktheit der auftretenden synchronen Ereignisse kann man anhand der nachfolgenden Beispiele bekommen. Sie sind ebenfalls verschiedenen Quellen entnommen.

Diese Beispiele bestärken die dargebrachte Vermutung, es hier nicht mit einem rar auftretenden Naturgesetz zu tun zu haben, sondern mit einer *beständig wirkenden Kraft*, die subtil und untergründig wirkt und deshalb nur außergewöhnlich *erscheint*.

## Verwunderliche Ereignisse

"Es ist absolut möglich, dass jenseits der Wahrnehmung unserer Sinne ungeahnte Welten verborgen sind."
Albert Einstein

Im letzten Buch, „Der verborgene Plan", wurde bereits kurz auf erstaunliche und faszinierende Phänomene eingegangen. In diesen eröffnen sich Welten, Bedeutsamkeiten, Wunder.

Bevor wir Serien und Synchronizitäten tiefer erforschen, lassen wir uns erst einmal von ihnen in Erstaunen versetzen. Einige der folgenden Beispiele wurden bereits im letzten Buch vorgebracht. Der Leser möge mir dies verzeihen. Die Auswahl wurde nun sehr umfangreich erweitert. Die Beispiele sollen als Gesamtes hier wieder gegeben werden und entstammen verschiedenen Quellen.
Zur Verblüffung und Unterhaltung also einige zusammengetragene Beispiele für dieses Naturprinzip. Wir werden sehen, wie schöpferisch und kreativ hier Gleichartiges in der Welt zueinander gebracht wird.

Im Frühling des Jahres 1906 hielt ein Wiener Professor für Physik einen Vortrag über Radioaktivität. Zur selben Zeit starb der Entdecker des Radiums Pierre Curie. Im Herbst 1906 dozierte derselbe Professor über die Theorie der Gase. Zur selben Zeit nahm sich der Molekularfoscher Luwig Boltzmann das Leben.
„Der Selbstmord des berühmten Physikers Boltzmann" - so die „Wiener Mittagszeitung" weiter – „erregt um so größeres Aufsehen, als er sich wenige Wochen nach dem Selbstmord des Berliner Physikers Drude ereignete, ein Beispiel jener Duplizität der Fälle, wie sie im medizinischen Aberglauben eine gewisse Rolle spielt."

Im Jahr 1898 erschien der Roman 'Futility' von Morgan Robertson. Darin wird beschrieben, wie im Nordatlantik ein Schiff gegen einen Eisberg kracht. Dieses erfundene Schiff nannte der Autor 'Titan'. 1912 stieß in genau jenem Teil des Atlantiks ein wirkliches Schiff gegen einen Eisberg: die berühmte „Titanic".
Als der Roman geschrieben wurde, war die berühmte Olympic Klasse, zu der die Titanic gehörte, nicht einmal entworfen. Die Schiffe existierten nicht einmal auf dem Reißbrett. Vielleicht aber schon in den Köpfen einiger Erfinder als vage Ahnung?
Wie die Titanic hatte das erfundene Schiff nicht genügend Rettungsboote. Beide Schiffe führten Platz für 3000 Passagiere auf ihren Rettungsbooten mit. Allerdings waren dies bei der Titanic 20, bei der erschriebenen Titan 24 Rettungsboote. Beide waren beinahe gleich lang.

880 Fuß die Titanic und 882 Fuß Länge bei der Titan. Auch die Geschwindigkeit war annähernd gleich. 24 Knoten bei der Titanic und 25 Knoten bei der Titan. Beide Schiffe galten als „unsinkbar". Beide hatten drei Schiffsschrauben und zwei Masten und fuhren zu ihrer Jungfernfahrt aus. Beide im April.
Die Schiffe fuhren beide mit nahezu maximaler Geschwindigkeit auf den Eisberg (23 und 25 Knoten), wodurch in der Folge 2500 bzw. 2207 Passagiere starben. Aber auf dem Schiff der Romanvorlage überlebten nur 13 Menschen, während es in Wirklichkeit doch deutlich mehr waren (705).
Wir erinnern uns an die Feststellung, das Auftreten eines Ereignisses bewirke ein Ansteigen der Wahrscheinlichkeit zur Wiederholung eines gleichen oder ähnelnden Ereignisses. Schon das Schreiben eines Buches würde die Wahrscheinlichkeit ansteigen lassen, Ereignisse in diese Welt zu bringen. Aber es geht noch weiter.

In der Times vom Samstag, den 27. April 1935 ist unter dem Titel „Titanian – Echo of the Titanic" zu lesen, wie ein gleichnamiges Warenschiff an fast der gleichen Stelle wie die Titanic beinahe mit einem Eisberg zusammen gestoßen wäre.

Später, im April 1967, schreibt William Reeves im „Sea Breezes Magazine", er sei 1935 Ausguck auf dem Schiff gewesen und hätte – einem sechsten Sinn folgend – eine Eisbergwarnung ausgegeben, obwohl nichts zu sehen war. Die Maschinen wurden gestoppt und das Schiff kam vor einem Eisberg zum Stehen.
Er schrieb weiter: "Die Position war genau dieselbe wie bei der Titan (Morgan Robertson) und der Titanic. 41.66 N, 50.14 W."

In Wikipedia, einer Art Online Lexikon, findet sich unter dem Stichwort „RMS Lusitania" unter der Rubrik „Sonstiges" eine Vernetzung von Personen und Schiffskatastrophen.

*„Manche Passagiere der Lusitania hatten nahe Verwandte, die auch von anderen Schifffahrtstragödien des 20. Jahrhunderts betroffen waren oder hatten bereits selbst Ähnliches erlebt:*

*Das Lusitania-Opfer Mary Crowther Ryerson aus Toronto, Kanada, war die Ehefrau von Major General George S. Ryerson (1855–1925), dessen Cousin, der Stahlbaron Arthur Ryerson, beim Untergang der Titanic ums Leben gekommen war.*

*Der Lusitania-Überlebende Thomas Home aus Toronto, Kanada war ein Schwager von Major Arthur G. Peuchen, der die Jungfernfahrt der Titanic überlebte.*
*Der Dritte-Klasse-Passagier Joseph H. Mason aus Detroit, der bei dem Untergang ums Leben kam, hatte ein Jahr zuvor seine Frau und seinen Sohn beim Untergang des CPR-Liners Empress of Ireland verloren.*

*Der Erste-Klasse-Passagier Frederick A. McMurtry aus New York war mit Gertrude Reeve verheiratet, deren Schwester Mary Reeve Stork unter den Todesopfern der Empress of Ireland war.*

*Der Zweite-Klasse-Passagier William E. Mounsey hatte seine Frau Fannie beim Untergang der Empress of Ireland verloren.*

*Der Erste-Klasse-Passagier Leonard L. McMurray, der überlebte, hatte 1909 den Untergang des Passagierdampfers RMS Republic der White Star Line überlebt."*

Soweit das Online-Lexikon.

Am 5. Dezember 1664 sinkt ein Atlantiksegler vor der walisischen Küste. Es sind 81 Menschen an Bord, einer davon, mit Namen Hugh Williams, überlebt. An einem anderen 5. Dezember 120 Jahre später versinkt ein anderes Schiff mit 60 Passagieren, der einzige Überlebende heißt Hugh Williams. Und als am 5. Dezember 1860 ein weiteres Schiff mit 25 Passagieren sinkt, heißt der einzige Überlebende ebenfalls Hugh Williams.

Der Bühnenautor Arthur Law entwarf 1885 ein Theaterstück, in dem ein Herr namens Robert Golding als Einziger den Untergang eines Schiffes namens *Caroline* überlebt.
Nur Tage nach der Premiere des Stückes ging das Schiff tatsächlich unter. Der einzige Überlebende hieß Golding.

Am 16.Oktober stieß der Schoner *Mermaid* von Sydney in See. Sein Ziel war die Nordwestküste Englands. Vier Tage später trieb das Schiff auf ein Riff. Alle konnten sich retten und wurden von der Barke *Swiftsure* gerettet.
Fünf Tage später geriet jedoch auch die Swiftsure in eine starke Strömung und sank. Alle konnten sich an Land retten.
Dort wurden sie acht Stunden später von dem Schoner *Governor Ready* aufgesammelt. Leider geriet dieser nach drei Stunden in Brand und alle mussten in die Rettungsboote.
Der Kutter *Comet* rettete alle. Allerdings wurde die *Comet* von einer Windbö erfasst und erlitt Mastbruch. Die Mannschaft nahm das einzige Rettungsboot. Die vorher geretteten Passagiere klammerten sich am Wrack fest und trieben im Meer.
Dort rettete sie das Postschiff *Jupiter*.
Ende dieser Serie.
Aber es gibt noch einen kleinen Nachsatz.
Auf dem Postschiff *Jupiter* war eine Frau, die ihren verschollenen Sohn suchte. Sie fand ihn unter der Mannschaft der *Mermaid*.

In „The Narrative of Arthur Gordon Pym" schildert der Autor Edgar Allan Poe, wie drei schiffbrüchige Seeleute in ihrer Verzweiflung einen Kabinenjungen namens Richard Parker töten und aufessen. 50 Jahre später müssen sich tatsächlich drei schiffbrüchige Seeleute vor Gericht verantworten, weil sie Kannibalen wurden - an einem Kabinenjungen namens Richard Parker...

Der englische Kavallerieoffizier Major Summerford wurde im letzten Jahr des ersten Weltkrieges während der Kampfhandlungen in Flandern durch einen Blitzschlag von seinem Pferd geschleudert.
Sechs Jahre später traf der Blitz ihn noch einmal beim Angeln in Kanada, wohin er ausgewandert war.
Zwei Jahre später wurde er bei einer Wanderung im Park ein drittes Mal vom Blitz getroffen. Dieses Mal war er vollständig gelähmt und starb zwei Jahre später.
Vier Jahre später zerstörte ein Blitzschlag sein Grab.

Im März 2000 zog ein griechischer Fischer in seinem Netz die stark zersetzte Leiche eines jungen Mannes an Land. Die gerichtsmedizinische Untersuchung ergab, dass es sich bei dem Toten um den 22 Jahre alten Sohn des Fischers handelte, der über einen Monat zuvor beim Fischen nahe der Insel Kimolos aus dem Boot gefallen war.

Im Januar 1999 haben die beiden New Yorker Zwillingsschwestern Yaney Rosario und Quelia Nova am selben Tag ihre Kinder zur Welt gebracht, natürlich bei derselben Hebamme. Zuerst setzten die Wehen bei der 29jährigen Yaney ein. Als ihr Mann nach der Geburt ihre Schwester anrief, sagte diese nur: „Ich habe auch die Wehen. Ich bin auf dem Weg ins Krankenhaus." Die Hebamme guckte angesichts der Zwillingsschwester zunächst recht verwundert. „Ich fragte mich, habe ich diese Frau denn nicht gerade entbunden?" berichtete sie.

Sie tragen den gleichen Namen, wohnen in derselben Stadt und sind beide 105 Jahre alt. Aber Mary Cartwright und Mary Cartwright aus dem britischen Dudley nahe Birmingham haben sich trotzdem nie kennengelernt. Erst ein Fotograf wurde auf die beiden betagten Damen aufmerksam und arrangierte ein Treffen.

Die beiden Taiwanesen Lee Hsi-lung und Lai Yun-kun wurden beide am 25. Juni 1973 in der Stadt Taitung geboren. Beide hatten sich nie zuvor getroffen, bevor sie zu der Party eines gemeinsamen Freundes eingeladen wurden. Viel Zeit zum Kennenlernen blieb ihnen allerdings nicht, denn das Auto, mit dem sie zur Party fahren wollten, stieß mit einem LKW zusammen und beide starben nur wenige Meter von der Stelle entfernt, wo sie 19 Jahre früher geboren wurden.

Als Zwillingspaar mussten sich zu ihrem Schrecken frisch getraute Eheleute in der bulgarischen Stadt Plowdiw erkennen. Sie reichten deshalb eine Woche nach der Hochzeit die Scheidung ein. Marietta und Wenelin Wassilewi waren im gleichen Heim aufgewachsen, jedoch von verschiedenen Ehepaaren adoptiert worden. Mariette und Wenelin lernten sich 1995 in der Schwarzmeer-Stadt Warna kennen. Kurz nach der Hochzeit wollte der Ehemann die Braut mit seiner eigentlichen Mutter bekanntmachen. Nachdem die Mutter in den frisch Verheirateten ihre Zwillinge erkannte, fiel sie in Ohnmacht.

Im Jahre 1998 bekamen die drei Schwestern Karralee, Marrianne und Jennifer McBean aus American Fork in Utah am gleichen Tag ein Baby. Die älteste Tochter Karralee (28) gebar um 7:18 einen Sohn, dann folgte die zweitälteste, die 27jährige Marianne, das Schlusslicht bildete die 24jährige Jennifer, die um 20.58 eine Tochter gebar.
Die Chancen für ein solches Ereignis sollen angeblich bei 1:50 Millionen liegen.

Ein österreichisches Zwillingspaar ist nicht nur am selben Tag geboren worden - laut einer Todesanzeige in einer Klagenfurter Zeitung starben beide auch am selben Tag. Georg B. und seine Schwester Barbara hatten am 4. Dezember 1926 das Licht der Welt erblickt. Einen Monat und einen Tag nach Vollendung des 72. Lebensjahres wurden die Zwillinge „von Gott dem Allmächtigen zu sich geholt", wie es in der Anzeige hieß. Am Nachmittag des 5. Januar 1999 verstarb Georg B. in seinem Haus in Klagenfurt, gefolgt von seiner Schwester, die kurz vor Mitternacht in einem Krankenhaus starb.

Erst Oma Wlta, dann Mutter Sinaida und zuletzt Söhnchen Artem: In der westukrainischen Familie Babij kommen die Kinder seit drei Generationen in der Neujahrsnacht zur Welt. In der Familie, die 300 Kilometer südwestlich von Kiew wohnt, fallen deshalb auch die runden Geburtstage zusammen. Wenn Artem seinen 25. Geburtstag feiert, wird Mutter Sinaida 50 und Großmutter Wita 75 Jahre alt.

Die Überraschung seines Lebens erlebte der britische Witwer Stuart Spencer Anfang 2001, als er ein in Deutschland hergestelltes Puzzle zusammenlegte. Als er fertig war, entdeckte er auf dem Foto seine schon vor Jahren verstorbene Ehefrau. Sie war fotografiert worden, als sie vor fünf Jahren einen Ausflug mit einem deutschen Raddampfer machte. Es sei zu seltsam, aber es sollte wohl so sein, sagte Spencer der britischen Nachrichtenagentur PA. Er hatte das Puzzle zu seinem Geburtstag von seiner ältesten Tochter geschenkt bekommen.

Die fünf Kinder Catherine, Carol, Charles, Claudia und Cecilia von Ralph und Carolyn Cummins aus Clintwood im amerikanischen Bundesstaat Virginia erblickten in mehrjährigen Abständen zwischen 1952 und 1966 das Licht der Welt, alle am 20. Februar.

Emily Beard kam am 12.Tag des 12. Monats um 12 Minuten nach 12 auf die Welt. Ihr Vater wurde am 04.04. um vierzig Minuten nach vier geboren. Die Mutter Helen am 10.10. , der Bruder Harry am 06.06. und die Großmutter am 11.11.

Eine Mutter aus dem Schwarzwald fotografierte ihren vierjährigen Sohn, bringt den Film nach Straßburg zum Entwickeln, kann ihn aber wegen des Ersten Weltkriegs nicht abholen. Zwei Jahre später kauft sie in Frankfurt einen neuen Film, um ihre inzwischen geborene Tochter aufzunehmen. Jedoch erweist sich der Film als doppelt belichtet, die erste Aufnahme zeigt ihren zwei Jahre vorher fotografierten Sohn.

Ein amerikanischer Soldat, aus dem Ersten Weltkrieg heimgekehrt, findet am Strand von Brooklyn eine angeschwemmte Waschbürste - seine eigene, die mehrere Jahre zuvor mit einem Truppentransporter und zahlreichen Kameraden des Soldaten nach einem U-Boot-Angriff vor der französischen Atlantikküste untergegangen war.

Ein bekannter amerikanischer Fotograf fotografierte als Soldat während des Zweiten Weltkrieges eine Wiese mit einem toten GI namens Tannenbaum. Als er Jahre später den Ort erneut aufsuchte, musste er feststellen, dass auf dieser Wiese eine Tannenbaumschonung angelegt worden war.

Während die Alliierten die Normandie-Invasion am 06.Juni 1944 planten, wurden die folgenden Code-Worte benutzt. Diese gehörten zu den bestgehüteten Geheimnissen des zweiten Weltkrieges. *Utah* und *Omaha* waren die Strände, an denen die amerikanischen Truppen landen würden; *Mulberry* der künstliche Hafen, der nach der Landung benutzt werden sollte; *Neptune* der Plan für die Marineoperationen; *Overlord* die Bezeichnung für die gesamte Invasion. Am 3. Mai 1944 erschien das erste Code-Wort, *Utah*, im Kreuzworträtsel des London Daily Telegraph. Es war das Lösungswort. Am 23. Mai erschien *Omaha* in einer Antwort auf das abgedruckte Rätsel im Telegraph. Am 31. Mai tauchte *Mulberry* auf. Am 02. Juni, vier Tage vor der Invasion, erschienen die beiden Worte *Neptune* und *Overlord*. Die Vorbereitungen waren zu dieser Zeit so weit abgeschlossen, dass die Operationen täglich hätten statt finden können und die Generalität nur noch auf günstige Witterungsbedingungen wartete. Am naheliegendsten für solche Ereignisse war natürlich ein Leck in der Geheimhaltung zu vermuten, weshalb der britische Geheimdienst auch umfangreich ermittelte. Schließlich hing die größte jemals geplante Landeoperation eines Krieges davon ab. Man fand heraus, dass der Mann, welcher die Kreuzworträtsel erfunden hatte, der Spionage unschuldig war. Er hatte kein Wissen von der Invasion und war genauso verwirrt wie die diesen Fall untersuchenden Agenten. Man fand keine Erklärung für die Übereinstimmungen.

„Abertausende amerikanischer Kinder schrieben unbekannterweise Briefe an die im Persischen Golf eingesetzten US-Soldaten, um ihnen zu zeigen, dass man sie in der Heimat nicht vergessen hat", konnte man während des Golfkrieges in der Hannoverschen Allgemeinen Zeitung lesen. Die Anschrift lautete üblicherweise: „An irgendeinen Soldaten". Einen solchen Brief erhielt in Saudi-Arabien der 27jährige Sergeant Rory Lomas aus Savannah im Staat Georgia. Wie es der Zufall wollte: Der Brief an irgendeinen Soldaten stammte von seiner eigenen zehnjährigen Tochter Ceterícka.

Als der Schriftsteller Norman Mailer an seinem Buch „Barbary Shore" arbeitete, hatte er plötzlich das Gefühl, er brauche noch einen russischen Spion. Zunächst führte er diese Figur in seinem Roman als Nebenrolle ein. Doch beim Schreiben 'drängte' sich der erfundene Spion immer mehr in den Vordergrund. Und am Ende drehte sich dann alles nur noch um den Spion. Nach der Buchveröffentlichung stürmte das FBI in Normans Haus und verhaftete in der Wohnung unter ihm einen Mann, der sich als Oberst Abel vom sowjetischen KGB entpuppte - ein Spitzenspion.

Im Oktober 1974 stoßen in Worcester/England zwei Autos zusammen. Beide Fahrer blieben unverletzt. Nachdem sie ausgestiegen waren, überreichten sie sich ihre Visitenkarten. Dabei stellte sich heraus, dass alle beide mit Vornamen Frederik und mit Nachnamen Chance hießen. „Chance" ist das englische Wort für „Zufall".

Zwei Wagen stießen 1996 zusammen. Beide Fahrer kamen dabei ums Leben. Es handelte sich um Ehemann und Ehefrau, die in Trennung lebten und jeder für sich unterwegs waren. Die Polizei prüfte die Möglichkeit eines bizarren und gemeinsamen Selbstmordes, kam jedoch zu keinem Ergebnis.

Margaret Bird war in einen Unfall mit zwei anderen Fahrzeugen verwickelt. Auch die beiden anderen Unfallteilnehmer hießen Bird.

Die englische Romanautorin Dame Rebecca West schrieb eine Geschichte, in der ein Mädchen einen Igel in ihrem Garten findet. Als West diesen Abschnitt schrieb, wurde sie von Dienern unterbrochen, die ihr mitteilten, dass sie soeben einen Igel in ihrem Garten gefunden hätten.

Ibrahim S., ein Händler aus Bursa, stieg für eine Nacht in einem türkischen Hotel ab. Am nächsten Tag fanden ihn die Angestellten des Hotels tot in der Badewanne. Die herbeigerufene Polizei, die keine Anzeichen für einen Mord oder Selbstmord finden konnte, erklärte, dass der Verstorbene eines natürlichen Todes gestorben sei.
Nach diesem Vorfall wollte niemand mehr in diesem Zimmer übernachten. So benutzte der Hoteleigentümer und das Personal das in Verruf geratene Bad, um den Gästen zu beweisen, dass mit dem Zimmer alles in Ordnung sei.
Eine Woche nach diesem Vorfall wurde der Raum an den Handelsvertreter Bekir A. vermietet. Auch dieser verstarb in der ersten Nacht in der Badewanne - offenbar eines natürlichen Todes.

In Montenegro brach der Direktor einer Schule zusammen - Herzinfarkt. Ein Lehrer eilte herbei und startete Wiederbelebungsversuche. Dabei erlitt auch er eine Herzattacke. Ein Passant sah die beiden und wollte helfen - und erlitt auch einen Infarkt.

Eine aus Tschechien nach Deutschland übersiedelte Frau mit Vornamen Jania, Mutter zweier Kinder, telefoniert mit ihrer Freundin Eva in Prag, Mutter dreier Kinder, zum zweiten Mal verheiratet. Sie hatte sich verwählt, aber die Dame am anderen Ende der Leitung heißt tatsächlich Eva, hat drei Kinder und ist zum zweiten Mal verheiratet, und eine ihrer Freundinnen namens Janina ist kürzlich mit zwei Kindern nach Deutschland ausgereist.

Als in einer Würzburger Klinik zwei ledige Mütter am selben Tag Zwillinge gebaren, legte man sie in dasselbe Zimmer. Im Verlauf ihrer Gespräche stellte sich heraus, dass alle vier Kinder vom gleichen Vater waren. Die beiden Mütter erfuhren erst durch diesen „Zufall' von den Eskapaden ihres Partners.

Carl Zuckmayer findet eine handgemalte Wandtapete, die ihm im österreichischen Exil im Gasthof des Carl Mayr bei Salzburg zum ersten Mal begegnet war, nach langen Jahren in einer amerikanischen

Intellektuellenvilla wieder: "Viele Jahre nach meiner Flucht aus dem besetzten Österreich", schreibt er in einem Buch, "wurde ich drüben in Amerika einmal von Freunden aus meiner Vermonter Farm- und Waldeinsamkeit weggeholt, um einen amerikanischen Schriftsteller kennen zu lernen, der sich einige kleine Autostunden weit in einer Ortschaft des alten, kolonialen Neu-England angesiedelt hatte." Nach einer ausgiebigen Hausbesichtigung und nach langem Drängen Zuckermayers schließt dieser ein unbeheiztes und deshalb nicht bewohntes letztes Gartenzimmer auf, worin fein säuberlich an der Wand verklebt die Originaltapete aus Salzburg hängt, "als hätte Carl Mayr soeben den letzten Farbtupfen aufgesetzt."

Beethoven, Schubert, Dvorak und Vaugh Williams starben, nachdem sie eine neunte Symphonie komponiert haben. Mahler begann hastig die 10te zu komponieren, konnte sie jedoch nicht beenden.
Bruckner nannte seine ersten beiden Symphonien 0 und 00. Auch er starb bei seiner Neunten.

Zum Abschluss der Sammlung noch einmal eine Rundmail aus der Abteilung: „Wer suchet, der findet", was auch einen Fall von gegenseitiger Anziehung, also Resonanz darstellt.

* Abraham Lincoln wurde 1846 in den Kongress gewählt.
* John F. Kennedy wurde 1946 in den Kongress gewählt.

* Abraham Lincoln wurde 1860 zum Präsidenten gewählt.
* John F. Kennedy wurde 1960 zum Präsidenten gewählt.

* Die Namen Lincoln und Kennedy enthalten beide sieben Buchstaben.
* Beide Präsidenten setzten sich für die Menschenrechte ein.
* Die Ehefrauen beider Präsidenten verloren Ihre Kinder, während sie im Weißen Haus lebten.
* Beide Präsidenten wurden an einem Freitag erschossen.
* Beiden wurden durch einen Schuss in den Kopf getötet.
* Lincoln hatte einen Sekretär namens Kennedy.
* Kennedy hatte einen Sekretär namens Lincoln.
* Beide wurden von einem Südstaatler ermordet.
* Sowohl Lincolns als auch Kennedys Nachfolger hieß Johnson.
* Andrew Johnson, der Nachfolger Lincolns, wurde 1808 geboren.
* Lyndon Johnson, der Nachfolger Kennedys, wurde 1908 geboren.
* John Wilkes Booth, der Mörder Lincolns, wurde 1839 geboren.
* Lee Harvey Oswald, der Mörder Kennedys, wurde 1939 geboren.
* Beide Mörder besaßen zwei Vornamen.

* Die Mörder Lincolns und Kennedys hatten beide 15 Buchstaben in ihren Namen.

* Booth flüchtete aus dem Theater und wurde in einem Lagerhaus gefasst.
* Oswald flüchtete aus einem Lagerhaus und wurde in einem Theater gefasst.
* Booth und Oswald wurden ermordet, bevor ihnen der Prozess gemacht werden konnte.

* Eine Woche vor seiner Ermordung besuchte Lincoln die Stadt Monroe in Maryland.
* Kennedy besuchte eine Woche vor seiner Ermordung Marilyn Monroe.

* Lincoln wurde im Ford's Theatre erschossen.
* Kennedy wurde in einem von der Ford Motor Company gebauten Lincoln erschossen.

Hier noch einige zusätzliche Ergänzungen:

- Beide Präsidenten saßen neben ihren Frauen, als die Schüsse fielen.
- Beide Frauen nahmen den Kopf ihres sterbenden Mannes in die Hände.
- Beide Frauen hatten mit 24 Jahren geheiratet und hatten drei Kinder.
- Kurz nach den Schüssen wurden sowohl Oswald wie auch Booth befragt, durften aber weitergehen.

**Wirklichkeit ist das,**

**was hinter den Formen liegt,**

**denn sie ist das Licht,**

**das da ist,**

**bevor es durch das Prisma**

**der Formen zerlegt wird.**

**Das Licht selbst**

**können wir nicht sehen,**

**wohl aber den Regenbogen,**

**in den sich das**

**sichtbar gewordene Licht**

**ergießt.**

## Weltseele und Urmythen

„Als Wunder definiere ich, wenn die Innere Welt und die Äußere Welt zusammentreffen und eine erfahrbare Übereinstimmung bilden."
Unbekannt

Sicherlich haben Sie beim Durchlesen der vorangegangenen Geschichten öfter „das gibt es doch nicht", „unfassbar" oder Ähnliches gedacht. Eine seltsame Faszination geht von diesen Geschichten aus. Manchmal sind es Serien oder Häufungen, die eine Geschichte so besonders machen, manchmal ist es aber auch ein sonderbares Gefühl beim Durchlesen, das uns beschleicht. Es ist, als ob sich da jemand eine Art universellen Scherz mit uns und der ganzen Welt machen wolle. Jemand mit einem Gespür für Humor und einer Prise Eleganz und Geschmack für Außergewöhnlichkeit. Jener ist nicht unbedingt moralisch, weil er oft auch einen schlechten Geschmack oder eine Vorliebe für „bösen Humor" zu haben scheint. In Wahrheit ist es ihm wohl gleich. Er mischt die Dinge, unabhängig von einer „Gut und Böse" Unterscheidung einfach zusammen.

Es gibt so einen Fädenzieher tatsächlich. Er lebt in Sagen und Mythen, also im Urgedächtnis unserer Menschheit. Einer seiner vielzähligen Namen ist „Hermes der Götterbote". Er ist nicht nur der Mittler zwischen Tag und Nacht, sondern auch zwischen der Welt der Götter und der Menschen.
Sein Wirken zeigt sich in den uns mittlerweile bekannten Geschichten.

Im Rundfunk erzählte eine Frau eine Geschichte, in der eine Telefongesellschaft unfreiwillig als Beziehungshelfer auftrat.

Auf dem Weg mit dem Auto nach Hause beschließt die Frau nach langem Hin und Her, ihre Beziehung zu beenden. Ihre Gedanken kreisen nur um dieses eine Thema. Als sie zu Hause eintrifft, bemerkt sie, dass eine Nachricht auf dem Anrufbeantworter ist. Schon beim Zurückspulen der Kassette fällt die Länge der Speicherung auf. Die Wiedergabe beginnt mit Vivaldis vier Jahreszeiten. Schon immer mochte sie dieses Stück. Es handelt sich offensichtlich um einen falsch verbundenen Anruf, denn es ist eine automatische Nachricht mit einigen Piepstönen. Dann sagt eine Computerstimme:
„Bitte warten....bitte warten...bitte warten....hold the line."

In diesem Moment wird der Frau klar, dass sie ihre Entscheidung lieber noch einmal gründlich überdenken oder im Moment ganz ruhen lassen sollte. Es ist eine Art A-ha Effekt, der ihr hilft, ein Fingerzeig.

Für die Frau wurde diese Ansage zu einer Hilfestellung und Erwiderung auf den offensichtlich falschen Entschluss des Tages. Dann, viel später, ruft sie in der Radiosendung an und schildert ihr außergewöhnliches Erlebnis.

Vielleicht haben Sie es bemerkt. Bei dieser Geschichte handelt es sich nicht um eine Serie. Man könnte kritisch einwenden, die einzige Besonderheit dieser Geschichte läge im inneren Erleben der Frau. Nur in ihrer Wahrnehmung verknüpfen sich die Geschehnisse zu einer bedeutungsvollen Information. Sie verbindet eine automatische und unpersönliche Computerstimme mit ihrer Lebenslage und misst der Aussage so viel Bedeutung zu, dass schließlich sogar ihre Entscheidung beeinflusst wird.

Genau bei diesem Detail sind wir bei Carl Gustav Jung und seiner Betrachtung von Synchronizitäten angelangt. Durch ihn erfuhren Kammerers Untersuchungen zur Serialität eine subjektive Erweiterung.
Kammerer wollte als Wissenschaftler seiner Zeit beobachtend und registrierend tätig sein.
Jung erweiterte diese Untersuchung auf den inneren Erlebnisgehalt hin. Er ließ es zu, subjektive Inhalte mit einzubeziehen.

Ihm widerfuhr übrigens auch ein Ereignis, dass hier wieder gegeben werden soll.
Eines Tages im Jahr 1909 hatten Sigmund Freud und Carl Gustav Jung in Freuds Arbeitszimmer einen Streit über außersinnliche Wahrnehmung. Als der Streit hitzig wurde, schlugen die Emotionen immer höher. Plötzlich hörte man, ohne erkennbare Ursache, ein explosionsartiges Geräusch aus Freuds Bücherregal kommen.
„Da“, meinte Jung, „das ist ein Beispiel für ein so genanntes katalytisches Phänomen.“ (ein in diesem Fall den Streit aufhebendes Ereignis, weil es Jung durch das Geschehen ins Recht setzt.)
„Ach komm“, antwortete Freud, „das ist schierer Blödsinn.“
„Ist es nicht.“. Von einer unheimlichen Gewissheit beflügelt, die ihm unerklärlich war antwortete Jung: „Sie irren sich, Herr Professor. Und um meinen Standpunkt zu beweisen, sage ich nun voraus, dass es noch einen lauten Knall geben wird!“
Dann kam der Knall. Freud war entsetzt und Jung nicht minder.
Die Geschichte hat mehrere überlieferte Fortsetzungen.
Im Jahr 1972 las Dr. Robert Harvie, Psychologe an der Universität von London, Jungs Erfahrungsbericht einem Freund vor. Als Harvie an die Stelle mit der zweiten Explosion in Freuds Bücherregal kam, fiel auf unerklärliche Weise eine Lampe mit lautem Knall um.

Die zweite Fortsetzung hiervon: Margaret Green aus London fuhr mit dem Zug und las dabei Arthur Koestlers „The roots of Coincidence“. Als sie in Koestlers Bericht die Stelle mit Freuds lautem Bücherregal erreichte, zerbrach plötzlich das Fenster, so als hätte jemand einen Stein gegen das Fenster geworfen.

C.G. Jung studierte Kammerers „Das Gesetz der Serie“. Er spürte intuitiv, dass Serien eine Folge von tiefer liegenden Realitätsschichten sind. Darüber hinaus ließ er – im Gegenteil zu Paul Kammerer – die Einbindung menschlichen Erlebens und der Wahrnehmung in diesen Prozess hinein, zu. Für ihn wurden synchrone Vorgänge zu einer Pforte oder Durchgangstür. Hier begegneten sich innere und äußere Welt. In den Synchronizitäten war für ihn weniger die objektive Anzahl von Wiederholungen einer Serie wichtig – so erstaunlich diese sein mag – er betonte den Umstand eines inneren Sinnes oder Bezuges. Für ihn waren sie eine Anzeige der innigen Verbundenheit von Mensch und Welt. Ein Beweis und Gradmesser, dass wir Menschen mit einer Tiefenschicht der Realität verbunden sind, die gewöhnlich nicht zu Tage tritt und nur in Ausnahmefälllen – dem zeitgleichen Erleben – einer Eisbergspitze gleich, realisiert wird.
Jung erweiterte den Begriff der Serie. Für ihn markieren synchrone Erlebnisse einen Treffpunkt zwischen innerer und äußerer Welt, zwischen Materie und Geist. Es ist eben nicht die Neutralität der Beobachtung, die besticht. Vielmehr liegt der Beweis im inneren Erleben, das in der Welt eine Gleichung erfährt und dadurch erst Sinn und Tiefe erhält.

C.G. Jung führt in seinem Buch "Synchronizität, Akausalität und Okkultismus" an, dass gleichzeitig mit der Kausalität ein akausales Prinzip im Universum wirksam ist. Er versteht es als selektiv wirkendes Gesetz, das mit Verwandtschaft und Ähnlichkeit zu tun hat. Darüber hinaus wirkt es Raum und Zeit überbrückend auf Form und Funktion ein.

An dieser Stelle soll zur Verdeutlichung noch einmal ein persönliches Beispiel angefügt werden.

Eines morgens stand Caro auf, setzte ihren Fuß auf den Boden vor dem Bett – und zertrat ihre Brille. Böse Zungen behaupten, es sei der linke Fuß gewesen, mit dem sie zuerst aufstand. Das ging alles sehr schnell. Ein bisschen darauf getreten und schon war das eine Glas gesprungen und der Brillenbügel verbogen.
Wir sind am gleichen Tag noch in die Stadt gefahren, um einen Optiker aufzusuchen. Wir beschlossen, in ein Parkhaus zu fahren. Wie immer ist alles ziemlich voll. Nur ganz oben erwischten wir noch einen leeren

Platz. Als ich auf der Fahrerseite ausstieg, fiel mein Blick auf eine am Boden liegende, zertretene Brille.
Wir fuhren wegen einer am Boden zerbrochenen Brille zum Optiker und sahen eine am Boden zerbrochene Brille. Unheimlich, nicht?

Das bedeutet, die Ereignisse entfalten für uns einen *inneren Sinn.*

Dies ist ein synchronistischer Vorgang im Sinne Jungs. Denn wenn ein anderer Autofahrer zwei Minuten vor oder nach uns den Parkplatz besetzt, hat die Brille keine besondere Aussagekraft für ihn. Wenn wir aber heute morgen unsere Brille zu Hause nicht zerbrochen hätten, wäre sie ebenfalls bedeutungslos für uns. So prallen denn in Raum und Zeit zwei Bezugssysteme auf einem Parkplatz im Parkhaus aufeinander. Ein inneres Erleben von Personen und eine objektive Wirklichkeit und ich musste damals über dieses neuerliche Beispiel schmunzeln. Sie liegt wie für uns reserviert dort. Ein individuelles Signal und Zeichen. Sie gehört in unsere Welt.
Jung sprach in diesem Zusammenhang von der Synchronizität der Synchronizität. Damit wollte er ausdrücken, dass uns Synchronizitäten genau dann begegnen und sich häufen, wenn wir uns mit diesem Thema beschäftigen. Auch dieses Phänomen schien seine Beobachtung einer Begegnung von Geist und Materie zu bekräftigen.

Jung erkannte in diesen Fällen ein tieferes Fundament der Wirklichkeit, eine tief liegende Realitätsschicht, in der auch unser Geist wurzelt und woraus er gespeist wird.
Er sprach also von nichts anderem, als von der besonderen Architektur einer Wirklichkeit.

Weiterhin hatte er die Archetypen aufgedeckt. Es handelt sich hierbei um psychische Strukturen, die unbewusst im Unterbewusstsein von jedem einzelnen Menschen wirken und als weitere Ebene unter unserem Alltagsbewusstsein liegen. (Es sind Urbilder – nicht nur in der unbewussten Ebene von einem Menschen – sondern von uns allen. )
Archetypen wirken untergründig im kollektiven Bewusstsein von uns Menschen. Jung entdeckte, dass bestimmte Bilder, Handlungsformen oder Personen in allen Kulturen um den ganzen Erdball vertreten sind und als Vorstellungsmuster, Abbild und Sammeltopf von gleichen Eigenschaften gelten. Diese wirken auf unsere Psyche ein und strukturieren diese unbewusst. Die Ideenlehre von Platon ist mit diesen Entdeckungen eng verknüpft.
Wir begegnen diesen Urvorstellungen dann in Märchen und Sagen, Träumen, Mythen aber auch in der Kunst wieder.

Zwei Beispiele für Archetypen sollen an dieser Stelle erwähnt werden. Da ist einmal der Tunnelarchetyp, der für Transformation, Wandel oder beispielsweise den Übergang ins Jenseits steht. In Remote Viewing Sitzungen tauchen bei so genannten Jenseitstargets immer wieder Tunnelabbildungen mit Menschen darinnen und an den Pforten auf. Ein Tunnel verbindet. Die eine Seite ist aufnehmend, die andere Seite abgebend. Die Seiten sind vertauschbar. Damit wird er zur zweiseitigen Verbindung und verkörpert beide Urprinzipien, die gegenpolar die Schöpfung in Gang halten. Ein Tunnel verbindet darüber hinaus die eine mit der anderen Welt. Er wird zur Brücke zwischen zwei Welten. Die quantenphysikalischen Einstein-Rosen-Brücken lassen sich hinsichtlich ihrer methodisch dargestellten Form mühelos als Tunnel zwischen Welten ansehen – von ihrer Funktion sind sie es ohnehin.
Wer durch ihn hindurch geht, kommt am anderen Ende wieder hinaus.
Bei der Urerfahrung des Sterbens, gehen wir von einer Seite in den Tunnel und werden auf der anderen Seite in eine neue Welt hineingeboren, heißt es.
Eine andere Urvorstellung und derzeit riesige Projektionsfläche stellen Bäume dar. Bäume stehen für das Leben und die Natur selbst. Sie geben darüber hinaus durch ihre Verzweigungen einen Einblick in des Schicksals Lauf oder zeigen, auf abstrakte Weise gesehen, wie eine Thematik immer feiner unterteilt werden kann oder wie alles Leben miteinander von einer Quelle – dem Stamm – genährt wird.

In der germanischen Mythologie ist es Yggdrasil, der Weltenbaum, in Christen-tum und Kabbala der *Baum des Lebens.* In China gibt es den Baum, der durch den Genuss seiner Früchte Unsterb-lichkeit verleiht, bei den Druiden waren die Eichen heilige Bäume mit Zauber-kraft und in vielen weiteren Kulturen mehr werden den Bäumen Zauberkräfte oder besondere Eigenschaften zugeschrieben.

Es gibt viele weitere Urbilder, wie den Held, die Jungfrau, den Zauberer, den Krieger, den weisen Alten, den Eremiten und so weiter. Es gibt viele dieser Urbilder. Und hier taucht auch er wieder aus dem Dunkel auf: Hermes, der Götterbote. Er ist in der Mythologie der Vermittler zwischen den Welten. Und er wird als Schelm dargestellt.

Wer an Archetypen und kollektiven Urbildern näher interessiert ist, kann sich einmal zum Beispiel ein Tarot Kartendeck näher anschauen. Hier wird mit vielen unterbewussten tief verankerten Urbildern gespielt.

Es ist höchst naheliegend, dass jeder einzelne Mensch sein Leben nach bestimmten Urmythen und Urbildern ausrichtet. Jeder von uns lebt durch sein Unterbewusstes bestimmte Archetypen und macht sie zu einem Teil seiner persönlichen Mythologie.
Ist Ihnen auch schon aufgefallen, wie sehr die Menschen in Ihrer Umgebung ihr Sein nach bestimmten Kategorien ausrichten? Manche Menschen erleben ständig Unfälle, manche retten, andere werden öfter gerettet, manche sind Gewinnertypen, andere Verlierer, die einen gewinnen beim Lotto, die anderen verlieren immer und gewinnen höchstens mal einen Trostpreis, Pechvögel und Glückspilze.
Es gibt einen Mann, der wurde in seinem Leben über 70 Mal überfallen und folgt offensichtlich einem Opfer-Archetypus. Nicht nur, dass sich an ihm die „Überfall-Serie" selbst bestärkt hat, wird er zusätzlich mit seinem gesamten Sein dazu beitragen, den nächsten Unfall ins Erleben zu ziehen.

Am faszinierendsten für unsere folgenden Betrachtungen ist hier jedoch der Umstand, dass Urbilder nicht im Alltagsbewusstsein – und damit dem, was wir „Wirklichkeit" nennen - fußen, sondern auf einer tieferen unterbewussten und kollektiven Ebene.

Für C.G. Jung entsprangen diese Muster einer „unus mundus", der Physiker Wolfgang Pauli nannte sie die „kollektive Einheitswirklichkeit". Mit anderen Worten geht es hier um eine „Weltseele."
Nach deren Vorstellungen fließen in diese alle Gedanken und Taten von Lebewesen ein, wie sie andererseits auch von ihr gespeist werden. Wir reden hier also über ein energetisches Phänomen, das man neuerdings auch Matrix nennt.

Es ist eine tiefer liegender Realität, eine Metaebene oder Wirklichkeit hinter dem Vorhang der Materie, aus der ordnende Muster entspringen. Diese sich durch Wiederholung zur Gewohnheit verstärkenden Prozesse sind unter anderem für die Formbildung von materiellen Objekten oder Lebewesen verantwortlich.

## Der Blick in den kosmischen Spiegel - Selbstähnlichkeit

„Das Ganze ist mehr als die Summme seiner Teile."
Aristoteles

Auf den letzten Seiten hatten wir uns seriellen oder auf Gleichartigkeit beruhenden Geschehnissen erst über Kammerers Erklärungsversuch der Serien und später über Jungs Synchronizitäten genähert. Schließlich wurden wir in der Mythologie bei Urbildern unserer kollektiven Gedankenmuster fündig.

Aber gibt es denn auch ein bekanntes und bewiesenes Naturgesetz, das für diese faszinierenden Resonanzen quer durch Raum und Zeit (mit)verantwortlich sein könnte?

Ja. Gibt es. Das Gesetz der Selbstähnlichkeit scheint in Korrespondenz mit gleichartigen Ereignissen zu stehen. Die Natur kopiert Gleiches in verschiedenen Größen zu einem Ganzen. Sie erschafft dadurch komplex erscheinende Gebilde, welche wahrhaft einfach zusammengesetzt sind. Tatsächlich sind selbst filigranste Formen aus höchst einfachen Elementen aufgebaut, die sich ständig wiederholen. Es ist eine Art verschachteltes Baukastensystem. Beinahe unsere gesamte sichtbare Natur basiert auf diesem Prinzip (warum sollte es die unsichtbare nicht auch?).
Da es sich um gleichartige Wiederholungen handelt, die sich in der Form niederschlagen, könnte man übergreifend auch sagen, es handelt sich um eine „Serie in Formen".

Was ist nun diese Selbstähnlichkeit?

Vielleicht haben Sie ja schon einmal die tiefere Harmonie eines Baumes oder anderer Waldpflanzen wie Farnen bewundert. Oder die Schönheit von Eisblumen und Schneeflocken, die als Paradebeispiel selbstähnlicher Strukturen dienen.

Bei genauer Betrachtung zum Beispiel eines Farnblattes ist festzustellen, wodurch dessen Ästhetik und Harmonie entsteht. Es ist der Aufbau. Das ganze Blattgebilde besteht aus Einzelteilen, die dem Gesamten gleich sind. Es ist aus kleinen identischen Bestandteilen seiner Selbst zusammengesetzt. Nimmt man sich nun eine dieser Kopien und betrachtet diese genauer, wird man erneut feststellen, dass auch dieser kleine Teil wiederum aus Kopien seiner selbst zusammen gesetzt ist. Die einzelnen kleinen Blätter des Farnes sind also ähnlich dem großen ganzen Blatt und bestehen ihrerseits selbst aus vielen noch kleineren ähnlichen Blättern. Selbstähnlichkeit ist die Symmetrie verschiedener Maßstäbe zu einer Harmonie. Das Kleine ist im Großen enthalten und das Große besteht aus dem Kleinen.

In Spielzeugen wie den russischen Puppen finden wir diesen Leitgedanken ebenfalls wieder. Wir finden selbstähnliche Strukturen in der Natur weiterhin bei Blumenkohl oder Romanesco, vielen Blättern und Wildpflanzen aber auch in unseren Blutgefäßen und sogar im Verlauf von Küstenlinien (!).

Bis hier hin beschreibt das Phänomen der Selbstähnlichkeit also immer die in sich verschachtelte Formgebung von Objekten.

Wirklich verwunderlich aber ist, dass der Körper von Menschen, Tieren und Pflanzen zwar aus selbstähnlichen Bestandteilen zusammengesetzt ist, diese aber nicht identisch sind. Die Einzelteile sind *beinahe* identisch, jedoch nie vollständig. Eine Gesichtshälfte gleicht der anderen eben nur fast. Ein Finger sieht beinahe aus wie der andere. Ihr linkes und rechtes Ohr sind gleich und doch verschieden.
Die in der Natur vorkommende Selbstähnlichkeit ergänzt sich zwar zu einem vollkommen Gebilde, besteht jedoch aus einzelnen „individuellen“ Teilen. Menschen sind weitgehend gleich, jedoch ist bis auf eineiige Zwillinge jeder anders und eigen, obwohl wir weitgehend gleiche körperliche „Bauteile“ besitzen.
Genau dieses natürliche Wunder können wir bislang nicht nachahmen. Wir Menschen versuchen dieses Wunder in Mathematik und Geometrie oder fraktalen Denkmodellen und Simulationen in einem ersten Schritt abstrakt nachzuvollziehen. Also zunächst abstrakt, bevor man versuchen könnte, es in die Praxis umzusetzen.

Es ist uns bislang jedoch nur möglich, genaue Kopien zu erschaffen. Sie sind erstens „perfekt“ im Sinne von absolut „selbst*identisch*“ und zweitens theoretisch unendlich fortführbar. Das Wunder der Abweichung, der subjektiven Identität des Einzelnen ist für uns nicht zu bewerkstelligen.

Beispielsweise seien hier die berühmte Mandelbrot Menge (Apfelmännchen), das Sierpinski Dreieck, die Koch Kurve, das Holon oder die Cantor Menge genannt.

In der Mathematik ist der berühmte goldene Schnitt ein Nachweis für das Wirken einer Art höheren geistigen Harmonie.

Der Begriff der Selbstähnlichkeit wird in der herrschenden naturwissenschaftlichen Meinung „natürlich nur" auf unsere Dimension und die dort vorhandenen Körper oder Simulationen beschränkt. So plausibel dies bis jetzt klingt, werden wir über diese Grenze hinaus gehen. Es ist nämlich überaus nachvollziehbar, ja zwingend, dass das naturgesetzliche Wirken selbstähnlicher Formen dimensionsübergreifend wirkt. Es werden wissenschaftliche Theorien vorgestellt, die nahe legen, dass das Phänomen der Selbstähnlichkeit nicht nur auf unseren Planeten oder unsere Dimension beschränkt ist.

Vielmehr liegt der logische Schluss nahe, in einem komplexen System kosmischer Gesetze eingebunden zu sein, die selbstähnliche Erscheinungsweisen dimensionsübergreifend erzeugen. Ein kosmisches Spiegelkabinett der Formen. Aber wie entstehen Formen?

**„Es gibt ein gemeinsames Fließen,**

**ein gemeinsames Atmen,**

**alle Dinge befinden sich im Einklang...**

**das große Gesetz**

**dringt bis in die fernsten Winkel,**

**und von den fernsten Winkeln**

**kehrt es zurück zum großen Gesetz,**

**zur Einen Natur,**

**zum Sein,**

**und zum Nicht-Sein.“**

**Hippokrates**

## Ein Vorhang aus Eis - Der Daseinscode der Eisblume

„Die einzige Art von Welt, die mit den bekannten Fakten und Bells Beweisführung konsistent ist, ist ein Universum, das lokale Phänomene auf der Grundlage einer nichtlokalen Realität hervorbringt."
Nick Herbert, Physiker, über Bells Theorem:

Stellen wir uns vor, wir schauen an einem eisklaren Wintertag aus dem Fenster. Mit etwas Glück sehen wir an der Fensterscheibe lauter feenhaft filigrane Eisgebilde. Sterne und Blumen aus Eis. Wasser bildet an Scheiben immer wieder sternenförmige Muster. Nicht auch einmal Spiralen oder Kreise. Kein als zufällig bezeichnetes Wirrwarr. Also so etwas wie ein „kein-Muster".

Nein, immer wieder exakte Sterne. Schon wieder ein Wunder. Und dabei wird immer wieder gesagt, die moderne Welt habe keinen Platz mehr für Wunder.
Amethysten sind immer wieder lilafarben, während Bergkristalle durchsichtig und sechseckig sind. Warum ist das genau so?
So einfach diese Fragen wirken, sind sie seit Jahrtausenden nicht zufriedenstellend beantwortet. Weil wir all das nicht wissen. Und weil das auch schnell einmal überflüssig wirken mag, so etwas „Nebensächliches" zu erfragen und darüber hinaus auch nervtötend auf den Gefragten wirkt, wurden früher derlei anscheinend naive Kinderfragen oft mit der ruppigen Gegenfrage: „Warum ist die Banane krumm?" abgekontert. Kennen Sie die?
Auch die Bananenfrage nehmen wir nun also mit hinzu.

Warum also hat die Banane ein gelbes krummes Erscheinungsbild? Die deutsche Sprache hat doch immer wieder Tiefgang. In mehreren, quasi aufschließbaren Bedeutungsebenen erzählt sie ganze Geschichten, wenn man sie ein wenig entschlüsselt.
Hier ist es das Wort „Erscheinungsbild" mit dem auf das Sichtbare, das Äußere eines Objekts oder einer Person verwiesen wird. Das, was wir sehen, ist nicht unbedingt das, was real ist. Jemand erscheint uns zum Beispiel zunächst freundlich, aber er muss es bei genauerer Begutachtung nicht sein. Mit dem Verb „erscheinen" wird also auf etwas tiefer Liegendes, Unsehbares oder sogar eine weitere Dimension hingewiesen.
Schon das Wort selbst enthüllt dies. Danach ist also das Bild einer Erscheinung, ein scheinbares Bild, ein Scheinbild. Als Erscheinung bezeichnen wir gemeinhin eine (Sinnes-)Täuschung, etwas Fantastisches, sowie Geister und in jeder Form Gespensterhaftes. In jedem Fall ist eine Erscheinung nichts Wirkliches, sondern im Gegenteil, etwas *Unwirkliches*. Weiterhin ist das Verb „scheinen" mit enthalten und dies

hat etwas von leuchten und ausstrahlen, also, was zum Beispiel von einer Person ausgeht. Hier drängt sich ein Vergleich mit der Sonne auf, die ebenfalls von innen heraus abstrahlt. Die Bezeichnung „scheinen“ nimmt Bezug auf ein von der Person ausgehendes unsichtbares Leuchten oder Glänzen, das wir, Lichtstrahlen gleich, empfangen. Es ist etwas Inneres, was außen spürbar wird. Erscheinung beinhaltet also Ausstrahlung.
Drittens haben wir im Wort Erscheinungsbild eben das Bild. Ein Bild ist immer etwas Objektartiges. Ein Bild ist ein Körper, etwas Stoffliches, wie es ja die Abwandlung Bildnis zeigt. Bildnisse sind aus beinahe jedem Stoff gefertigt. Stein, Papier, Marmor, Holz, Ton und so weiter. Bei der Einbildung geschieht, dem Einfall auf gedanklicher Ebene gleichend, derselbe Prozess. Äußere Eindrücke sammeln sich in unserer Wahrnehmung. Durch Ein-Fall oder eben Ein-Druck entstehen Einbildungen, innere Bilder. Es drückt sich etwas in unsere Seele ein, etwas fällt, Lichtstrahlen gleich, in unser Bewusstsein und wird bearbeitet. Was wir uns einbilden, strahlen wir aus.

Summieren wir nun diese Entschlüsselung des Wortes Erscheinungsbild, können wir sagen, dass die Banane, der Bergkristall, der Amethyst, die Eisblumen, die DNS und die Samen allesamt etwas stofflich-unwirkliches sind, wie sie sogleich stofflich-wirklich sind und als Wahrnehmung in unser Bewusstsein fallen. Wir, als Augenzeugen, nehmen wahr. Wahr-Nehmung als aktiver Prozess des Schauenden, nicht bloßes passives Beobachten einer scheinbar selbstständigen unabhängigen realen Außenwelt. Wir nehmen uns Wahrheit. Wir selbst sind es, etwas in uns, das aus diesen Dingen und Eindrücken eine eingebildete Wahrheit erzeugt.

Wahr-Nehmung als Ein-Bildung.

Objekte, die nicht real, sondern aus Einbildungen gemacht sind.
So paradox es wirken mag, sind damit gerade die Dinge, deren wir uns so sicher sind, nämlich Fass- und Sehbares, in den Bereich der Täuschungen gerückt.
Aber nicht nur Stoffliches. Auch Abstraktes: Kausalitäten, Meinungen, Ansichten unterliegen ebenfalls diesem Prozess. Mit anderen Worten beruht unser Welt-Bild auf Ein-Bildung. Wir sind es, die all dies in uns aufnehmen, in uns Selbst verkörpern, in Form bringen.

Jetzt haben wir zwar bereits einen ersten Schritt getan und bemerkt, dass sich die Ursache für die Form eines Kristalls nicht in der Materie, in der Welt der Objekte, nachweisen lässt. An des – wie Goethe es formulierte – „Pudels Kern“ sind wir trotzdem noch immer nicht. Bei der

Frage, wie ein Erscheinungsbild entsteht, warum ein Bergkristall weiß-milchig-sechseckig ist, benötigen wir nach alledem also *zwangsläufig* eine weitere Dimension. Eine neue Ideenebene.

Dies wird auf den nächsten Seiten dargestellt.

## Die Wunder im Nichts

„Das Wunder ist nicht ein Widerspruch zu den Naturgesetzen, sondern ein Widerspruch zu dem, was wir von diesen Gesetzen wissen!"
Augustinus

Wir können eine alte Kaffeemühle nehmen und mahlen darinnen hintereinander ein paar Mandeln und Haselnüsse. Dank Muskatreibe erhalten wir noch einen weiteres Häuflein.
Da liegen sie alle beieinander auf dem Tisch. Ein kleiner Berg hellbeige geriebene Mandel, sandfarben das Haselnusspulver neben dran und braun, wie Zimtpulver, der Muskat. Man kann die unterschiedlichen Pulver nun zwischen Daumen und Zeigefinger reiben und lässt sie hinunterrieseln.
Jeder dieser Samen hatte die Fähigkeit, eine komplette Pflanze hervor zu bringen. Sucht man nun im Staub des Samens, findet man natürlich nirgendwo diese Anlage seines Könnens. Es mag naiv wirken, die Samen zu zerreiben. Andererseits ist es eine klar rationale Vorgehensweise. Denn streng wissenschaftlich betrachtet, müsste doch jeder Same als Ausgangspunkt und Schoß der späteren Pflanze über sein späteres Werden Auskunft geben können. *In ihm müssen* doch schließlich alle Eigenschaften verborgen sein. Zum Beispiel die Form der späteren Blätter, die Konsistenz des Wurzelwerks, oder die vordefinierte maximale Größe. Aber wir finden auf der materiellen Ebene nichts (außer Backzutaten).

Schon vor zehn Jahren konnte man in einem einschlägigen Wissenschaftsmagazin von einem ehrgeizigen Vorhaben lesen. Molekularforscher wollten ein Weizenkorn naturgetreu nachbilden. Nachdem die Versuchsreihen abgeschlossen waren, standen künstlich erschaffene Weizenkörner zur weiteren Verfügung.
Obwohl sie atomar betrachtet den natürlichen Vorbildern bausteingleich waren, hatten sie einen entscheidenden Makel! Es war unmöglich sie zum Keimen zu bringen. Sie brachten kein Leben hervor, obwohl sie auf der materiellen Ebene identisch mit echten Weizenkörnern waren.

Folglich kann die Materie des Samens nicht alleinverantwortlich und erste Ursache der Pflanze sein. Der Same ist aber unbestritten Quell des Prinzips Pflanze. Natürlich, wir benötigen ihn für die Aussaat, benötigen seine Keimkraft. Aber wo innerhalb von ihm finden wir diese Eigenschaften? Was genau ist das, diese "Keimkraft"? Wenn wir innerhalb des Samens nicht weiterkommen, wo außerhalb könnten wir dann etwas finden? Wo sonst in unserer gesamten Welt könnten wir nun weitersuchen, um zu finden, wo all die Eigenschaften und Vielseitigkeiten unserer Pflanzen verborgen sind?

Fällt Ihnen etwas ein? Mir nicht mehr.
Doch.
In unserer wissenschaftsgläubigen Zeit wird einem immer wieder nahe gelegt, mit der DNS sei so etwas wie eine Ursache auf materieller Ebene gefunden. Dabei ist klar, dass die DNS lediglich der *Träger* und eine *Schablone* der Erbinformation ist.
Wir verlagern damit unser Problem lediglich vom Samenkorn unters Mikroskop. Dann betrachten wir nämlich statt des Samenkorns die Doppelhelix unserer DNS und würden uns fragen, wo genau in diesen Doppelwindungen nun die Codierung für die Blattform oder das Wurzelwerk enthalten sind. Sinnbildlich vergleichend hatten wir in unserem kleinen Gedankenexperiment weiter oben die Samen in kleinere Teile zerrieben.

Im Bereich der Erforschung der DNS haben wir sehr viele Fortschritte gemacht. Wir tauschen Stränge und ganze Bereiche dieser DNS aus und ersetzen sie durch manipulierte Ableger, Teile anderer Pflanzen oder besondere Zuchteigenschaften. Gerade im Gemüseanbau wird hier einiges verschlimmert. Pflanzen werden so manipuliert, dass sie unfruchtbares Keimgut hervorbringen. Eine Pflanze also, die von selbst ausstirbt. Warum, so fragt man sich, wird so etwas widernatürliches getan? Es ist das Geld und die jährliche Nachfrage, die darüber initiiert wird. Ein Erzeuger verkauft so jedes Jahr Samen.
Aber gibt es denn nicht eine erfolgreiche Genforschung? Beinahe täglich hören wir doch von ihren Erfolgen.
Im Bereich des Kopierens und Ersetzens der DNS haben wir bereits einige Erfahrungen gesammelt und benutzen die DNS als Trägersubstanz von Formen, Farben oder speziellen Attributen, wie der eigenen Vervielfältigung. Wir entfernen mikroskopisch kleine Teile der Spirale und geben neue Bereiche hinein. Eine Art „copy and paste" auf „Systemebene" der Pflanze, statt zu Hause im Windows-Betriebssystem. Aber auch hier ist unser Problem nur verlagert. Hier der Same, da die DNS und das Problem bleibt offen.

Warum?
Unsere Wissenschaftler haben den Bausteinen eine Menge sehr speziell klingender Namen wie „Realisator-Gene", „Selektor", „Morphogene" und so weiter gegeben. Diese Bezeichnungen täuschen aber nur beinahe über die Tatsache hinweg, dass bei näherer Betrachtung immer nur Moleküle bleiben, die von Molekülen reguliert werden, die ihrerseits eine Regulation durch Moleküle erfahren.

Am Ende dieser Kette sollte eine organisierende Kraft stehen. Eine Energie. Eine, die unsere Moleküle und die DNS organisiert. Diese ist aber bis heute nicht gefunden. Sie kann auf materieller Ebene auch niemals gefunden werden.

Weil die DNS eine Art Speicher, eine Festplatte ist, der eine bestimmte Art der Information innewohnt. Genau genommen suchen wir nämlich keinerlei Moleküle oder winzige Teilchen, die Erbinformationen enthalten, sondern wir suchen darinnen eingelagerte *Informationen*.

Energie.
Daseinszustände.
Definitionen.

Wir suchen immaterielle Grundbausteine. Informationen steuern die spätere Form und diese sind nicht materieller Natur.

Die Wunder sind so alltäglich um uns herum, dass wir sie übersehen.

Sehen Sie, gerade ist es Ihnen wieder passiert. In den letzten paar Sätzen. Unser Samen und die DNS sind Speicher, denen eine *Information* innewohnt.
Damit haben wir noch immer nichts Greifbares in den Händen, was denn nun genau das Aussehen einer Pflanze bestimmt. Es sind immer die unsehbaren Eigenschaften von Same oder DNS. Mal ist es die Kraft und Keimfähigkeit des Samens, mal die verschlüsselten Daten der DNS.

Woher also weiß der Same, wie er wachsen soll?

Wir wissen nun von Informationsfeldern, die nicht von materieller, sondern energetischer Struktur sind.

Wie könnte man sich dies vorstellen?

## Das unheimliche Netzwerk der Entstehung

"Der 'Realist' ist insofern naiv, als er nicht zur Kenntnis nimmt, dass wir alle nicht „in der Welt“ leben, sondern nur in dem Bild, das wir uns von der Welt machen.“
Wantagate - Paulsons Tod aus anderer Quelle

Vertiefen wir die Gedanken der letzten Seiten beispielhaft.

Wie erhalten alle Dinge in unserem Umfeld also ihr Aussehen? Wieso sieht die gesamte körperliche Welt um uns herum so aus, wie sie es tut? Stellen wir uns der Einfachheit halber etwas von Menschen künstlich Erschaffenes vor. Irgendetwas, eine irdene Tonschüssel vielleicht, eine Tasse, ein Bild, eine Münze.
Bitte stellen Sie sich doch einmal eine alte silberne Münze vor. Warten Sie. Ich habe eine hier. Bitte sehr.

(Zusätzliche Anmerkung.: Bitte schauen Sie sich diese Münze einmal genau an. Offensichtlich lenkt im hinteren Teil ein Engel den Wagen, während der Krieger vorne gefahren wird. Damit spielt das Erscheinungsbild dieser Münze – bewusst gestaltet oder nicht – auf jahrtausende ältere Darstellungen in den indischen Veden an. Allerdings verkehrt es die ursprünglichen Darstellungen ins Gegenteil. Die indischen Originale beantworten mit diesem Gleichnis die Frage, ob es einen freien Willen gibt oder nicht, und verneinen ihn letztlich. Im indischen Original fährt das „Ich“, das Ego, den Wagen und das Höhere Selbst schaut erschrocken zu und muss erfahren. Auf dieser seltsamen römischen Münze ist es aber genau umgekehrt!)

Das Erscheinungsbild dieser Münze wurde vor tausenden Jahren im römischen Reich geprägt. Ist das nicht ein wundervoller Gedanke? Vor so langer Zeit stellte ein Mensch - nennen wir ihn Flavius – diese Münze her. Auf der körperlichen Ebene ist er längst nicht mehr existent.

Und trotzdem ist er natürlich für das Aussehen dieser Münze verantwortlich.

Man könnte auch sagen, Flavius ist für die *Formgebung* unserer Münze verantwortlich. Bis heute. Schließlich hat er sie in gewissem Sinne erschaffen und damit in unsere Welt gebracht. Ein wenig wie eine Geburt, dieser Vorgang. In wenigen Augenblicken prägte er sie mit Hilfe einer einfachen mechanischen Maschine. „Bumm“, war sie da. Plötzlich existent.

Aber ist er das wirklich? Ist er wirklich der Formgeber?

Eigentlich waren es die Prägeplatten der Münzmaschine. Und dann war da noch der Hersteller der Prägeplatten. Irgendwie musste ja das Antlitz in die schweren Stanzhebel als Negativ herein gebracht werden. Mit einem Original als Prägeplatte.

Ja und dann gab es da noch den eigentlichen Schöpfer verschiedener Ideen, der eine Menge Entwürfe vorschlug, bis man sich schließlich auf genau jenes Abbild einigte.
Ja und die Minenarbeiter, die das Silber einst aus dem Bauch der Erde schlugen. Viele verschiedene Handlungsstränge werden wieder einmal miteinander verknüpft, bis ein verwobenes Netz gegenseitiger Bedingungen entsteht, die schließlich zum Antlitz dieser Münze führen. Aber so finden wir keinen Verantwortlichen.

Deshalb machen wir der Einfachheit halber folgendes. Wir unterstellen, Flavius habe alle Arbeitsvorgänge alleine bewältigt. Er ist in die Mine gegangen und hat das Silber geholt. Er hat die Prägeplatten und die Maschine hergestellt. Schließlich hat er die Münze geprägt. Jetzt ist der Gedanke sehr zufriedenstellend, Flavius sei der Erschaffer und Schöpfer dieser Münze.

Und trotzdem ist das körperliche Vorhandensein dieser Münze von weiteren, bislang unbedachten und abstrakten Verkettungen und Bedingungen abhängig, die allesamt miteinander in Beziehung stehen. Das Silber wird zum Beispiel erst bei einer extrem hohen Temperatur um 1000 Grad Celsius flüssig. Feuer erbringt diese Hitze nicht ohne Weiteres, also benötigt man spezielle Verhüttungstechniken. Man benötigt eine Verwaltung, Herrschaft und Menschen, die die Organisation hierfür übernehmen und auch einen Grund, eine Gewohnheit, das entstehende Geld zu akzeptieren.

Alle Gegenstände in unserer Welt sind aus einem Geflecht von gegenseitigen Ursachen und Wirkungen entstanden. Sie sind *millionenfach vernetzt* und *gegenseitig bedingt*.
Objekte befinden sich in Abhängigkeit zueinander und viele Bedingungen spielen dabei eine entscheidende Rolle.
Wenn wir unseren Blick heben, können wir sagen, dass alles, worauf unser Auge trifft, für seine Entstehung von anderen Dingen abhängig ist. Ein Dachziegel von gebranntem Ton, der Form, der Glut, die den Ton schließlich hart werden lässt, dem Gießer, verschiedenen Naturgesetzen und so weiter. Das heißt weiterhin auch, dass nichts, was wir in der ganzen Welt erblicken können, irgendwie von Bestand wäre oder seinen Entstehungsgrund aus seiner eigenen Kraft heraus entwickeln könnte. Damit ist nichts Gegenständliches statisch, nichts Gegenständliches bleibend und nichts Gegenständliches als solches klar abgrenzbar von einem anderen Gegenstand, auch wenn uns dies so erscheinen will. Aber am wichtigsten ist, dass alles Gegenständliche einen aktiven energetischen Entstehungsgrund hat.

Der Ursprung der ersten Münze dieser Welt geschah also zunächst nur als Idee im Bewusstsein eines Menschen.

Und auf unser Beispiel mit der Münze bezogen war da zuerst – zu aller erst – die *Idee* von einem Zahlungsmittel. Und danach wurde alles weitere durchgeführt.

Was auch immer er gerade an seinen Prägeplatten angefertigt haben mag. Danach wandelt er zur Tat. Das Wort Ur-sprung ist hierbei wortwörtlich im Sinne einer Idee oder eines Einfalls zu nehmen. Ein Ur-Sprung als erster Sprung von der unsichtbaren Welt der Ideen hinüber in die Welt der Materie. Der „in-Form-(ation)“ bringende Zündfunke, aus dem nachher Form und Antlitz einer Münze entsteht. Die Münze wird in Form gebracht.

Und genau jener Vorgang trifft für alles und jedes Objekt in der Welt zu. Schauen Sie sich bitte irgendwo im Zimmer um. Das Vorhandensein dieses Gegenstandes war immer zuerst als Idee vorhanden. Dann erst wurde es umgesetzt. Es geht gar nicht anders.

Es ist Ausdruck oder Entfaltung eines alles umfassenden Prinzips *in einer anderen Dimension*.

Die antike griechische Philosophie suchte nach einem „Urgrund“ aller sehbaren Dinge und Zusammenhänge. Aber diese Suche war eben nicht die dominosteinartige Verfolgung von kausalen Zusammenhängen, sondern es war die Suche nach einem Urstoff oder einer Urdimension.

Und da begegnet sie uns wieder, die Lehre der Ideen. Platon war überzeugt, alle Erscheinungen der Welt hätten einen Urgrund in der Welt der Ideen. Es sei zwingend, so überlegte er, dass jedes und alles in der Welt einen geistigen Ursprung haben müsse.

Die Welt der Ideen aber ist eine körperlose. Es ist eine andere Dimension. Der „unus mundus“ von Jung, die kollektive Einheitswirklichkeit von Pauli.

Geben wir uns damit zufrieden (obwohl es bei Weitem nicht erschöpfend behandelt ist, denn wir müssen nun fragen, wie genau denn die Idee in des Menschen Kopf gelangen konnte). Für unsere hiesigen Überlegungen mag dieser Gedanke aber zunächst noch ausreichen.

Wir erkennen eine Welt als materiellen Vordergrund. In einem Dualismus von Materie und Geist steht dem eine geistige Welt als Hintergrund gegenüber. Wenn unsere Welt eine Vielzahl entfalteter Formen hervor bringt, so steht dem, dual betrachtet, eine Welt mit eingefalteten Formen gegenüber. Wir erkennen eine Welt von Gedankenenergie und Bewusstsein, die erschafft und schöpft als eingefalteten Hintergrund. Wir halten fest: dies ist nicht theoretisch, sondern im Gegenteil *zwingend logisch*.

Für Menschen als Schöpfer mag dies noch einigermaßen nachvollziehbar erscheinen, wie wir gesehen haben.
Bei einem Rundblick durch Ihr Zimmer werden Sie wahrscheinlich ausschließlich Gegenstände sehen, die von Menschen erdacht wurden, es sei denn, Sie haben beispielsweise einige Zimmerpflanzen.
Wie aber sind diese Gedanken anwendbar auf Objekte, die nicht von uns Menschen erschaffen wurden?

Gehen wir nun diesen Schritt weiter, müssen wir zwingend fragen, wie alle anderen, nicht von Menschen erschaffenen Dinge, ihr Aussehen erhalten.

Berge, Flüsse, Täler, Bäume, Blumen, Tiere, Menschen.

Ich lese manchmal mit unserem Kleinsten – Jonas – ein Kinderbuch. Wissen Sie, was faszinierend ist? Er kann zum Beispiel eine Katze von einem Hund unterscheiden. Er hat einmal einen Hund gesehen und auch mal eine Katze. Und bei anderen Kinderbüchern mit anderen Tieren kann er die beiden Tierarten auseinander halten.
Beide haben vier Beine, zwei Ohren, Fell, Augen, Kopf vorne und so weiter. Dann gibt es auch noch diverse Hunderassen von klein bis groß über diverse Farben, wie es auch hoch unterschiedliche Katzen gibt.
Es ist, als gäbe es eine Art Prototyp jeder Tiersorte. So etwas wie ein „Mutterabbild" oder grundsätzliche und übergreifende Baupläne, denen alle anderen folgen und mit der man sämtliche Nachfolgetypen auseinander halten kann. Es ist weiter, als würden sich diese ideellen Pläne in unsere Materiewelt ergießen.
Dann ist hier – auf unserer Erde - der Tummelplatz in Form gebrachter Ideen aus einer anderen Dimension.

In das abgedruckte Bild des Malers Sylvain Sternhagel könnte man genau jenen Vorgang hineininterpretieren.
Ganz unten sehen wir einige Menschen in einer Art dunklen Höhle stehen. Analogien zu Platons Höhlengleichnis drängen sich hier förmlich auf, wonach wir Menschen immer nur die Schatten einer Realität wahrnehmen können. Auch diese Menschen blicken in die Höhle. Nur ist dort, tief im Inneren eine strahlende Sonne. So etwas wie eine Quelle göttlicher Energie, aus der sich, göttliche Ideen auf die Erde herunter ergießen. Schichtenweise fallen diese in Kaskaden durch die Dimensionen, bis sie schließlich in unserer Welt hereinfluten und gegenständlich werden.

Im Ursprung ist gut vorstellbar, wie einer Sonne gleich, reine Energie ausflutet, die schließlich erst zu Wasser und Materie wird.

Auch hier begegnen wir alten Archetypen. Er ist durch das Wasser und die Quelle ausgedrückt. Wasser symbolisiert tief in unseren Urgründen das Leben selbst. Es ist also ein Bild oder Gleichnis dafür, wie Leben entspringt.

Die Lichtsonne, die Quelle blendet uns indessen. Was in ihr vorgeht ist für uns Menschen nicht erfahrbar. Wir sehen ihr Inneres nicht. Wir wissen, dass dort der Ursprung ist, können aber in die Welt der Entstehung nicht eindringen.

Sie bleibt uns in strahlender Schönheit verschlossen.

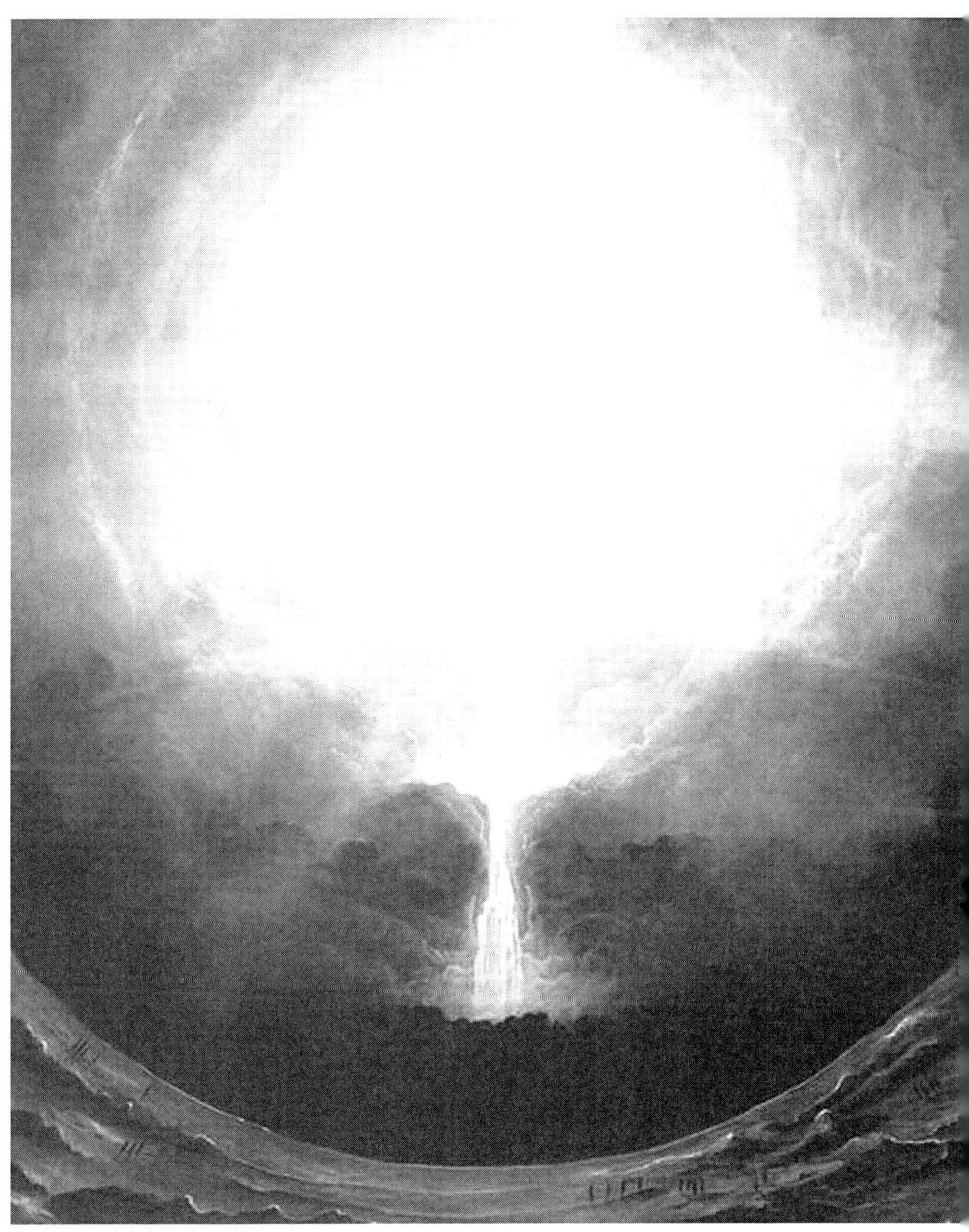

Außen auf der Schale stehend, können wir ihr Licht nur in äußerst vergröberter Form als Wasser genießen.

Bliebe die Frage, wie genau er denn nun vonstatten gehen könnte, dieser Prozess von der Energie hinein in die Form.

Wie ließe sich diese Bildinterpretation nun wissenschaftlich belegen und ausdrücken? Welche modernen naturwissenschaftlichen Ansatzpunkte gibt es für ein derartiges Weltbild?

Tatsächlich haben wir mittlerweile eine Reihe wissenschaftlicher Antworten.

**Es gibt keine Materie an sich!**

**Jede Materie entsteht und existiert**

**nur vermöge einer Kraft,**

**welche die Teilchen eines Atoms**

**in Schwingung versetzt**

**und dieses äußerst fragile Sonnensystem des**

**Atoms zusammenhält. ...**

**Wir müssen hinter dieser Kraft**

**die Existenz eines bewussten und intelligenten**

**Geistes annehmen.**

**Dieser Geist**

**ist die Matrix**

**aller Materie!**

(Max Planck,
deutscher Physiker)

## Das lebendige Universum

„Ein verbreiteter Irrtum ist, zu denken, dass eine Wirklichkeit die Wirklichkeit sei. Man muss immer vorbereitet sein, eine Wirklichkeit für eine größere aufzugeben." -
Mutter Meera, Antworten, Teil I

Viele Wissenschaftler neigen heute zu der Annahme, im Universum eine Art lebendiges oder evolutionäres Prinzip zu sehen. Eine Art sich weiterentwickelnden Organismus.
Dies ist ein erster Ansatz, das Geschehen auf der Welt in seinen Milliarden Facetten unter der Steuerung einer übergeordneten Gesamtheit zu sehen.
Dann wären die Menschen, Bäume, Tiere und Steine so etwas wie zum Organismus gehörende Zellen und miteinander auf höchst komplexe Weise verbunden.
Und Naturgesetze wären nicht statisch, sondern wandelbar.

Verschiedene Naturwissenschaftler gehen heute von der Annahme aus, das Universum entwickle sich in einem balancierenden und stoßweisen Prozess von Chaos, Kreativität und Ordnung. Dies ist andererseits auch ein alter vedischer Gedanke und tausende Jahre bekannt und längst niedergeschrieben. Ein Beleg dafür, wie altes Wissen immer wieder über moderne Wissenschaft neu entdeckt wird.

Immer öfter wird das Universum mit einem lebendigen Organismus verglichen, wo Jahrhunderte vorher Mechanik und Mechanismus dominierten. Das Universum als beseeltes Bewusstsein mit verschiedenen Ausdrucksformen. Ein verspieltes Universum, immer neue Varianten hervorbringend.
Veränderungen entstehen in der Natur durch spontane, kreative Varianten. Diese setzen sich entweder durch oder nicht.
Im Erfolgsfalle wird daraus die neue Regel. Standards entstehen aus kreativen Einzelprozessen. Daraus abgeleitet: Einzelfälle begünstigen Serien. Was einmal geschieht, geschieht immer wahrscheinlicher und öfter. Die Quantität der Wiederholung festigt das Vorkommen.

David Bohm entwickelte vor dem Hintergrund quantenphysikalischer Erkenntnisse ein monistisches Weltbild, in dem die Wirklichkeit nicht länger in einzelne Bausteine oder Atome aufgegliedert wird, sondern vielmehr als ein Ganzes aufgefasst wird. In seiner Weltsicht lassen sich alle Ereignisse und Objekte auf ein einziges wirkendes Grundprinzip zurückführen.
Geist und Materie sind beispielsweise nur Ausdrucksformen einer Art höheren Wirklichkeit und damit gleichermaßen als real, wie ebenfalls irreal anzusehen.

Beide sind nur unter bestimmten Bedingungen entstanden und Ausdruck eines tieferen Geschehens.

Dieses aufbauende Grundprinzip wirkt als eingefaltete Ordnung und offenbart sich in unserer Realität über Entfaltungsprozesse. *Es entfaltet sich*.

Die eingefaltete Ordnung existiert erzeugend und Form gebend über mehrere Dimensionen hinweg, bevor sie sich in unsere Wirklichkeit sozusagen hinein ergießt.

Bohm beschreibt diese Prozesse mit Energiewirbeln, die Muster ausbilden.

Das Universum besteht hier also aus geistigen Informationsebenen. Sie ergießen sich über mehrere Raumdimensionen in unsere Welt. Es handelt sich hierbei um einen Vorgang von zunächst reiner Energie, der sich bis in die Struktur gebenden Ebenen unserer Wirklichkeit hinein transformiert.
Man könnte auch sagen, Energie bremst sich über Dimensionen hinweg immer weiter aus, bis sie zu Materie erstarrt.

Der Gesamtzustand übernimmt die Organisation all seiner Bestandteile und zwar nicht über eine starke Verbindung zu diesen Teilen, sondern weil der Gesamtzustand grundsätzlich so beschaffen ist, wie seine Teile.
In diesem Zusammenhang schauen Sie bitte auf die nachstehende Skizze zu Arthur Koestlers Holon. Auch hier begegnen wir wieder der Selbstähnlichkeit.

Unsere gewöhnlichen Formen von Materie und Energie sind hierbei nur gewandelte Wirkungen aus anderen Ebenen. Diese manifestieren sich über Informations- und Strukturfelder aus Räumen außerhalb unseres messbaren Bereiches.

Nun, ich meine, das hört sich zunächst sehr abenteuerlich an, nicht? Eine Theorie, die ihren Ursprung aus nicht messbaren Räumen und Dimensionen bezieht, die uns verschlossen bleiben, ist doch einigermaßen abenteuerlich, oder?
Ein guter Ansatz, um auf grundlegende und stützende Erkenntnisse und Experimente einzugehen, um dieses Weltbild näher zu erläutern.

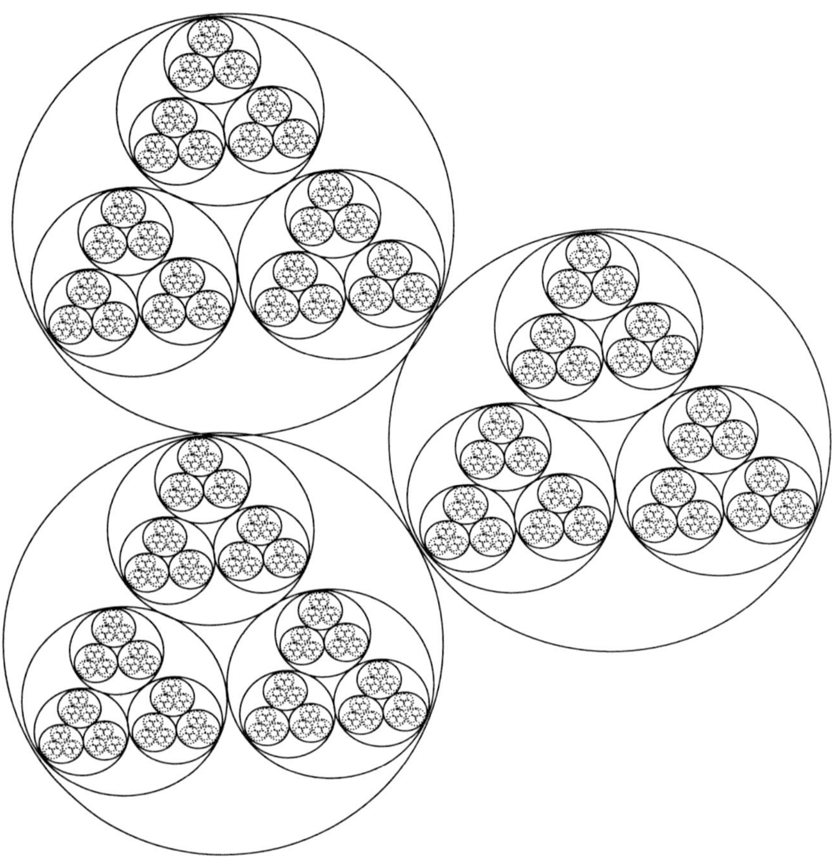

Beispielhafte und abstrakte Skizze einer holografischen Hierarchie („Holarchie“) frei nach dem Modell des „Holon“ von Arthur Koestler. Ein „Holon“ kann nach dessen Gedanken selbst kleinstes wie auch größtes Bauteil einer holografischen Ordnung sein. Die Zeichnung verdeutlicht die geschachtelte Wirklichkeit, in der die kleinsten Teile, den größten spiegelgleich entsprechend aufgebaut sind.

Wie sollte man sich also diese Wirkweise näher vorstellen können? Sicherlich, man kann sich eine Art umgekehrten Wasserstrudel denken, der aus dem Urgrund, seinem Ursprung, sämtliche Erscheinungen und Objekte in die Wirklichkeit hinaus wirft. Auf der Wasseroberfläche würden unzählige Wasserspritzer hinausgeworfen und wären zum Beispiel dreidimensionale Objekte, die auf ihrem Weg nach oben über die Definition von bestimmten Naturgesetzen geformt würden. Alle Dinge unseres Umfeldes sind dann Wasserspritzer aus einem energetischen Urstrudel.

Aber diese Vorstellung trifft es nicht umfassend. Es geht auch einfacher. Die entfaltende Eigenschaft unseres Universums offenbart sich auf sehr verständliche Art in der Radiowelle. Diese reist eingepackt oder eingefaltet über viele Kilometer durch den Raum, bevor sie am Radiogerät entpackt und sozusagen ausgefaltet wird. Die innenliegenden, unhörbaren Informationen des Radiosignals werden entschlüsselt; es ertönt Musik. Das gleiche Prinzip begegnet uns auch bei einem Fernsehgerät.

Ein weiteres Beispiel für diese Einfaltung bilden die Lichtstrahlen. Schauen wir mit einem Teleskop in die Sterne, fällt das Licht im eingefalteten Zustand in die Linse und entfaltet dort Informationen über Millionen Kilometer entfernte Planeten aus Raum und Zeit.

Auch Naturgesetze sorgen im übertragenen Sinne für Entfaltungen. Die Wunder liegen mannigfach vor der Tür.

Wenn wir an einem Strand entlang laufen, entdecken wir eine bestimmte Struktur des Sandes. Dieser zeichnet die Wellenform des Meeres nach.

Oder wenn beim Kochen des Wassers ein „wabenförmiges" Muster ausgebildet wird, drücken sich darüber Eigenschaften der Stoffe und Bedingungen aus.
Wenn der Wind über ein Kornfeld weht, sieht man plötzlich die Wellen eines goldenen Meeres auf – und abwiegen. Mit anderen Worten werden über die Objekte und Umweltbedingungen, die Eigenschaften von verschiedenen *Naturgesetzen* entfaltet und zum Ausdruck gebracht. Naturgesetze sind jedoch nichts Körperliches, sondern etwas Abstraktes. Ideen werden zu Strukturen. Regeln werden zu Strukturen. Energie - Information - wird Materie.

Allgemeiner ausgedrückt, sorgt die einfaltende Bewegung aller Arten von Wellen dafür, das Ganze in jedem unserer Erde sichtbar auszufalten.

Deshalb mussten unsere Konzepte von Raum und Zeit – wie im letzten Jahrhundert bereits geschehen – komplett überdacht werden. Örtlichkeit ist damit keine hervorstechende oder stabile Eigenschaft mehr, sondern eine variable. Was uns hier als wirklich oder real erscheint, wird zu einer bloßen Ausdrucksform eines holografischen Gebildes. Wie kann man sich dies näher vorstellen?

Bohm selbst regte ein Gedankenexperiment an, mit Hilfe dessen man sich eine solche einzige Ursächlichkeit aller Erscheinungsebenen leichter vorstellen könne.

Wenn in einem Aquarium ein Fisch schwimmt und man dieses Aquarium nicht selbst sieht, sondern alles Wissen über zwei Kameras beziehen würde, die zum Beispiel vorne und an der Seitenscheibe aufgestellt sind, erhielte man von den Schwimmbewegungen des einen Fisches vollkommen unterschiedliche Filme. Das heißt, die Bewegungen des Fisches wären zwar unterschiedlich, aber einerseits *synchron* und weiterhin wie die scheinbare Existenz von *zwei* Fischen. Diese beiden Fische würden von einer seltsamen beinahe phantastischen Verbindung geleitet, da ja der eine Fisch die Bewegungen des anderen Fisches zeitgleich übernimmt, was eigentlich zusätzlich unmöglich ist. Kurz, es wäre die Illusion zweier Fische, wo nur einer ist. Und sie wären auf einzigartige – magisch anmutende - Weise miteinander verbunden.

Erinnert sie dieses Bild nicht an die geschilderten Beispiele zu Beginn des Buches? Ereignisse, scheinbare Zufälligkeiten, die miteinander verwoben sind und auf gleichartige Weise zum Ausdruck gelangen.

Nun wäre dies eben nur ein Gedankenexperiment, würden diese Überlegungen Bohms nicht Bestätigung von Aspects Quantenexperimenten im Jahre 1982 erfahren. Dies war zunächst ein Gedankenexperiment, wurde danach aber auch im Labor nachgewiesen.

Hierbei wurden zwei Elektronen beobachtet, deren Bewegungen unbeschadet der Entfernung zwischen ihnen, miteinander synchron verliefen. Die beiden Elektronen schienen also auf *zauberhafte Weise miteinander verbunden*. Diese Beobachtung geht zurück auf einen Artikel, den erstmalig Einstein, Podolsky und Rosen formulierten, weshalb dieser Effekt auch das EPR Paradoxon genannt wird. Gemeint ist der gleiche quantenmechanische Effekt, wonach zwei Teilchen beobachtet werden, die direkt miteinander wechselwirken, also verschränkt sind. Was das eine macht, macht zeitgleich das andere.

Es ist naheliegend, diese Ergebnisse so zu interpretieren, dass das Universum in seiner Gesamtheit einer verschränkten Ordnung folgt, in der dessen Elektronen miteinander verbunden sind. Überträgt man die Ergebnisse dieses Versuches, gelangt man zwingend zu einer holografischen Ordnungsstruktur des Universums.

Unsere Realität ist mit einem gigantischen und komplex detaillierten Hologramm vergleichbar, in dem jeder Raum – und Zeitabschnitt die Gesamtinformation und Gesamtordnung enthält.

Ein und dieselbe Sache spiegelt sich in unterschiedlicher Erscheinung überall.

Diese gegenseitige Verschränkung der beiden Elektronen schien auch erstmalig als Erklärungsmuster für Telepathie und andere grenzwissenschaftliche Effekte dienen zu können. Denn urplötzlich benötigte man durch die „Eigenschaftsgleichheit" oder Resonanzbeziehung der beiden Teilchen keine Trägerwelle mehr für PSI Effekte. Im letzten Jahrhundert schien mit der Erfindung des Radios zunächst alles geklärt. Dann aber entdeckte man recht schnell, dass der menschliche Körper für Radiowellen einfach nicht genügend Sendeleistung hat, um Gedanken auch nur über zehn Meter zu übertragen. Damit fiel die Radiowelle als Erklärungsmodell aus. Durch die moderne Quantenphysik ist es nicht mehr nötig, auf reisende Teilchen oder sich fortbewegende Wellen zurück zu greifen. Das heißt, ein Gedanke musste nicht mehr über tausende Kilometer reisen, um bei einem Empfänger anzukommen, vielmehr war der Empfänger gefordert, sich korrekt einschwingen zu können. Also nichts anderes zu tun, als in Resonanz mit dem Sender zu gehen, wobei die dann empfangenen Gedanken nicht vom Sender zum Empfänger gereist wären. Vielmehr hätte der Empfänger auf das korrekte „Feld", nämlich das des Senders zugegriffen bzw. er *wäre selbst Teil* davon geworden. Er wurde selbstähnlich, Teil des Ganzen. So schien die quantenphysikalische Forschung zu bekräftigen, was Medien seit Jahrhunderten formulierten. Immer wieder sprachen sie vom „Einschwingen" oder „Konzentrieren" auf den Sender. Man musste gedanklich zur anderen Versuchsperson.

Auch Remote Viewer kennen diesen Vorgang des „Eingeschwungen-Werdens" auf das Zielgebiet. Bei einer gut laufenden Remote Viewing Sitzung erleben wir genau die bezeichneten holografischen Effekte. „Datenpäckchen" werden da „ausgepackt", was nichts anderes heißt, als dass das Zielgebiet in holografisch zunächst grober Auflösung vorliegt, bevor wir immer „näher", d.h. spezieller in Resonanz mit Informationsfeldern geraten. Und was sind Informationsfelder in diesem Sinne? Energien.

Auch David Bohms Vorstellung von einem riesigen holografischen Gebilde ist energetischer Natur. Es müsste aber organisiert werden.

Wie und durch was könnte diese Organisation laufen?

über ein Wellensystem. Bohm beschrieb diesen Prozess als ständig fließende Bewegung von Einfaltung und Ausfaltung und gab ihr den Namen Holobewegung, weil es fließende Energien innerhalb eines Hologramms beschreibt. Materie ist in diesem Bild sekundär, Energien primär.

Materie ist ein Wellenschlag der Energien. Eine stehende Welle. Das Einfrieren von Beweglichem.

Materie entsteht nach diesen Überlegungen zum Beispiel über so genannte stehende Wellen. Vielleicht haben Sie schon einmal Wellen am Meer beobachtet. Da gibt es einmal „sich aufschwingende, überlagernde Wellen". Hier trifft Wellenberg auf Wellenberg. Die Amplituden der beiden Einzelwellen summieren sich zu einer größeren Welle und laufen an den Strand. Eine stehende Welle können Sie hingegen wörtlich nehmen. Eine stehende Welle lässt sich oftmals an Bächen oder Flussläufen betrachten. Hier ist eine Welle immer am gleichen Ort zu sehen. Vereinfacht gesagt vergleicht Bohm Materie mit solchen stehenden Wellen. Nämlich insofern, als das ständig fließende Energien in Wellenform in seinem Modell durch bestimmte Bedingungen zu stehenden Wellen werden, was ein „Einfrieren" bewirkt.

Dieser scheinbare Stillstand, dieses Einfrieren von Energie, bewirkt Materie. All unsere Objekte um uns herum sind also demnach hochgradig „flirrende", also reine Energien, die über Wellenprozesse zu Materie erstarren.

Einstein verglich Materie adäquat zu diesen Gedankengängen mit gefrorenem Licht. Uns ist ja bereits bekannt, dass Materie und damit jedwedes handfeste Ding auf dieser Welt hauptsächlich aus „Nichts" zwischen Elektronen beruht. Und diese Elektronen sind wiederum nichts als Energie. Die Vorstellung, Materie zu einer Spielart von Energie und Wellen zu machen, ist damit überaus logisch. Entscheidend für unsere Sicht der Dinge ist dann unsere Wahrnehmung, die über Sinne niemals eine objektive Wirklichkeit betrachten oder erfühlen kann, sondern bestenfalls immer nur einen Ausschnitt von ihr – nämlich genau den, der eigenen speziellen und individuellen Resonanz.

Wir sollten uns zu diesem Zweck ein Hologramm näher betrachten. Ein Hologramm ist ein dreidimensionales Lichtgebilde, welches über Laserstrahlen erzeugt wird. Mittels komplizierter Technik der Separation werden die Lichtwellen des Laserstrahles gegeneinander geführt und kollidieren. Hieraus entstehen zunächst Aufnahmen von verschiedenen

Wellenformen in verschiedenen Interferenzmustern. Erst bei der Projektion entsteht ein dreidimensionales Lichtbild.
Ein Hologramm funktioniert wie eine Art Linse und verschlüsselt oder entschlüsselt bestimmte Frequenzen und Muster. Es wirkt deskriptiv und wählt bestimmte Muster aus, während andere unterdrückt werden. Es ist eine Art dreidimensionaler Übersetzungsapparat.
Die Eigenschaften dieses Lichtbildes sind jedoch erstaunlich. Der Effekt tritt zu Tage, wenn man die Abbildungen von solchen Hologrammen halbiert, bevor man sie wieder in den Raum wirft. Man könnte zum Beispiel das Gesicht eines Menschen als Hologramm entwickeln und danach in der Senkrechten durchschneiden.
Es ist nicht so, wie zu erwarten gewesen wäre, dass man ein halbes Gesicht sieht. Im Raum schwebt weiterhin das ganze Gesicht, aber in gröberer Detailauflösung. Auch bei erneutem Zerschneiden wird dieser Vorgang wiederholt. Das Hologramm beherbergt „Alles in Einem".

Wie lassen sich solche Ergebnisse abstrakt interpretieren?

Einmal werden Gesichter offensichtlich auf die Grundarchetypen zurückgeführt. Alle Gesichter ähneln sich, je weiter man sie vergröbert. Es gibt – um es mit den Gedankengängen weiter vorne zu verbinden – so etwas wie ein „einheitliches Grundgesicht" oder die „Ur-Idee" eines Gesichtes. Es geht weiterhin um einen selbstähnlichen Aufbau. Wir finden viele der bis hierher behandelten Gedanken wieder.
Würden wir nun holografische Gesichtsaufnahmen immer weiter zerschneiden – am Ende hätten wir die Urarchetypen von Gesichtern, die nicht weiter reduzierbar sind. Vielleicht erinnern sich einige Frauen in diesem Zusammenhang auf die äußerst reduzierten und doch „schönen" Frauengesichter auf Haarspraydosen oder Cremes. Hier haben wir es mit solchen Vereinfachungen zu tun.

Zweitens: Würde man ein solches Hologramm als Ganzheit unseres Universums begreifen, würde, je mehr wir das Gesamtgebilde zerstückeln, eine Vielzahl Detailinformationen fortfallen, während eine grobe Gesamtinformation erhalten bleibt.

Stellen wir uns weiterhin vor, jeder Mensch ist ein winzigster Anteil des gesamten Kosmos, so hätte er nach der holistischen Sicht der Dinge, über viele Details keinerlei Kenntnis mehr, während zum Beispiel die Urerinnerung an einen Schöpfer oder den Urgrund des Seins tief in jedem manifest geblieben wäre. Es gäbe bestimmte Archetypen oder Urerinnerungen und Grundmuster, die in Jedem erhalten geblieben wären. Des Weiteren auch generelle Baupläne seines Körpers, seiner psychischen Funktionen und so weiter.

Es sind dies die beschriebenen Vorstellungsbilder und Grundarchetypen.

Drittens: Synchronizitäten könnten demnach Entfaltungen tiefer liegender Ordnungsschichten (Aquariumbeispiel) dieses Universums sein, die nur scheinbar weit auseinander liegen und in Wahrheit auf eine Art „Grundnenner" zurückzuführen sind. Gleichzeitigkeiten spiegeln in kurzen Zeitfenstern Einblicke in tiefere Dimensionen.

Viertens: Vielheit wäre in gewissem Sinne Illusion, beziehungsweise auf eine Einheit zurück zu führen. Auf Menschen als ein Teil dieses Systems übertragen, wäre jeder einzelne Mensch nur scheinbar getrennt von allen anderen Menschen, weil er auf einer tieferen Ordnungsebene nicht nur zu ihnen gehört, sondern *eins mit ihnen ist*. Hier treffen sich die Gedankengänge von Jung und Pauli („unus Mundus" und „kollektive Einheitswirklichkeit"). Die moderne Physik vollzieht hier nach, was seit Jahrtausenden zum Kern einer jedweden Religion gehört.

Fünftens wären die Erscheinungen dieser Welt eine Realität, die auf einer tiefer liegenden Realität fußt, die uns aber nicht zugänglich oder direkt über die Sinne erfahrbar ist. Wir sind es, die alle Objekte nur getrennt wahrnehmen können. Es ist wie im Aquariumexperiment direkte unumgängliche Folge unserer Welt. Alle gleichen Dinge erscheinen uns dual und getrennt und werden zur illusionären Vielzahl an Erscheinungen.

Stellen wir uns das ganze Universum mit allen Objekten als holografische Teile vor. Jeder Baum, jede Blume, jeder Mensch, jedes Gehirn sind dann holografische Entfaltungen. Das ganze Universum wäre dann eine einzige Spiegelung seiner Selbst, mit einem gewaltigen lebendigem schöpferischem Spiel vergleichbar. Aus der indischen Lehre hat sich dieses Jahrtausende alte Wissen bis heute erhalten. Dort heißt es:

> „In Indras Himmel, so heißt es, hängt ein Perlennetz, das so angeordnet ist, dass man in jeder Perle alle anderen widergespiegelt sieht. Genauso ist jeder Gegenstand in der Welt nicht bloß er selbst, sondern schließt alle anderen mit ein und ist selbst in jedem anderen Teil enthalten ..."
> – Avatamsaka-sutra 79

Auch in diesen alten Texten werden die Erscheinungen auf der Erde als Spiegelungen anderer Körper dargestellt, die endlos miteinander verbunden sind und Teile des anderen enthalten. Individuelle Vernetzung des Einen.

Dies bedeutet auch, dass alle Teile von Ihnen, werter Leser, ständig in Bewegung und Interaktion mit allen Teilen der Welt stehen. Die Elektronen Ihres Herzens und Gehirns sind mit denen von Elefanten, Flugzeugen, Computerchips, anderen Menschen, bestimmten Landstrichen, bestimmten Zeiten und Geschehnissen verbunden. Sie selbst sind ein wechselwirkendes verbundenes Teilchen. Auch in Ihnen spiegelt sich der gesamte Kosmos, Sie sind sozusagen eine weitere Perle an Indras Kette. Ich behaupte: die Tiefe und Vielschichtigkeit unserer Person ist uns nicht einmal im Ansatz bewusst.

So, wie bereits tausende Liter Wasser durch Ihren Körper flossen, das über Jahrhunderte hinweg im Meer, anderen Körpern von Tieren und Menschen und sämtlichen Anscheinsformen vorhanden war, ist Ihr Geist auf energetischer Ebene mit den formenden Strömen aller Menschen und Tiere verbunden.

Das bedeutet es – ganz vage ausgedrückt - , *Teilnehmer am großen Spiel des Lebens* zu sein.

Aber nicht nur Ihr Leben oder Ihre Erfahrungen sind damit Teil des Ganzen und tragen zur Lebendigkeit des Gesamtorganismus bei. Auch unsere täglichen Gedanken sind darinnen eingebettet.

Natürlich können wir unsere Gedanken in einem vollkommen neuen Licht sehen. Sie gehören uns nicht selbst und sie sind auch nicht frei, wie der Text eines alten Volksliedes formuliert. Vielmehr gehören sie je nach Resonanz und Zugänglichkeit allen Menschen und werden auch von diesen eingespeist wie ausgelesen. Denn ein Gehirn wäre in diesem Weltbild natürlich mit allen anderen verbunden und würde nach Zugehörigkeit, Resonanz und Ausrichtung *mitdenken und mitempfangen* am großen und ganzen Werk. Und es käme nicht mehr auf Recht oder Unrecht an, sondern an der Erforschung der Realität wären alle beteiligt und alle würden eine bestimmte Wellenrichtung, einen Blickwinkel, einen weiteren richtigen Aspekt der Wirklichkeit erforschen und durchleuchten. Wenn wir uns unsere Gedanken vorstellen, erkennen wir sehr schnell, wie sie in „Päckchenform“ vonstatten gehen. Sie spezialisieren sich gewöhnlich vom Groben zum Speziellen, vom Allgemeinen zum Detaillierten. Wir finden auch hier denselben Prozess der Entfaltung, der uns bereits bekannt ist.

Weiterhin ist ein Gedanke niemals allein. Er ist immer verknüpft mit mehreren anderen.

Das Gehirn ist weiterhin eine Art Schnittstelle zwischen Außen und Innen. Mit seiner Hilfe wählen wir Reize aus dem Umfeld aus und wandeln diese zu unserem Weltbild, unserer Beurteilung, was richtig und falsch ist, wir dualisieren die Welt. Technisch ausgedrückt könnte man sagen, eine Vielzahl von Wellen und Energien trifft über unsere Organe wie Auge und Ohr in unser Gehirn. Das Gehirn filtert die Masse dieser Eindrücke und behält einen minimalen Anteil dessen zurück und nennt diesen „Realität". Ein winziger Ausschnitt einer gigantischen umfassenden Wirklichkeit bildet sich über einen Sondierungsprozess in uns ab. Das Gehirn als Übersetzungsapparat.
Wir nehmen die Welt subjektiv wahr. Was uns als Realität erscheint, sind doch immer wieder nur wir selbst – in scheinbar neutralisierter objektiver äußerer Form. Wir finden uns in allem selbst wieder. Wir sind in allem. Wir sind da und da und da. Auf was auch immer wir unsere Aufmerksamkeit richten, wen auch immer wir bedenken. Wir sind es selbst. Wir sind ein Teil von Indras Kette.

An was erinnert uns das?
Genau. An das Hologramm und dessen Funktionsweise. Auch hier wurden Frequenzen verschlüsselt und entschlüsselt und schließlich auf ein Abbild übertragen. Das Gehirn als Hologramm mit der Verarbeitung nach diesen Prinzipien. Es gibt mittlerweile eine Vielzahl von Beweisen für die holografische Arbeitsweise unseres Gehirns.

Verknüpft man nun diese Ergebnisse der modernen Neurologie mit dem Weltbild Bohms, dann wird aus unserer greifbaren Wirklichkeit so etwas wie eine „Sub-Realität". Eine zweite Realitätsform, eine weitere Spiegelung ein und desselben, in diesem Fall fester Materie. Unsere ganze Wirklichkeit im Außen ist dann nur eine Ansammlung von Frequenzen, die mit denen in unserem Gehirn zu einem Bruchteil resonant sind, wonach sich derzeit über sechs Milliarden Wirklichkeiten formen und jeder Mensch tatsächlich in seiner eigenen Welt lebt. Alles, was wir aus der all-umfassenden Wirklichkeit herausfiltern ist ein Milliardstel Teil des Ganzen und damit nur einer von Milliarden Kanälen. Das Ganze enthält die Teile und die Teile enthalten Bestandteile des Ganzen.
Derzeit ist ein Gedankenexperiment populär, wonach unsere Realität mit dem Internet verglichen wird.
Die Frage hierbei lautet, wo genau ist die Welt, die Wirklichkeit.
Die Antwort hierauf wird im übertragenen Sinne mit dem Beispiel des Internets gegeben.
Folgen wir diesem Gedanken und fragen: „Wo ist das Internet?"
Natürlich finden wir quer über den Erdball überall Computer, auf denen die verschiedenen Webseiten des Internets aufbewahrt sind. Sie liegen

dort sozusagen *eingefaltet*. Sie sind in eingeschachtelter Form vorhanden und doch nicht existent, weil sie nirgendwo offenbar werden, nirgendwo sehbar sind, nirgendwo ins Leben treten. Erst wenn ein Mensch sie anfordert, geraten sie in einen Entfaltungszustand. Sie erscheinen auf dem jeweiligen Bildschirm direkt vor dem Auge des jeweiligen Betrachters. Die Welt als solche ist erst im Auge des Betrachters entfaltet. Erst das Bewusstsein vor dem Bildschirm nimmt die Welt wahr. Das Internet ist also höchst speziell nur im einzelnen Bewusstsein vorhanden.

Soweit dieses Beispiel.

Die Welt im Außen wird zu einer Art Super-Hologramm. Jahrtausende altes Wissen hat überdauert und lehrt uns, die Welt sei „Maya" – eine Illusion.

Die Illusion unserer Selbst.

Ein Super-Hologramm ist genau das. Verbindet man das holografische Universum mit den neueren Erkenntnissen der Physik des 20. Jahrhunderts, können auch einst fundamentale Grundgrößen wie Raum und Zeit nicht mehr gehalten werden. Diese Begriffe sind mit Einstein nicht mehr als statisch anzusehen, sondern als variabel – eben relativ einzustufen. Natürlich „siebt" unser Wahrnehmungssystem dies aus, natürlich erscheint die Welt uns zeitlich und räumlich geordnet im Außen.

An den Grenzen unseres Wissens jedoch, ist diese Wahrnehmung eine Art eingebildete Wirklichkeit unseres Gehirns. Unser Übersetzungsorgan empfängt das als Wahrnehmung, was es als Wirklichkeit annehmen möchte. Es steht in Resonanz zu jenen Wellen, Frequenzen und Informationen, die seinem Bauschema entsprechen.

Die Relativität von Zeit und Raum verbindet sich im Hologramm zu einer tiefer eingefalteten Spiegelung. Sie speichert und behält alles, was jemals geschehen und gedacht wurde. Sie behält die Erinnerung an jedes kleinste Teil, sei es das Schicksal eines kleinen Menschleins oder die Existenz eines Baumes an einer bestimmten Stelle. Alles wäre eingefaltet vorhanden. Von jeder Zeit. Und es ist möglich, an entfernte Orte oder entfernte Zeiten zu reisen.

Vielleicht sind wir eines Tages fähig, Ereignisse einer längst geschehenen Vergangenheit wieder aufzurufen und zu betrachten oder noch einmal darinnen zu leben. Bislang ist dies Science Fiction, wenngleich unsere theoretische Physik hier als sichere Basis dient.

In so einem holografischen Universum ist es ebenfalls möglich, dass uns zukünftige Geschehnisse bereits heute mitgeteilt werden, wenn wir nur aufmerksam genug sind oder die richtigen Spiegel anschauen. In unserer aktuellen Gegenwart spiegelt sich dann die Zukunft – und zwar ständig. Es muss ja so sein, weil es ein Grundprinzip der Funktionsweise des Gesamtgebildes ist.
Solche Mitteilungen müssten oft schemenhaft, fragmentarisch oder vergröbert sein, aber in Grundzügen erkennbar. Sie wären wohl kaum detailliert *und* vollständig. Genau hier treffen wir erneut auf ein Wirkprinzip des Hologramms. Informationen werden, je spezieller sie sind, immer gröber. Ein zukünftiges Ereignis, eine Vorausschau beschleicht uns als dubioses komisches Gefühl.
Oder komische Dinge stehen miteinander in seltsamem, irrwitzigem Bezug, wie ein nur für uns erkennbarer Wegweiser. Da sind sie wieder, die Synchronizitäten.
Beim Remote Viewing erreichen uns Eindrücke oft als emotionales Echo. Ein spezieller Aspekt des Zielgebietes kommt als Ahnung oder Gefühl an.
Ich werde niemals vergessen das Gefühl tief in mir drinnen vergessen, dass aus einer Mischung von Museum, Freizeitanlage und Burg bestand. Ja, sie lesen richtig. Ein *Gefühl* von Museum. So, wie sich Museum anfühlt, wenn man drinnen ist. Aber gemischt mit Freizeitpark (heitere, lebendige Strömungen) und einem Zufluchtshort. Das gab überhaupt keinen Sinn. Ich brachte es zu diesem Zeitpunkt einfach nicht zusammen, befühlte es mit meinen Sinnen wie ein Fremder. Und die speziellen Ausformungen waren miteinander unvereinbar. Ich hätte zu diesem Zeitpunkt jedoch über das Fühlen hinaus nichts Konkreteres sagen können. An was erinnert dies? An den *Hologrammcharakter der Information*.
Das Ziel war ein Römerkastell. Dieses dient heute als Freilichtmuseum und wird eben gerne auch als eine Art Freizeitpark genutzt. Verstehen Sie? Alle diese Energien waren noch heute dort fühlbar. *So* betrachtet ein Remote Viewer die Dinge. Sozusagen „von außen“. Immer wieder faszinierend.
Allein dieses für mich unvergessliche Erlebnis reicht heute aus, um im nachhinein von der Hologrammstruktur der Informationsebenen um uns herum, überzeugt zu sein.

Das Super- Hologramm verliert nichts und erinnert sich an alles. Auch hier entdecken wir Parallelen zu den Weisheiten alter Religionen, zu Remote Viewing, der Matrix und dem, was Jahrtausende lang gepredigt wurde. „Keine Seele geht verloren“ und ähnliche Beschreibungen zeugen von der Allgegenwart eines jeden gelebten Lebens. In unserem

Hologrammuniversum ist ein jedes Leben eine Art Datenfeld, ein energetischer Bereich, der – ähnlich wie eine Erinnerung in einem Gehirn – mit einer bestimmten Zeit, einer Epoche, einem Ort, anderen Schicksalen in Verbindung steht. Dieses eine kleine Schicksal ist ein Gedanke, eine Erinnerung im großen ganzen Hologramm des Universums.

Ein kleiner Ausflug sei an dieser Stelle passenderweise gestattet.
Vor diesem Hintergrund könnten wir uns den Prozess der Reinkarnationen in Hypnosesitzungen vollkommen anders vorstellen. Immer wieder geschieht es, dass Menschen in Reinkarnationssitzungen frühere Leben teils detailgenau schildern können. Oft lassen sich viele Schilderungen nachvollziehen.

Reinkarnation wäre in diesem Fall Resonanz. Das Einschwingen eines Menschen heute und aktuell auf das ihm nahe liegende Muster eines Menschen vor beispielsweise hunderten von Jahren. Das Feld dieses Menschen wäre für unseren Hypnotisierten leicht anzapfbar, weil es ihm ähnlich ist oder ihm gleicht. Gleich und gleich ziehen sich an und gehören zusammen. Man steht in Resonanz oder Verbindung mit dem Ereignisfeld und Schicksal eines Menschen im kosmischen Hologramm. All dessen Leben ist dort aufgezeichnet und abrufbar. Die Theorie des Hologramms bietet also auch eine Erklärung für dieses Phänomen.

Dies würde jedoch im weiteren Verlauf die Frage aufwerfen, *was* von uns reinkarniert?

Immer wieder ein anderer Teil eines Grundmusters, zu dem wir alle in Bezug stehen? Auf die herkömmlichen Glaubenssysteme übertragen wäre die Antwort vielleicht einfach „die Seele“. Der größere Teil von uns. Dies kann hier nicht befriedigend und erschöpfend beantwortet werden. Aber es kann anregen nachzudenken.

Im direkten Kontext zu diesem Problem steht die Frage, wie und durch welche Regeln diese Felder eines holografischen Universums geordnet sein könnten und wie wir uns diese Systeme im Detail vorzustellen hätten.

Nun ist die Frage angebracht, wie diese Ordnung im Detail strukturiert wird. Gibt es denn Anhaltspunkte, wie genau sich diese eingefaltete Ordnung nun in unsere Wirklichkeit hinein ergießt?

Gibt es denn handfeste Forschungen und Ideen, wie dies funktionieren könnte?

## Der Sturm im Sandglas - Wenn Ströme formen

„Nur eine Art von Licht
haucht unendlich vielen Universen Licht ein.
Den unendlich vielen Ebenen
des organischen Universums:
Das kosmische Leben,
die intelligente Kraft,
die die Physiker „elektroschwach" nennen."
Giuliana Conforto

Wenn ein „normaler" Mensch heute ein Felsgesicht entdeckt, so ist dies ein netter beiläufiger Akt. Zufällig sieht da eben der Felsen durch eine Vielzahl unbekannter Prozesse aus wie ein Gesicht. Wir finden in der Natur eben bestimmte Formen vor, deren Erscheinung man erstaunt nur noch als „Zufall" akzeptieren kann, oder? Obwohl wir mittlerweile auch ahnen, dass genau dies nicht sein kann. Erlauben wir uns also die fantasievolle Freiheit derartige Skurrilitäten einmal im Kontext der bislang abgehandelten Themen zu behandeln.

Vor dem Hintergrund eines holistischen Universums, einer Verwebung von Geist und Materie, wie es die Quantenphysik bewiesen hat und eines mehrdimensionalen Raumes, der nur durch unsere Wahrnehmungsfilter beschränkt ist, kann der Zufall nicht länger aufrecht erhalten werden. Wir sind eben nicht Beobachter einer objektiven Wirklichkeit, wie uns die alte Weltsicht vermittelte, sondern wie die neueren physikalischen Experimente des 20. Jahrhunderts bewiesen haben, Teilnehmer in einer interagierenden Realität. Wir gestalten immer mit. Ob wir das nun wollen oder nicht. Unsere kollektive Psyche, unsere Ur-Archetypen könnten zum Beispiel mit hinein wirken, wenn Objekte bestimmte Formen ausbilden.

Problematisch wie unbefriedigend dabei ist, dass wir diese Welt hinter den Formen und der subtilen energetischen Strömungen nicht weiter beschreiben oder in Formeln packen können. Wir sind hier an der Grenze unseres Wissens.

Dann sind Steingesichter nämlich zum Beispiel dimensionsübergreifende Abbildungen oder formbildende Echos durch Raum und Zeit, hervorgerufen durch eine tiefer liegende Ideenebene, die hauptsächlich über feine Energien wirkt. In diesem Zusammenhang soll hier ein Versuch dargestellt werden.

Prof. Karl-Heinz Jacob ist Geologe und forscht seit Jahrzehnten auf dem Spezialgebiet der Erdexpansion. Bei den daraus entstehenden

Fragestellungen entwickelte er auch ein einfaches, wie außergewöhnliches Experiment.
Er füllte feinen Sand in ein normales Einwegglas, in dem oben und unten Elektroden aus Metall eingesetzt waren. Den eingefüllten Sand befeuchtete Dr. Jacob und verschloss das Glas. Die Elektroden wurden von ihm mit einer 1,5 V Mignon Batterie verbunden. Die nun folgenden Vorgänge der nächsten Wochen wurden mit einer Kamera festgehalten. Zunächst bildeten sich eine Schicht aus Eisensatz, dann immer schwungvollere bänderartige Strukturen und Schichtungen, wie man sie zum Beispiel auch von großen Baugruben kennt. Die eingesetzten Feldstärken sind weitaus schwächer als die natürlich vorkommenden. Dennoch treten Verformungen entgegen Schwergewichtskräften auf.

Im Einwegglas entstehen Berge und Täler. Prof. Jacob ist davon überzeugt, es hier mit einem Modell für das Entstehen von Gebirgen und Steinverformungen zu tun zu haben. Diese Formen entstünden nicht nur durch mechanische Kräfte der Einfaltung oder dem Zusammenstoßen von gegeneinander laufenden Erdplatten.

Sie entstehen durch *elektrisch verursachte Strukturbildungsprozesse.*

Die hier ablaufenden elektrochemischen Experimente sind bislang kaum bekannt und Prof. Jacobs Forschungen wegweisend. Er selbst vergleicht die beobachteten Prozesse mit solchen der *Selbstorganisation*. Prof. Jacob hat einen faszinierenden Beweis dafür erbracht, dass elektrische Ströme materielle Formen erzeugen.

Diese Versuche sind für die nächsten Seiten von Bedeutung, da sie, in engem Zusammenhang mit der holistischen Idee eines Universums eine Idee davon geben, wie schon geringe Energien formbildend auf Objekte wirken.

Wenn Stromstärken und Spannungen bei Sand in einem Glas bestimmte wellenartige Strukturen ausbilden, Ist wahrscheinlich, dass andere anliegende Kraftfelder auch andere Strukturen hervor bringen.

Ist es denkbar, dass jeder Art von Form eine verursachende elektrischer Schwingung zugeordnet ist? Diese elektrische Schwingung kann ebenso gut ein Gedanke sein. Auch dieser hat eine Wellenlänge und eine Frequenz und schwingt hoch, tief oder dumpf. Sensible Menschen können dies sehr zielgenau wahrnehmen. Für diese Transformation von Energie in Materie gibt es ein offensichtliches Beispiel: unser Gesicht. Im Gesicht von uns Menschen unterschreibt im Laufe des Erlebens unser Schicksal. Wir können das Gelebte unter anderem in den Lach- oder

Sorgenfalten erkennen. Alle Handlungen sind darinnen wie eingemeißelt worden. Unser Gesicht spiegelt wie kein anderer Körperteil unsere vergangenen und gegenwärtigen Gedanken und Handlungen. Ideen werden wieder einmal zu Materie. Wir – unser Geist – formt unseren Körper. Diese Energien wirken immer und überall um uns herum.
Unsere Augen sind ein Spiegel unserer Persönlichkeit und unserer Gedanken. Deshalb heißt es auch, man kann in den Augen lesen. In den Augen erkennt man den wahren Menschen. Die Augen können nicht lügen. Sie sind ein Spiegelbild unserer Selbst und strahlen die Gedanken wie ein Laser in die Umwelt hinaus. Wenn Menschen einander in die Augen schauen, tauschen sie auf feinenergetischer Ebene Informationen übereinander aus. Die Seelenkörper von uns vereinen sich dabei. Daher kommt das angenehme oder unangenehme Gefühl, wenn wir einander mit Blicken begegnen. Seltsamerweise schauen die Menschen in den Großstädten kaum mehr in die Augen. Ja, sie meiden den Blick voreinander, was die Isolation inmitten der Massen weiter verstärkt. Aber dies nur am Rande. Auch die Augen werden zu einem Spiegel des Inneren.
Diese Gleichungen finden wir in der gesamten Welt immer wieder. Sie sind Teil des alldurchdringenden Analogieprinzips, das dafür sorgt, aus dem Einen, das miteinander Verbundene und in Zusammenhang bestehende Viele zu erschaffen.

Ein normaler Spaziergang durch Wald, Flur und Gebirge enthüllt eine Menge von skurrilen Formen. Verursachen auch hier elektrische Prozesse die Formen? Genau hiervon gehen einige Wissenschaftler heute aus. Dass nämlich formgebende Felder auf die Materie einwirken.
Welche genauen Eigenschaften all diese Felder haben, kann nicht aufgezeigt werden, aber deren Bestand kann anhand ihres Wirkens beobachtet werden. Wir können die Ergebnisse dieser formbildenden Kräfte sehen.

Wir sehen im folgenden Kapitel einst Belebtes abgebildet in toter Materie.

Man kann nun sagen, dies sei ein schöpferischer Akt unserer eigenen, inneren Einbildung. Die bekannten Bilder einer unbewussten Ebene werden in Stein oder Erdformen hinein interpretiert. Dann wäre weitgehend unerheblich, wie Strukturen entstehen.

Und natürlich spielen bei den dargestellten Fotos des folgenden Kapitels eine Menge bekannter Umwelteinflüsse wie Verwitterung, Faulung, Schattenwurf und Sonnenlicht, um nur einige zu nennen, eine gehörige

Rolle. Die Formen sind nie statisch, sondern befinden sich in einem Prozess ständiger Veränderung.
Umwelt- und Umfeldbedingungen sind das *Werkzeug*, mit dem die Materie bearbeitet wird. Die treibende Kraft hinter diesen bearbeitenden Einflüssen sind die Informationsfelder. Sie machen intelligentes Wirken sichtbar.

Wir können diesen Vorgang im holistischen Sinne aber auch umkehren und sagen „Bewusstsein und Energien erschaffen Realität" –und damit auch Materie und Objekte.
Dann ist eine untergründige Ideenebene mitverantwortlich für die dargestellten Bilder. Und in diese Ebene würde auch der kollektive Geist von uns Menschen „einspeisend", schöpfend und erschaffend mit einwirken. Das heißt, die Sammlung kollektiver geistiger Energien würde sich in unserem Planeten widerspiegeln. Dann hätten wir es ein weiteres Mal mit einem Entfaltungsprozess zu tun.

Die Erde steht in Resonanz mit unseren Gedanken und bildet diese ab.

Wir haben unsere alltäglichen Wunder nun an persönlichen Erlebnissen betrachtet und auch die Geschichte von synchronen Vorgängen, sowie Serien und sonderbar gleichartigen Ereignisketten geschildert.

Im Falle von C.G. Jungs Forschungen konnten wir beobachten, wie Geist mit Materie zusammenprallt und unsere Welt aus den Fugen hebt wobei oftmals Einblicke in tiefere Dimensionen oder eine kollektive Psyche sichtbar werden.

Im Falle von Ereignisketten konnten wir aus der Distanz beobachten, wie bunt Namen, Zahlen, Personen, Geschehnisse auf unglaubliche Weise miteinander vermischt werden, mit welch – manchmal - sonderbarem Humor Schicksal gespielt wird. Hier wurde oft eine Balance von chaotisch-kreativen, aber auch ordnend-strukturierenden Prozessen offenbar, die sich jeder Erklärung durch Absurdität entziehen. Auch hier können wir tiefere eingefaltete Schichten als Verursacher annehmen.
Durch die Darstellung von Morphogenese, also der Formbildung von Tieren und Pflanzen durch energetische Felder, ist ein weiteres Mal offenbar geworden, wie eine andere unsehbare Ebene in unsere Welt hineinwirkt.
Dieses Prinzip wirkt jedoch nicht nur im Falle materieller Formbildung, sondern auch, wenn geistige Prozesse angestoßen werden. Bei großen Menschenansammlungen entstehen neue Felder. Überall dort, wo Menschen zusammentreffen oder auf irgendeine Art zusammengehören: als Nation, Verein, in einer Familie. Jede Art von formaler oder informaler

Gruppe speist ein geistiges Informationsfeld und wird von diesem in einem Balanceakt geführt.

Diese energetische Sicht der Realität schlägt sich auch in einem Zitat des französischen Philosophen Teilhard de Chardin nieder, wenn er die Aura unseres Planeten beschreibt.

„Und sogar im gegenwärtigen Augenblick wäre für einen Marsbewohner das erste charakteristische Zeichen, unter dem ihm unser Planet erschiene, weder das Blau der Meere noch das Grün seiner Wälder – sondern sicher das Phosphoreszieren seiner Denkkraft."

David Bohms Theorie eines holistischen Universums bildete für all diese Darstellungen eine physikalische und naturwissenschaftliche Erklärungsmöglichkeit.

Nachfolgend möchte ich einige erstaunliche Formationen auf unserer Erde abbilden und diese vor dem Hintergrund dieser Gedanken kreativ interpretieren.
Hierbei wird der Gedanke führend sein, dass morphische Felder sich auch auf sehr kuriose und unglaubliche Art und Weise in unbelebter Materie entfalten.

Vielleicht sogar in gewisser Art und Weise belebend oder so, dass sie tiefere Rückschlüsse zulassen könnten.

## Jurrassic Park in Basel

„Gott atmet in allen Dingen, alle Dinge atmen in Gott".
Hildegard von Bingen

Der griechische Philosoph Aristoteles war der Meinung, die Gestalt von Menschen und Tieren werde durch eine formbildende Kraft hervorgerufen. Diese Kraft war für ihn die Seele. Er bezeichnete sie auch als Entelechie. Diese Bezeichnung erinnert an holografische Strukturen. Entelechie stammt aus dem griechischen und ist die Eigenschaft einer Sache, die ihren Zweck in sich selbst trägt (griech.: „en"= "in", „tel" von „telos"= Ziel, „echeia" = "haben"). Eine Seele ist also gleichbedeutend damit, ihr Ziel – oder anders gesagt, ihre Bestimmung - bereits in sich selbst zu tragen.
Ist dies nicht eine wundervoll beruhigende Bezeichnung?

Der Körper ist hierbei nur Werkzeug (griech. organon; hiervon leiten sich unser Worte für Organismus, Organ und organisch ab) der Seele, die diesen bewegt und formt.

Auch der Arzt und Naturforscher Paracelsus ging von einer derart formenden Kraft aus. Er sprach von einem geistigen Leib, den er auch „Archaeus" nannte. Dieser ist die formbildende Instanz unseres Organismus. Er definierte dies als geistiges Prinzip, als ordnende und schöpferische Intelligenz.

Wir begegnen diesem Prinzip zum Beispiel schon dann, wenn wir sprichwörtlich in den Gesichtern von Menschen lesen können. Unsere Gedanken formen unser Gesicht und unseren Körper. Die Informationen der tief in uns liegenden Bewusstseinschichten wirken formend auf unseren Körperbau und dessen Funktion ein. Auf diese Weise werden wir über die Eigenresonanz zu immer festeren Gebilden unserer Selbst.

Wir werden immer spezieller, werden immer mehr wir selbst. Je spezieller unser Bewusstsein, desto spezieller unsere körperlichen Ausbildungen und Formen, aber auch unsere Krankheiten, die alle eine Ausformung fort von der Urbalance darstellen. Wir leben und spiegeln unser Schicksal, unser Schicksal spiegelt sich in unserem Gesicht wider. „Das Leben hat in seinem Gesicht unterschrieben", meint, dass sich Geschehnisse in Falten oder dem Augenausdruck ablesen lassen. Das Gesicht legt Zeugnis von Ereignissen und Gedanken.

Auch hier treten uns Gedankenenergien formbildend gegenüber. Wir entdecken bei diesen kleinen Beispielen ein weiteres Mal, wie sich

Energie im Laufe der Zeit in Form niederschlägt. Natürlich im Laufe des Lebens – und immer in eine Richtung. Von der Gegenwart in die Zukunft hinein. Eine Umkehr dieses Zeitpfeils scheint natürlich unmöglich und ist sehr schwer vorstellbar.

Wenn dem doch so wäre, dann wäre es nur ein kleiner Katzensprung zwischen der menschlichen Form heute und der vor Millionen von Jahren zuvor. Eine Nähe in Körperbau und Aussehen besteht zum Beispiel zum Neandertaler. Es wäre dann nur eine Frage von Gedanken oder anders ausgedrückt von Energien, vielleicht Strömen, und wir würden diese andere alte Urform annehmen.

Ist dies wirklich so abwegig? Dann schildern wir hier doch einmal eine Experimentserie, die bereits in den 1980ern durchgeführt und schlagartig eingestellt wurde. Bis heute wurden diese Versuche offiziell nicht weiter geführt. Meist beginnt es ja nicht mit Menschen, sondern mit Ratten oder Pflanzen.

Stellen wir uns vor, man könnte heute in Labors Farnarten aus der Zeit der Dinosaurier wachsen lassen oder ausgestorbene Fischarten nachzüchten. Das klingt doch sehr nach „Jurrassic Park“, dem amerikanischen Spielfilm, wo Saurier-DNS aus Bernstein isoliert und die Tiere später genetisch nachgezüchtet wurden.
Aber hier geht es nicht um Bernstein. Es geht um eine andere wissenschaftliche Sensation. Diese stellt die bis heute geltende wissenschaftliche Lehrmeinung auf den Kopf.
Es geht um ausgestorbene Tier und Pflanzenarten, die wieder ins Leben zurück geholt wurden. Aber nicht einmal dies ist die eigentliche Sensation. Die Sensation ist, *wie* es geschah.

Schon seit dem Ende der 1980er Jahre hat der Schweizer Pharmakonzern Ciba Geigy in Basel eine Reihe von Versuchen mit Farnarten, Maiskörnern, Mikroorganismen und Fischeiern durchgeführt. Diese Versuchsobjekte wurden in gläserne Laborschalen gelegt, eingeschlossen und dann für einige Tage zwischen Kondensatorplatten gestellt. Die beiden Platten standen nicht in Verbindung, wodurch ein statisches Spannungsfeld entstand. Es floss also kein Strom.
Die Sporen eines gemeinen Wurmfarns, eine in mitteleuropäischen Wäldern sehr häufig vorkommende Pflanze, wurden auf diese Weise einem starken elektrostatischen Feld ausgesetzt. Im Ergebnis entstand eine Farnpflanze mit Blättern, wie man sie von versteinerten Abbildern einer 300 Millionen Jahre alten Farnpflanze kennt.
Hochkultivierter Hybridmais – also Mais, dessen Samen der Bauer jedes Jahr neu kaufen muss – wurde ebenfalls in Petrischalen diesem Versuch

unterzogen. Er wurde mit Kunsterde und Wasser Gleichspannungen zwischen eins und mehreren zehntausend Volt angelegt. Diese Bestrahlung dauerte drei Tage an, danach wuchsen die Pflanzen unter normalen Bedingungen weiter. Heraus kam ein Mais, der sich offensichtlich an seine frühere Beschaffenheit erinnerte. Er hatte ein stärkeres Kolbenwachstum, war resistenter gegen Schädlinge und giftfrei. Zitat aus der Report Sendung: „Der Mais *erinnert* sich offensichtlich daran, wie er früher einmal beschaffen war."

Die spektakulärsten Versuche gelangen jedoch mit gewöhnlichen und überall käuflichen Regenbogenforellen.
Den Weibchen wurden Fischeier entnommen. Anschließend wurden die Eier künstlich befruchtet und danach vier Wochen lang einem elektrostatischen Feld ausgesetzt.
In Solothurn in der Schweiz wurden dann schließlich die Fische großgezogen. Einmal die behandelten Eier, deren Versuchsanordnung wie beim Mais verlief, in einem Kontrollbecken unbehandelte Eier.
Die Versuchsforellen waren im Durchschnitt ein Drittel größer und fleischiger, sie hatten mehr Farbe und Kontrast, sowie viel stärker ausgeprägte Zähne. Die Schlupfrate soll um 100-300 Prozent stärker verlaufen sein. So heißt es zumindest in der Patentschrift.
Die Fischuntersuchungsstelle der Eidgenossenschaft in Bern nannte diese Tiere eine Urform der Forelle. Diese sei vor 150 Jahren praktisch ausgestorben.
Diese Tiere waren weitaus genügsamer. Bei gleicher Ernährung legen sie rascher an Gewicht zu. Wer aber Medikamente für Fische verkaufen und entwickeln möchte, hat hiervon keinen Gewinn.
Ergebnisse, die Kaufmännern Angst machen müssen. Die Forschungen sägten am Ast des eigenen Unternehmens.
Urformen von Getreide und Fisch mit hohem Ertrag und starker Vermehrungsrate, sowie großem Frucht – und Kolbenstand. Keine Chance auf jährlichen Verkauf neuer Saatwaren. Und das ganz ohne Dünge- und Pflanzenschutzmittel, Insektenvernichtungsmittel und Pestizide, die sich alle gut verkaufen lassen.

Daraufhin wurden die Versuche abrupt eingestellt. Auf das Verfahren wurde ein Patent angemeldet. Im Geschäftsbericht des Unternehmens steht, dass das unternehmerische Handeln der Firma auf langfristige Existenzsicherung hin ausgerichtet ist. Die Versuche seien eingestellt worden, da sie nicht mit den Schwerpunktthemen der Firma übereinstimmen.
So weit die Berichte, deren Quellen im Anhang des Buches abgedruckt sind.

Wäre es - nebenbei erwähnt - vor dem geschilderten Hintergrund nicht äußerst nachprüfenswert, ob Hochspannungsfelder, denen wir Menschen tagtäglich ausgesetzt sind, auch unsere Erbinformationen verändern? Ich halte dies aufgrund der geschilderten Versuche für außerordentlich wahrscheinlich und nachdenkens- wie prüfenswert.

Was ist nun von den vorgestellten Versuchen zu halten?

In Tagen, wo wir jede Woche von irgendeinem „Gen-Wunder" erfahren, mögen derlei sensationelle Berichte beinahe untergehen. Beinahe jede Woche wird irgendein Gen isoliert, das für dies und jenes zuständig sein soll. Wir sind bereits darauf eingegangen, es geht im Grunde immer um die Information auf dem Gen, nicht um den Träger.

So könnte man beinahe auch versucht sein, gedanklich über diese Versuche zu springen. Aber wie ich eingangs schon schrieb, liegt die Sensation dieser Versuche nicht einmal unbedingt darin, dass über die Bestrahlung mit elektromagnetischen Feldern ehemals ausgestorbene Urformen von Regenbogenforellen wieder im Becken herumschwimmen (obwohl das natürlich ein Hammer ist!). Man könnte meinen, die Bedeutung der Forschungsergebnisse liege vor allem darin, dass man Erbmerkmale die durch Zucht oder Degeneration verloren gegangen sind, wieder hervorholen und aktivieren kann.

Nein, die Sensation verbirgt sich sozusagen eine Schicht tiefer.
Denn die Hauptfrage ist, was da im statischen Elektrofeld geschehen ist. Da kein Strom geflossen ist, ist eine chemische Veränderung der Gene durch Mutation auszuschließen. Wenn aber Gene nicht verändert werden, können sie nicht für die veränderten Lebensformen verantwortlich sein. Was kann dann die Ursache dafür sein, dass ausgestorbene Forellen umher schwimmen und 300 Millionen Jahre alte Farne aufblühen?
Es sind *Informationen*, die verändert werden. Daten. Quellcodes. Programmzeilen.
Es ist genau jener Umstand, der in der Moderne seit hundert Jahren bekannt ist, von verschiedenen Forschern untersucht wurde und trotzdem beharrlich verneint wird.

Die Theorie von formbildenden Feldern.

Ein elektromagnetisches Spannungsfeld ist Energie.

Ein Erinnerungsfeld an Wachstumsprozesse ist pure Energie. Energie kann Energie verändern.

Das ist es, was geschah, vereinfacht umschrieben.

Die Versuche und deren Ergebnisse legen eines sehr deutlich nahe.
Das morphogenetische Feld der Pflanzen und Tiere wurde über elektrostatische Felder verändert und hat die Wachstumsprozesse umdefiniert.

## Erschaffen wie von Geisterhand

„Wir sehen die Dinge nicht wie sie sind, sondern wie wir sind."
H.M. Tomlinson

Der deutsche Embryologe Hans Driesch war es, der für das Wachstum und die Form von Pflanzen und Tieren weder ein chemisches noch physikalisches Prinzip zu Grunde legte, sondern postulierte, verantwortlich für das Wachstum sei die Information.

Schon der 1892 in Russland geborene Biologe Alexander Gurwitsch führte den Begriff des morphogenetischen Feldes ein. Er bezeichnete diese Felder zunächst als *Geschehnisfelder*, *Kraftfelder*, *embryonale Felder oder vektorielles biologisches Feld*. Er wollte damit eine Architekteninstanz für das biologisch Vorhandene beschreiben.

Rupert Sheldrake entwarf schließlich seine Hypothese der Formbildungsursachen. Im Weiteren möchte ich nur noch skizzierend auf diesen Gedanken eingehen. Sie sind aber für die Darstellungen hier unentbehrlich. Kurz gesagt, hat er die antike Vorstellung einer Welt der Ideen hinter dem Vorhang unserer wahrnehmbaren Welt konkretisiert und geordnet, sowie anhand von vielen Fallbeispielen erfahrbar und nachvollziehbar gemacht. Nach seinen Überlegungen ist die Welt mit all ihren Erscheinungsformen ein Entwurf von Muster bildenden Gewohnheiten. Diese Muster schlagen sich schließlich in der Erscheinungsform von Gegenständlichem nieder. Sie wirken formbildend, bestehen als organisierende Kraftfelder und werden morphische Felder genannt. Dabei geht es um greifbare Dinge wie Häuser, Bäume, Kristalle, Schneeflocken, Ameisenbauten – schlicht alles Greifbare, wonach zunächst nur natürliche Gegenstände oder Lebewesen gemeint sind.

Andererseits aber geht es auch um den geistigen Bereich. Auch Gesellschaften, Gruppen, Konventionen, Religionen, Zeitgeist oder andere mentale Phänomene werden durch diese morphischen Felder organisiert.

Es geht um energetische Gebilde jenseits der messbaren Materie. Sie steuern die Bildung unserer Formen. Eine Art Ideenebene jenseits dieser Dimension. Dieser Vorgang wirkt durch Gewöhnung immer weiter stabilisierend. Ein Ereignis, einmal geschehen, macht gleiche Ereignisse in der Zukunft wahrscheinlicher. Spätere Ereignisse richten sich ähnlich zur Vergangenheit aus. Es ist somit wahrscheinlicher, dass etwas Gewohntes geschieht, als das etwas vollkommen Neues in Erscheinung tritt. Jedoch kommt es durch die zeitweilige Dominanz kreativer Prozesse in der Natur auch immer wieder zu Neuerungen. Für gewöhnlich werden Abläufe und Erscheinungsweisen in der Natur immer zwingender, bis sie schließlich beinahe unumgänglich geworden sind. Sheldrake spricht hierbei von morphischer Resonanz. Morphische Resonanz ist damit verantwortlich für das Erscheinungsbild der Formen. Morphische Resonanz führt demnach dazu, einen Eichensamen zu informieren, bis er ins Detail informiert zu einer Eiche heran wachsen kann. Und doch bleibt die Evolution unserer Welt nicht auf die vorhandenen Entwicklungslinien festgefahren. Vielmehr bilden sich immer wieder neue Linien mit dem Bestreben nach weiterer Stabilisierung.

Aber nicht nur in der Materie findet diese statt, sondern auch bei Lern – und anderen Bewusstseinsprozessen. Im Besonderen sind hierbei das Gruppenbewusstsein und dessen Steuerungsmechanismen zu nennen.

Dies führt zu den Kernaussagen seiner Theorie, wonach jedes Ereignis im Universum eine nachvollziehbare Spur hinterlässt. Nichts geht verloren. Alles bleibt gespeichert und ist für andere Lebewesen abrufbar.

Remote Viewer nennen die Summe dieser Informationen die „Matrix“. Für gewöhnlich wird dieses als kollektives Gedächtnis beschrieben. Diese Ereignisfelder sind für gewöhnlich mächtiger als das Einzelfeld. Wenn sich Individuen zu einer Masse zusammenschließen, dominiert das Gruppenbewusstsein zu Lasten des Einzelbewusstseins. Man wird Teil der Menge. „Das Ganze ist mehr als die Summe seiner Teile“, heißt es sprichwörtlich, womit dieser Prozess beschrieben wird. Das heißt, wir werden von größeren Energien bemächtigt oder durchdrungen, sobald wir Teil einer Menge sind. Es ist klar, dass diese Gruppen nicht nur ähnliche Gedanken und Meinungen haben, sondern auch ähnelnde Schicksale.

Alles beeinflusst sich gegenseitig. Und zwar nicht, wie das berühmte Beispiel vom Flügelschlag des Schmetterlings, sondern über eine Weltseele, über kommunizierende lebendige Gedächtnisfelder. Unsere gesamte Welt - unser Alltag - sind Ausdruck geistiger Felder. Sie bestimmen die Geschicke und werden von uns allen gespeist. Dort draußen manifestiert sich, was wir denken. Vor unser aller Augen. Es scheint spontan einzutreten, zufällig oder willkürlich. Es ist in Wahrheit aber der Vollzug, die Konsequenz unserer Gedanken. Wir leben in einem geistigen Netz von Seelenenergien. Diese beeinflussen sich ständig gegenseitig. Dabei gibt es Gruppen, die einander näher liegen und sich mehr beeinflussen und entferntere Bereiche, die wenige

Kongruenzen ausbilden und demnach auch wenige Informationen austauschen.

Man könnte sich die Teilbereiche vielleicht – dem Hawkingschen Bläschenuniversum entsprechend – ebenfalls als in sich abgeschlossene Bläschenbereiche vorstellen. Diese vergehen und erneuern sich ständig. Ein höchst lebendiges und fragiles Gebilde also.

Natürlich legen derlei Gedanken nahe, dass unsere Gedanken und unsere Erinnerung nicht zwingend in unserem Gehirn einprogrammiert sein müssen. Es kann ebenso gut sein, dass diese als Datensammlung außerhalb von uns existieren und in ständiger Verbindung mit uns stehen, während unser Gehirn nur ein Empfangsorgan ist.
Sobald wir „umdenken", geraten wir in Resonanz zu neuen externen Informationsfeldern und Mustern – neue Ideen durchströmen uns.
Wir denken inhaltlich, weil wir in Resonanz zu außerhalb von uns liegenden Informationsfeldern liegen und eine Verbindung mit Informationen stattfindet.

Haben zwei Wissenschaftler zur gleichen Zeit an entfernten Orten ein und denselben Einfall, obwohl sie nicht miteinander kommunizieren, so greifen sie auf ein und das selbe morphische Feld zu. Man könnte auch sagen, die Blitzidee, der Kuss der Muse, der Einfall stammt aus dem resonanten Vorgang, stammt aus der Verbindung zu einem energetischen Feld außerhalb unserer Welt und Wirklichkeit. Der Wissenschaftler bearbeitet einen Bereich gedanklich so lange, bis er das Ergebnis als Ausdruck eines harmonisierenden Prozesses als Einfall erhält. Er entwickelt also nicht selbst einen Gedanken, sondern die Gedanken kommen aus der Matrix in sein Gehirn als Empfangsorgan. Dies mag sich suspekt anhören, da wir natürlich davon ausgehen, unsere Gedanken entständen in unserem Kopf. Dabei ist dies wissenschaftlich bis heute nicht geklärt. Im Gegenteil, das schöne deutsche Wort „Einfall" zeigt den Vorgang, wie denn nun genau eine Idee in unseren Kopf gelangt, eigentlich schon sehr bildlich auf: Die Idee fällt (als Energiestrom) in unser Hirn – sie fällt hinein. Von Außen hinein.

Ein Wissenschaftler also trainiert und richtet sein Gehirn bei seinen Forschungen damit so lange auf ein Thema aus, bis er die Lösung als Einfall aus dem großen morphischen Gesamtfeld erhält. Er gerät in Resonanz mit den dort gespeicherten Inhalten. Und Resonanz ist in der Natur nichts anderes als Harmonie oder ein Ausdruck von Gleichklang, ja Liebe. Und was weiß der Volksmund über diese Vorgänge zu berichten?
Richtig: Gleich und Gleich gesellt sich gern.

Da genau sind wir wieder einmal bei den Selbstähnlichkeiten.

Wo sollen aber nun diese Bewusstseins – und Gedächtnisfelder sein? Sind diese lokalisierbar?

Sie sind vom Prinzip her zeitlos und einerseits auch nicht lokal zu orten. Steht aber zum Beispiel ein Mensch durch sein Vorhandensein in enger Resonanz mit dem Bau-Prinzip Mensch, kann man durchaus sagen, das morphische Feld Mensch ist in diesem Augenblick lokal vorhanden. Mit anderen Worten verkörpert der Mensch das Prinzip und lokalisiert es jetzt, obwohl es selbst nicht lokal ist.

Unsere persönlichen Eigenschaften sind demnach Ausfluss unseres kumulierten Verhaltens in der Vergangenheit. Unser Denken, unser Bewusstsein, unser Selbst wären uns aufgrund einer resonanten Beziehung zu eigen. Wir ständen demnach in Eigenresonanz zu unserer eigenen Historie. Wir sind, wer wir sind, weil wir unsere Vergangenheit angenommen haben. Ein sich selbst bestärkender, stabilisierender, zuspitzender Prozess.

Im Laufe unseres Lebens „spitzen wir uns gewöhnlich auf uns selbst zu". Wir als Individuen werden immer spezieller. Unsere Eigenschaften treten immer offener zu Tage. Kleine Kinder sind sich in vielen Dingen noch weitgehend gleich (obwohl schon verschieden). Je älter sie werden, umso mehr individuelle Eigenschaften werden entfaltet. Man entwickelt seine Persönlichkeit, heißt es treffend im deutschen Sprachgebrauch. Wir gehen den Weg vom Allgemeinen ins Spezielle. Bis über die Mitte des Lebens wird dieser Prozess immer drängender und verstärkt weiter. Auf dem Höhepunkt unserer Persönlichkeitsentfaltung, mitten im höchsten Sonnenstand des Lebens, kehrt sich dieser Prozess nun ins Gegenteil und wir beginnen den Weg zurück zu gehen, wie sich die Sonne am Firmament wieder dem Horizont zuneigt. Dies erklärt auch, weshalb alte Leute wieder mehrfach homogene Ansichten haben. Das Leben hat sie abgeschliffen. Sie sind auf dem Weg zurück ins All - Eine. Der Tag neigt sich dem Ende und beleuchtet die Geschehnisse wieder wie früher aus vergleichbar spitzem Blickwinkel – aber vielleicht um viele Erfahrungen reicher und spezieller.

Nun haben wir eine Menge über diese Felder erfahren. Lokal waren sie nicht zu orten. Wenn sie wirken, müssten sie dann nicht zumindest messbar sein?

Wenn überall in unserem Umfeld formbildende Energien tätig sind, sollte es doch möglich sein, diese mit hochsensiblen Geräten auch durchmessen zu können.

Sind also die angesprochenen wirklichkeitsbildenden Felder mit unseren Mitteln messbar?

Als Vorschlag für eine Antwort auf diese Frage möchte ich ein Gedankenexperiment vorschlagen.

Stellen wir uns ein Flugzeug vor. Dieses beobachten wir und erkennen, wie es am Himmel unvermittelt eine bemerkenswerte Kursänderung vollzieht. Von einer Sekunde auf die andere beschreibt es eine plötzliche Linkskurve.

Als Beobachter der materiellen Welt ist uns bewusst, wie viel Energie in Form von verbranntem Kerosin hierzu nötig ist. Sagen wir – um eine Zahl zu nennen – der (Mehr-)Brennwert von 500 Litern Kerosin. Diese Masse entspricht also dem energetischen Wert, den wir für eine Veränderung der Flugbahn benötigen.
Wenn wir nun quasi ein „Mehr an Information" haben, sozusagen allwissend sind, dann können wir sogar hinter diese direkt seh- und berechenbare Ebene blicken. Das tun wir jetzt.

Wissen Sie, *warum* das Flugzeug seinen Kurs geändert hat? Verantwortlich dafür war ein Unwetter, das umflogen werden musste. Das Flugzeug musste die Gewitterfront großräumig umfliegen. Und diese *Information* erreichte unser Flugzeug mittels Funkspruch.
Wir können also ebenfalls direkt schlussfolgern: Die Menge Energie, die nötig war, um unser tonnenschweres Flugzeug auf eine andere Flugbahn zu bringen, war winzig klein und entsprach einem einzigen kurzen Funkspruch. Nur die kleine Energie eines Funkspruches ist nötig für die Codierung, das Flugzeug auf eine andere Bahn zu lenken.
Diese Energie mag winzig sein, aber sie bleibt messbar, auch wenn wir dafür hochsensible Geräte benötigen.
Der Funkspruch wies unser Flugzeug an, auf „210 Grad" abzudrehen und in eine bestimmte Richtung zu fliegen. Wir müssen den Inhalt von der Trägerwelle des Funkspruchs trennen.
Dieser Inhalt, die *Information* des Funkspruchs, ist nicht messbar. Sie trägt den energetischen Gehalt „0". Sie ist in einer anderen Ebene beheimatet. Als Trägerfrequenz benutzt sie eine bestimmte Welle mit bestimmtem Gehalt, aber die *eigentliche Anweisung für die Änderung der Flugbahn unseres Flugzeuges ist nicht messbar.*

Anders gesagt: Durch einen nicht messbaren Wert (die Information und Anweisung auf einen anderen Kurs abzudrehen) hat sich *tonnenschwere Materie neu ausgerichtet.*

Ende unseres kleinen Gedankenexperimentes.

Demnach müssen formbildende Energien eben nicht messbar sein. Es sind Informationen – sie sind andersdimensional. Sie sind codiert und benötigen ein Gerät, das dekodiert.

Mit anderen Worten: Wir brauchen ein Funkgerät. So lange wir keines haben, herrscht Stille und nichts ist messbar.

Wir können die Zellstrahlung in Körpern messen oder die Radioaktivität von Steinen, wir gelangen jedoch nicht an die Information darinnen.

Diese entzieht sich unserem Raum-Zeit-Gefüge. Wir bleiben sozusagen der Beobachter des Flugzeugs am Boden. Ohne tiefere Einsicht in interne Vorgänge.

Ein weiteres Fazit liegt in diesem Vergleich verborgen.

Die Flugbahn unseres Flugzeuges könnte stellvertretend auch für die elektrische Energie stehen, aus der unsere Materie geformt ist. Vielleicht symbolisiert unser Flugzeug eines der vielen Elektronen oder anderen Teilchen, die zum Beispiel ein Stück Fels formen. Der Funkspruch ist dann die Anweisung an das Elektron, eine neue Bahn zu beschreiben. Ergehen Millionen Funksprüche an Millionen Flugzeuge (Elektronen) mit der Anweisung eine neue Flugbahn einzunehmen, wird eine Änderung der *Form, der Materie* eintreten. Bei diesen Prozessen können wir Verwandtschaften zu David Bohms stehenden Wellen erkennen. Materie nimmt bekannte und abbildende Formen an.

Ändern sich die Flugbahnen der Teilchen, verändert sich die Form. Information führt zur Transformation. Information transformiert Materie.

Es ist also nahe liegend – und auch die moderne Physik kommt zu derartigen Schlüssen - dass unsere gesamte Materie auf dieser Welt durch Informationen zu Mustern geformt wird. Sie ist sozusagen ein Schattenwurf einer anderen Dimension.

Jetzt sind Abbildungen in Formen etwas vergleichbar Seltenes und Kurioses.

Vielleicht in etwa so selten, wie Flugzeuge Unwetter umfliegen müssen.

Und doch haben wir auch dafür erste kuriose Abbildungen, wie wir gleich sehen werden.

## Echos aus anderen Welten - Steinerne Apfelmännchen

„Das I-Ging ist der archimedische Punkt aus dem sich das 4-dimensionale Raum-Zeit-Kontinuum aus den Angeln hebt."
Jean Gebser (1905–1973) Ursprung und Gegenwart

Natürlich können unter hundert oder tausend umgeworfenen Baumwurzeln zwangsläufig einige dabei sein, die im fantasievollen Auge des Betrachters einen Sinn stiften.
Millionen Holzstücke im Wald werden sich irgendwann so formen, dass einige Menschen darinnen Fantasiegestalten zu erkennen glauben.
Das gleiche gilt für (Rauch)Wolken, Dämpfe, Erdverwerfungen und so weiter. Über die große Zahl ihres Vorkommens steigt die Wahrscheinlichkeit, auch einige interessante Formen auszubilden. Soweit jedenfalls – denn Rauch wird zum Beispiel nie die Form von Eiswürfeln annehmen. Dies wäre die naturwissenschaftlich anerkannte Interpretation der Vorgänge.

Wenn Sie mit dieser Deutung zufrieden sind, dann ist das vollkommen in Ordnung.
Vielleicht können sie die nachfolgenden Seiten dann in einer Art der toleranten Erheiterung betrachten. Faszinierend ist es allemal, woran wir in Wald und Flur fast täglich vorbei gehen. Aber manchmal halten wir auch einmal inne und betrachten erstaunt ein Blatt oder andere Formen.

Wer hat noch keine Muschel in der Hand gehalten und die filigrane Schönheit der Strukturen bewundert. Viele Gehäuse, wie die von Schnecken oder Schildkröten offenbaren bei genauer Betrachtung eine erstaunliche und auffallend exakte Ästhetik.
In China entstand vor Jahrtausenden eine riesige Orakelkultur, die die Zukunft aus den Mustern von Schildkrötenpanzern las. Die Geheimnisse der Welt und alles Geschehen lägen in den Formen und Strukturen der Platten verborgen und kundige Schamanen konnten diese auslesen und richtig deuten.
Ist dies alles nur Aberglaube oder steckt dahinter doch mehr? Mehr an verblüffend tiefem und praktisch angewandtem Wissen?
Zwei deutsche Naturwissenschaftler überraschen nun mit der wissenschaftlichen Antwort auf diese Fragen. Und wieder einmal erreicht unsere moderne Wissenschaft das Wissen, das unsere Altvorderen bereits besaßen und anwandten.

Die Forscher haben die Gehäuse von Meeresschnecken untersucht und dahinter komplexe mathematische Modelle entdeckt. Ihr Zweck ist allerdings rätselhaft. Aus den Mustern von Muschelgehäusen lassen sich übergreifend anwendbare mathematische Formeln ableiten. Die Forscher erklären nach Untersuchung der Strukturen: "Bei den Mustern auf den Gehäusen handelt es sich um eine Art Raum-Zeit-Diagramm". Erstaunlich viele gesellschaftliche Phänomene können durch diese Muster beschrieben werden. So liegt hinter dem Muster auf einer Muschel, der Differenzierung eines Embryos und dem Aufstieg einer Führungspersönlichkeit das gleiche simple mathematische Modell. Dies bedeutet im Kern nichts anderes als das, was die Chinesen vor Jahrtausenden bereits wussten: in Mustern von Objekten ist das Geschehen der Welt einkodiert.

Die Muster hätten eine überwältigende Vielfalt, führen die Forscher an. So sei es auch nicht verwunderlich, dass hinter den teilweise sehr abstrakten Formen oft auch eine ganze Menge an Mathematik verborgen läge. Die einfachste Art der Formentstehung seien parallele Linien zur Wachstumsrichtung. Hier sei ein Pigment verantwortlich welches in regelmäßigen Abständen Maxima ausbilde. Aber auch quer verlaufende Muster zur Wachstumsausrichtung seien sehr leicht zu simulieren. Hierfür ist die regelmäßige zeitliche Einlagerung von Pigmenten entlang der gesamten Wachstumslinie entscheidend. Hinter diesem Muster liegt ein versteckter Zyklus. Solche Oszillationen treten auf, wenn die gegenläufige Reaktion zu langsam erfolgt. Nach einer Zeit der fast ungebremsten Aktivierung ist so viel Inhibitor (Hemmstoff) produziert, dass die Aktivierung zusammenbricht. Dann wird kein Pigment mehr eingelagert, bis der Inhibitor wieder verschwunden ist und der Zyklus von neuem beginnt.

"Das Auf und Ab in Wirtschaftssystemen hat einen ähnlichen Grund", erklärt Meinhardt. "Ein Wirtschaftsaufschwung ist ein selbstverstärkender Prozess." Wenn aber dann mit einiger zeitlicher Verzögerung die Lager gefüllt seien, jeder ein neues Auto habe und so weiter, komme es zwangsläufig zu einer Gegenreaktion. "Der Aufschwung bricht zusammen, bis die Lager wieder leer sind und damit wieder die Bedingung für einen neuen Aufschwung erfüllt ist."
Komplizierter seien Strukuren mit mehreren Inhibitoren. Hier entstünden komplexere Muster mit einem ähnlich komplexen mathematischen Hintergrund. Hier sei es nicht mehr einfach, das dahinter versteckte mathematische Modell abzuleiten.

"Unsere Intuition ist nicht dafür geeignet", meint Meinhardt. Die Simulation zeige oft die eigenen Denkfehler.

Vielleicht muss man Schamane sein, um die Muster richtig deuten zu können.

Widmen wir uns im folgenden Mustern und Formen in der so genannten unbelebten Materie.

Den Gegenpol zum Lebendigen symbolisiert der Stein. Unsere Sprichwörter drücken dies aus, wenn sie sagen, etwas sei „tot wie Stein" oder etwas ist „totes Gestein". Steine sind für uns wissenschaftlich geprägte Menschen das Urbild des Leblosen, wie wir es in der Natur bei keinem anderen Objekt finden.
Natürlich sind auch Steine und Felsen vom Atem des Lebendigen durchdrungen und haben ihre ureigenen Daseinszyklen. Aufgrund der doch erheblichen Zeitspannen von manchmal Millionen Jahren, in dem ein Stein aus dem Schoß der Erde geboren wird, bis über seine Verwitterung, entziehen sich diese Veränderungen dem kurzweiligen menschlichen Geist.
Die Natur selbst, spielt in den Muscheln, Schneckenhäusern und Steinen, sie schafft Felsengesichter und formt Kobolde, ja, sie vermag es sogar, in einem spiegelbildlichen Prozess steinerne Abbilder von einst lebendigen Geschöpfen zu erschaffen und damit über Jahrzehntausende zu konservieren. Wenn wir Menschen und Tiere als in Form gebrachte, geistige Lebensenergie betrachten, wirkt dieser Vorgang umso wundersamer.

Der Versteinerungsprozess bewirkt, dass einst Lebendiges, also subtile Lebensenergie, die sich zum Beispiel in einer Tierform verkörperte, für lange Zeit gespeichert erhalten bleibt. Das einst lebendige Antlitz wird in Stein gespeichert. So erhält die Natur selbst die Erinnerung von Lebendigem wach, indem kleinere Pflanzen bis hin zu ganzen Bäumen in Steinschichten gefunden wurden. Von der Stechmücke über die Libelle und verschiedene Vögel, bis zum Abbild eines Flugsauriers wird unter gegebenen Bedingungen alles in Stein erstarrt, was einst lebend umherstreifte. Und weiter sind da auch noch Fische, Tiger, Kälber, Elefanten – alles scheint versteinert.
Wir können abstrakt auch den prinzipiellen Prozess dahinter formulieren.

Zuerst wirkt schöpferische Energie, um sich daraufhin in verschiedenen Formen zu manifestieren. Dann fliegt zum Beispiel eine Libelle durch die Luft. Diese stirbt irgendwann und wird durch verschiedene Verwesungs- und spezielle Entgasungsprozesse zum Fossil. Die Lebensenergie hat

sich aus der Form gelöst, hat sich wieder „ent-materialisiert“. Was „verstofflicht“ war, sich „ver-körpert“ hatte, das Bewusstsein nämlich, ist nun wieder entstofflicht und lässt sein Erdenkleid, seine alte Form, leblos zurück.
Diese Materie transformiert sich in weitere Materie: aus Fleisch, Blut, Knochen und Fell - wird Stein. Die Natur selbst behält das Andenken an einst Lebendiges in neuer Form. Wo Menschen Denkmäler errichten, erschafft die Natur diese selbst. Die Erinnerung wird wach gehalten.
Ehemalige Lebensenergie, ganze Ereignisse bleiben am Ort des Geschehens sichtbar.

*Der Stein wird zum Spiegelbild von einst Geschehenem und ist damit „Aus-druck“, Ausprägung, Umkehr seiner Selbst und Teil synchronen Geschehens.*

Wirken denn nur Fossilisationsprozesse dermaßen selbstabbildend?

Was ist denn mit allen anderen Kreisläufen in der Natur, die täglich ein Antlitz erschaffen, verändern und vergehen lassen?
Im Grunde wirken doch *alle* Umgebungsbedingungen ständig aufeinander ein. Wenn wir diesem Gedanken folgen, dann ist die Natur ständig ein selbstähnliches Abbild seiner selbst. Dann wirken *alle* natürlichen Bedingungen *immer* abbildend auf *alle* Objekte. Dies können Verwitterungen, Vereisungen, Temperaturschwankungen, Gasbildungen, Rauchwolken, Aushöhlungen von fließendem Wasser oder mechanische Einflüsse durch Herabfallen oder Druck sein – kurz jedwedes Geschehen auf Basis natürlicher Prozesse.

Auch die Naturgesetze von Gravitation, Magnetismus und Lichtfall wirken formbildend. Die abbildende Funktion der Natur soll hier also nicht auf die Fossilisation beschränkt betrachtet werden, wie dies naturwissenschaftlich und im engeren Sinne betrachtet sicher richtig wäre, sondern vielmehr offenen Geistes auf alle natürlichen Bedingungen hin ausgedehnt werden. Weiterhin soll diesen Prozessen wieder ihr Symbolismus zurück gegeben werden und deren Ansehen nicht als bloße Zufälligkeit oder Einbildung reduziert werden.

Unsere Gedanken haben materielle Entfaltungskraft – wir besprechen dies ausführlich in einem der nächsten Kapitel. Das heißt, Gedanken streben danach, das zu werden, was wir landläufig „Wirklichkeit“ nennen. Nämlich sich zu materialisieren. Objektischer Bestandteil unserer Umwelt zu werden. Es ist, was alte magische Meister um die Macht des Menschen seit Jahrtausenden wussten und wissen. Dass unsere Gedanken die Welt formen. Dass eintritt, was wir denken. Dass sich im

Außen abbildet, was wir im Inneren an Vorstellungen und Wünschen produzieren. Die alten Geheimschulen haben Jahrtausende in unterschiedlichster Form immer wieder betont, dass die oft sehr niedrigen Gedankenschöpfungen von uns Menschen auf unsere Dimension zurückgeworfen werden. Die Rede ist hier von der so genannten vierten Dimension oder dem Astralreich. In diesem um die Erde liegenden Gürtel fangen sich die gesammelten Bewusstseinsenergien von uns Menschen in Bewusstseinsfeldern. Einzelheiten zu diesem schöpferischen Prozess sind im letzten Buch „Der verborgene Plan" dargelegt. Im Astralreich finden wir alle nur möglichen Fantasiegestalten, absonderliche Wesenheiten jeder Form, Feen, Zwerge, Zentauren, Drachen. Alle Formen und Lebewesen, die wir jemals gedacht haben und denken werden.

Normalerweise, so wird überliefert, werden wir Menschen vor den grotesken Schöpfungen verschont und können diese erst – wenn wir uns bewusst dafür entscheiden – mit unserem dritten Auge sehen, sobald wir stark und gereift genug sind, diesen gegenüber zu treten. So verbleiben diese Wesen im Astralreich.

Ich möchte hier den Impuls geben, die Möglichkeit in Betracht zu ziehen, dass deren energetisches Echo je nach Intensität und Quantität wieder auf die Erde zurück geworfen wird und sich materialisiert.

Ich spreche dabei von einer Art interdimensionaler Deckungsgleichheit. Ein Schöpfungsprozess, der von der Gedankenenergie zurück in die Materie führt, wie dies laufend und für gewöhnlich geschieht. Unter diesem Eindruck betrachten Sie bitte die auf den folgenden Seiten gesammelten Bilder und entscheiden selbst.

Gehen wir so offenen Auges durch die Natur, erleben wir wieder wahre Wunder. Dann entblößen sich vor unserem Auge Fabelwesen, Zwerge, Ritter, Kobolde – eben alles, was im Wald lebt und lebte. Und zwar ganzheitlich – so, wie wir es vom Remote Viewing gewohnt sind. Das bedeutet, dass es dem Zwerg herzlich egal ist, ob die Menschen meinen, es gäbe ihn in Wirklichkeit nicht, er bildet sich trotzdem ab, weil er als eine Form der Energie in der Natur wirkt. Und der Natur ist ebenfalls egal, ob jemals eines Zwergen Fuß auf der Suche nach Gold über den blättrigen Waldboden gewandelt ist oder nicht, weil der Zwerg als geistiges Prinzip existiert.

Wenn wir festgestellt haben, dass Leben an sich Transformation von geistiger Energie ist – verkörpert oder nicht – wird dieser Umstand relativ unbedeutend. Es gibt ihn, den Zwerg, den Troll, den Wichtel und der Wald erzählt uns davon.

Dieses Wissen um die Existenz und „Aus-Prägung“ von Lebewesen hat sich auch in alten Sagen und Märchen erhalten. Sie berichten uns von Menschen oder Tieren, die plötzlich zu Stein erstarrt sind. Meist ist dabei Zauberei oder ein alter Fluch mit im Spiel.

Der Blick der Medusa ließ zum Beispiel ihre Feinde sofort zu Stein erstarren. In Tolkiens Werken finden wir Trolle, große, plumpe menschenähnliche Geschöpfe, dumm und stark. Diese vertragen kein Sonnenlicht. Sie sind nur nachts aktiv. Gehen sie trotzdem nach draußen, so werden sie vom Sonnenlicht versteinert.

In den Märchen unseres Kulturkreises stoßen wir manchmal auf dauerhaft schlafende Menschen. Dornröschen zum Beispiel schlief jahrelang unerkannt hinter einer Hecke.

Natürlich können wir sagen, dies alles seien nur Geschichten oder Gleichnisse für abstrakte Vorgänge. Im Falle von Dornröschen könnte es schließlich bedeuten, der Schlaf symbolisiert das Warten auf den Richtigen, den Prinzen, der sie dann wach küsst.
Wir können aber auch darüber nachdenken, ob uns in den Mythen und Märchen uraltes Wissen mitgeteilt wird, nämlich, dass Orte manchmal einst Lebendiges auf besondere Art und Weise „einfangen“. Dass Orte fähig sind, Ereignisse, also Energien, die einst dort wirkten, nachträglich zu spiegeln.

Dieses reglose Verharren in einer sozusagen anderen Welt könnte also auch einen Hinweis auf eine Form der Versteinerung geben.

Dieser Vorgang mag sich vielleicht etwas absonderlich anhören. Aber bei trivialen und alltäglichen Verrichtungen begegnen wir genau diesem Prinzip.

Die folgenden Bilder zeigen bizarre Steinformationen. Hier sind gleich mehrere Formen zu ineinander lagernden Felsgesichtern verbacken worden.

Auch diese Steine erzählen von einem schöpferischen Prinzip, dass sich in der Materie ausdrückt.

Wenn wir heute ein Badezimmer mit Fliesen auskleiden, so wird dieser Vorgang noch Jahrzehnte von unserem handwerklichen Geschick, dem Geschmack, ja sogar Denkfehlern oder besonderen Ideen Zeugnis legen. Das Werk erzählt über das konstruktive Prinzip dahinter; die erschaffende Energie.
Malen sie schließlich einen Zwerg auf die Badezimmerfliese, so ist dieses Geschehen Ausdruck von der Existenz des Zwerges in ihrem Geist. Sicher, dies ist natürlich kein Beweis dafür, dass es den Ritter oder die Gesichter in den Felsen einst als in unserem Sinne existierende verkörperte Wesen gab. Sie geben uns aber einen Hinweis und sind Beweis für eine Form ihrer Existenz. Und schließlich bleibt es möglich.
Und da wir mittlerweile um die synchronen und abbildenden Naturgesetze wissen, ist naheliegend, dass unsere Natur, einer Art Kamera gleich, Geschehnisse auf diesem Erdboden manchmal einfach speichert, aufzeichnet und wiedergibt.

Schon im allerersten Buch erwähnte ich den damals mehr erfühlten Verdacht, Orte würden Bewusstseinsenergien speichern. Gerade unsere eigene Resonanz mit alten Gemäuern war wie eine Eingangstür hinein in diese andere Welt. Dort drüben verschmelzen Objekte, Ereignisse, Menschen zu einer Art erfühlbarem virtuellen Abbild. Für alle Remote Viewer, die das hier lesen – es ist nichts anderes als das so genannte „Target" – die Summe und ureigene Balance des vorhandenen Energieabbildes an einem Ort.
Dies sind natürlich alles höchst spekulative Gedanken, doch wir können uns auf sie einlassen und die Indizien ordnen.

Wir haben schließlich die Idee eines Informationsfeldes, welches sich in Abläufen und Ereignissen offenbart, zunächst an Herrn Kammerers Serienforschung und später an Rupert Sheldrakes formbildenden morphischen Feldern aufgezeigt. Verschiedene alte Philosophen wie Platon waren weiterhin davon überzeugt, dass den materiellen Strukturen in unserer Welt formbildende Strömungen oder Energien („Ideen") zu Grunde liegen, die hoch subtil sind und dem, was wir „Geist" nennen, sehr nahe kommen. Es ist nichts anderes als die „Beseelung" der Welt, die hier in wissenschaftlichen Worten und über Jahrhunderte immer wieder erforscht wurde.

Im geistigen Bereich haben wir durch C.G. Jungs Forschungen zur Synchronizität und die Informationen zum kollektiven Bewusstseinsfeld ebenfalls erkennen können, wie für scheinbar individuelle Gedanken, kollektive Muster zuständig sind. Generelles bringt Spezielles hervor. Unsere Gedanken formen sich also ebenfalls aus Feldern oder Energien, die außerhalb von uns sind und ihre Wurzeln in einer Welt der Ideen haben. Jungs Archetypen und Sheldrakes Gedächtnisfelder sind miteinander verwandt.
Dann sind Geist und Materie nur scheinbar voneinander unabhängige und gegensätzliche Substanzen, sondern im Gegenteil homogener Bestandteil einer größeren Wirklichkeit. Sie falten sich nur – und das sahen wir anhand David Bohms Gedanken zur impliziten und expliziten Ordnung – in unserer Welt polar und dual aus.

Dann hat sich herausgestellt, dass Bewusstsein und Materie aus einer gemeinsamen Ordnung hervorgehen und nur zwei Seiten einer einzigen Realität sind. Nicht nur Synchronizitäten weisen uns dann den Weg auf tiefere Weltschichten, sondern auch Objekte und Ereignisse – wenn wir wieder fähig sind zu sehen.
Orte manifestieren also Geist. Geist drückt sich in Orten und Materie aus. Sollten wir von nun an, nicht besser das, was wir sehen, auch *wörtlich* nehmen. Dies heißt dann zum Beispiel vom Aussehen einer Sache auf die Information rückzuschließen, ohne sich unbedingt daran zu stoßen, es handele sich um Aberglauben oder alte Märchen. Wir können die Dinge plötzlich so nehmen, wie wir sie vorfinden und das hat fundamentale und überwältigende Folgen für unsere Wahrnehmung.
Denn wir heben die Trennung auf.
Wenn ein Stein die Form eines Gesichtes hat, dann trennen wir nicht mehr in „Stein" und „zufällige Witterungseinflüsse", wir negieren nicht mehr das Aussehen oder schreiben es dem „Zufall" zu, sondern sind zum ersten Mal wieder bereit, Dinge so zu nehmen, wie wir sie vorfinden und wie sie schließlich auch sind. Ohne das große Aber des Intellektes und aller erklärenden (und nicht weiterführenden) Rationalität. Wir sind wieder bereit, magisch zu denken. Wir tauchen ein in die tiefen eingefalteten Informationsfelder, beginnen zu lesen und erhalten Informationen, die sonst verschlossen (eingekapselt, eingefaltet) geblieben wären.
Wir tun nichts anderes, als mit unserem Geist in tiefer liegende Informationsschichten dieses Universums einzutauchen.

Jeder Ort beherbergt Energien, jeder Mensch hat seine ureigene Frequenz, Abstrahlung, Aura. Tiere und Pflanzen haben sie. Durch ein Wechselspiel von Mensch, Tier und Ort kommt es zu einem Kreislauf an Energien. Es liegt nahe, sich wegen der übereinander liegenden Jahrhunderte ganze Stapel ineinander verschachtelter Energien von Ereignissen vorzustellen, die sich nun in einer Balance entfalten.
Geschehnisse wirken sich in

ihrer Summe zum Beispiel auf die Objekte am Ort aus. Ein Haus das eine wilde und turbulente Familie beherbergt, wird mit diesen Handlungsfrequenzen förmlich aufgeladen. Die Mauern speichern die Information der dort eingebrachten Energien. Zieht später eine andere Familie dort ein, ist sie diesen nunmehr abstrahlenden Energien ausgesetzt und beginnt langsam und sicher mit dem ureigenen Uminformieren des neuen Familienmittelpunktes. Bis dahin stehen allen Familienmitgliedern turbulente Zeiten ins Haus. Wir nehmen einmal an, die Familie habe kein besonders starkes eigenes Feld, dieses sei eher passiv-aufnehmender Natur, so werden Teile der Energien dieses Ortes auf die Menschen übergehen. Es finden also Wechselwirkungen zwischen Menschen und Orten auf feinenergetischer Ebene statt.

Wenn in einem Wald Kämpfe berittener Einheiten stattgefunden hätten, wäre es denn dann wirklich so verwunderlich, wenn sich Jahrhunderte später die dort entstandenen und vom Ort absorbierten Energien wieder zeigen würden? Ich meine, es ist nahe liegend und auch logisch. In der Spirale des Lebens entstehen ständig Kreisläufe. Ein Kampf wird sich Jahrhunderte später nicht nur von sensiblen Personen erfühlen lassen, als Form der Strahlung oder Energie an diesem Ort. Sind die Energien stark genug, wird noch hunderte Jahre später ein solcher berittener Krieger wieder „auferstehen“ können. Und sei es „nur“ als Baumwurzel, die eine Form ausbildet, weil sie in Resonanz zu den früheren Geschehnissen steht.

Weil sich Gleiches anzieht, weil Form und In-Formation eine Wechselbeziehung eingehen.

Aber natürlich kann es ebenso gut „nur“ ein Ausguss von ortsungebundenen Bewusstseinsfeldern sein, die sich örtlich beliebig manifestieren. Rupert Sheldrakes morphische Felder sind ebenfalls nichtlokal wie lokal. Würden solche Bewusstseinsenergien nicht trotzdem Orte aussuchen, die ihnen entsprechen und gleichen? Ich denke schon. Edelweiß wächst nur in bestimmten Regionen.

Das Foto zur nachstehenden Collage entstand in einem Waldstück, in dem im 1.Weltkrieg gekämpft wurde. Die Figur erinnerte mich sofort an einen Soldaten mit Gasmaske. Der Soldat links im Bild wurde zur Verdeutlichung natürlich nachträglich eingefügt. Die Figur rechts hat meiner Meinung nach sehr starke Ähnlichkeit mit ihm. Nur trägt sie neben der Gasmaske zusätzlich noch ein Gewehr, sowie Sturmgepäck und Rucksack. Ist es denn wirklich so abwegig, den Gedanken in Erwägung zu ziehen, Energien transformieren sich zu Abbildungen von Geschehenem?

Gilbert Keith Chesterton schrieb, man solle mit dem Unvorhergesehenen rechnen. Ich möchte die Bilder mit seinen Worten kommentieren.

"Das Unglaublichste an Wundern ist, dass sie geschehen. Am Himmel fügen sich einige Wolken in die Form eines staunenden menschlichen Auges zusammen. In der Landschaft erhebt sich während einer zweifelhaften Fahrt ein Baum in der genauen, kunstvollen Form eines Fragezeichens. Ich habe beides während der letzten Tage selbst gesehen. Nelson stirbt im Augenblick des Sieges; und ein Mann namens Williams ermordet ziemlich zufällig einen Mann namens Williamson, was wie nach Kindsmord klingt. Kurz: im Leben findet sich ein Element zauberischer Zufälligkeit, welches Menschen, die mit dem Prosaischen rechnen, ständig verpassen. Poe hat das in seinem Paradox hervorragend ausgedrückt: Weisheit sollte mit dem Unvorhergesehenen rechnen."

An Bäumen finden wir Fragezeichen oder Augen, am Himmel tauchen Tiere auf. Die gesamte Umwelt scheint belebt von Ideen. In den Rinden von Bäumen sind immer wieder Augen zu finden. Vielleicht sind Ihnen ja die vielen Augen, gerade an Buchenstämmen, schon einmal aufgefallen. Oft richten Sie ihren Blick auf den Waldweg, so, als wollten sie allen Bewohnern mitteilen, wenn ein Mensch naht. Bäume als Waldwächter geben das Eindringen von Fremden weiter. Bäume sind kommunikative Waldbewohner. Nicht nur, weil sie Warnfunktion haben. Sie recken auch ihre Hälse weit nach oben in die Luft. Sie haben damit nicht nur Ausblick, sondern fangen auch die Kraft des Windes ein und wandeln sie zu einem Murmeln. Bäume sind mitteilsam und verwandeln das Rauschen des Windes in die Geschichten der Gegend.

C.G. Jung sagte einmal über unsere Welt „Der kollektive Traum hat sich manifestiert". Damit drückt er genau dies aus. Aus Bewusstsein und Energie formt sich die Welt zu ihrem Ebenbild. Energie folgt der Aufmerksamkeit und bringt sie in Form. Die Welt entsteht. Mit all ihren Geschichten, Geschehnissen, Mythen und Sagen. Dies ist der Stoff aus dem die spiegelnden Formen werden.

Die Natur ist eine einzige Melodie von synchronen Ausprägungen, Gleichheiten und symbolhaften Vorgängen.

Im „verborgenen Plan" wurde ein im zweiten Weltkrieg geschossenes Foto aus einer Ju 52 abgedruckt, in dem eine Wolke die Form einer dämonenhaften Fratze annahm. Ist es nicht äußerst sinnbehaftet, wenn sich das kriegerische Geschehen unter- und oberhalb der Wolken auch in deren Form offenbart?! Feinste Energien bündeln sich und nehmen Gestalt an. Im Falle unserer Wolke das vielzählige Leid. Berühmte Schriftsteller haben in ihren Novellen und Filmen über den Krieg immer wieder eine Wendung in den Geschichten, wonach der Krieg an sich als Sensemann oder Totenkopf personifiziert wird. Der Krieg als Ungeheuer hält dann „grausam Gericht" oder hat „reiche Ernte". Dies und andere Ausdrücke finden wir dafür. Ein Bild wie der Wolkendämon verkörpert solche Gedanken, macht sie „ding-fest", „leib-haftig", bringt sie in Form. Es ist so, dass die Wolke, zusammen mit dem Schatten der Ju 52 erst einen weiteren tieferen Sinn der Zeit und des Geschehens offenbart.

Nachstehend sehen Sie ein weiteres Foto des „berittenen Kriegers im Wald" von hinten aufgenommen. An seiner Rückansicht schön zu erkennen, wie er neben seiner Lanze auch einen Köcher für Pfeile auf dem Rücken trägt.

Wenn Sie sensibel in das Bild hineinfühlen, bemerken Sie dann auch die Wachsamkeit des Kriegers und wie er langsam beinahe pirschend durch das Gehölz streift?
Wirkt er nicht auch leicht bedrohlich auf Sie?
Fällt Ihnen auch eine Information auf, die in etwa heißt: "Glücklicherweise hat er mich nicht gesehen, er geht langsam weiter."

Wenn Sie mich fragen, haben wir es hier mit einer Art Wächter zu tun. Nicht unbedingt eine der besten, fröhlichsten, ungefährlichsten, nettesten Energien.

Es ist ein Strudel von sich austauschenden Bewusstseinsenergien, die in jede Richtung fließen. Versuchen Sie sich einfach einmal die ganze Welt und alles was darauf passiert, als ein Energieabbild mit vielen verschiedenen Farben vorzustellen. Vielleicht hilft das, zu verstehen, wie alles ineinander greift und einwirkt.

Und bitte sagen Sie nun nicht „Quatsch...“. Es gibt mittlerweile wirklich sehr viele gute wissenschaftliche Bücher auf dem Markt (sogar in der deutschen Sprachinsel erhältlich), die genau dies längst bewiesen haben.

Alles ist Energie.
Materie ist Illusion, Maya.

Für eine umfangreiche Auseinandersetzung mit dieser und anderen Thematiken empfehle ich mal hier ganz dreist Bücher meines Verlages.

Viele Wissenschaftler wissen diese und andere Tatsachen seit langem. Aber unsere Wahrnehmung des Alltags und das, was als „normal“ akzeptiert wird, hinken diesem Weltbild hinterher.

„Materie ist gefrorenes Licht“, sagte Einstein.
Einstein hätte bestimmt auch gesagt, ein Fels sei gefrorenes Licht. Schließlich ist ein Fels Materie.

Ich möchte statt dem physikalischen Begriffen „Licht“ oder „Energie“ nur den Platzhalter „Bewusstsein“ oder „Seelenstoff“ einsetzen, was ja nicht wirklich etwas anderes ist. Und sobald wir akzeptieren – uralte Weisheit – das alles nur Geist und Gedanken sind, das Bewusstsein als Grundbaustoff alles durchdringt, entfaltet sich vor unseren Augen plötzlich eine ganz andere Welt. Dann ist plötzlich die ganze Umwelt, die ganze Erde und das gesamte Universum ein einziger lebender Organismus, dem wir angehören. Es ist so einfach und es war immer da.

Dann ist nichts, was wir jemals gedacht und erfunden haben, im Reich der Fantasie geblieben. Was wir in Wahrheit taten war „erschaffen". In jeder Form. Nichts, was gedacht wurde oder geschah, ging jemals verloren.

Der Volksmund, der schon immer die Gabe hatte, natürliche Phänomene mit griffigen Bildern unserer tiefen Bewusstseinschichten zu verbinden, formte daraus die Vorstellung verzauberter Wälder.

Wenn also in einem Wald sehr viele Naturgeister, Gnome, Zwerge, Elfen ihre Heimat haben und dort wohnen, werden Sie dort auch deren in Holz oder Stein gegossene Energieabbildungen finden. Bäume, Gehölze und Steine „sehen dann aus wie..." und werden zu manifesten Abbildern.

Wenn irgendwo Drachen wohnen, nimmt eine Wolke plötzlich dieses Abbild an. Zu sehen im „verborgenen Plan". Passieren irgendwo böse und teuflische Dinge, kann sehr leicht eine Qualmwolke mit diesem Konterfei entstehen. Ich spreche von den Rauchwolken am World Trade Center, die einem Dämon stark ähnelten.

Gerade die Übergänge von Daseinszuständen zum Beispiel vom Wasser zum Dampf oder Eis oder wenn Materie über Feuer zu Rauch wird, erleichtern es flüchtigen Energien wie Mentalwesen, diese Materie in Form zu bringen. Dann entstehen Wolkenbilder, Rauchbilder, Nebelbilder, Eiswichtel. Ich finde es bezeichnend, dass dies gerade beim Übergang des Aggregatzustandes einfacher passieren kann. Es hat Anklänge von den uns bekanntesten Pforten: Geburt und Tod. Wenn wir oder andere Energien durch die Pforten von einer Welt in die andere wandern, um uns dort zu manifestieren.

Der Einsturz des World Trade Centers 2001 (dt. „Welthandelszentrum") trägt auch eine weitere innere Botschaft, wie es synchrone Vorgänge eben oft tun.
Könnte es nicht auch versinnbildlichen, dass der Welthandel buchstäblich zusammenbrechen wird? Im gleichen Sinne wäre demnach

der Fall des Dollars („greenback“ genannt, weil Investoren sich als Sicherheit und wegen ihrer relativen Stärke immer wieder in diese Währung zurück flüchten konnten) ein Gleichnis für die Destabilität des Weltfinanzsystems, insbesondere der Vereinigten Staaten. Man hat keinen Ausweg in den man sich flüchten kann, wenn der „greenback“ einbricht, dann bricht der gesamte Welthandel ein.
Tatsächlich wird nun, acht Jahre nach den Vorgängen des 11.09.2001, von der globalen Finanzkrise geredet. Der Welthandel bröckelt, bevor er durch unser eigenes Zutun wie ein Kartenhaus einfällt. Doch kehren wir von den Ausflügen in die Moderne wieder zurück in Natur und Altertum.

Gerade heilige Plätze sind über Jahrtausende regelmäßig besucht worden und haben kreative Energien gespeichert. Oben und rechts sehen Sie Fotos von den Externsteinen. Mich wundert wirklich, dass nicht Trauben von Besuchern staunend und mit herunter hängendem Unterkiefer vor diesen Felsgesichtern zu sehen waren. (Die Externsteine an sich sind bereits eine Reise Wert). Dort im Fels sind Kaskaden von Gesichtern. Wirklich. Ich hätte Dutzende Gesichter fotografieren können. Die Steine dort beherbergen so viele verschiedene Antlitze von Zauberwesen, Trollen, Zwergen, Elfen und allem was man nur erdenken kann, dass man beinahe einen Bildband benötigen würde, um sie abzulichten. So verwunderlich ist das nicht, wenn einer alten Legende zu Folge dort der Mittelpunkt der Welt sein soll. Wäre dann nicht auch logisch, dort besonders viele Steinbilder zu finden?!

Eine besonders beeindruckende Ansammlung großer, ineinander verschachtelter Steinantlitze ist hier zusammengestellt.

Wenn sich nun im Wald oder im Fels Gesichter zeigen, ist dies natürlich kausal auf Holz – oder Steinarten, Frostsprünge im Gestein oder Jahrtausende alte Verwitterungsprozesse und dergleichen mehr zurückführen. Aber haben wir damit *wirklich* alles ausreichend erklärt?
Ich meine „nein“. Wir haben den Ablauf von verschiedenen wirkenden Naturgesetzen durchleuchtet. Mehr noch nicht.

Was uns durch die veraltete Physik (Newton) genommen wurde, ist, dass alles eine Bedeutung hat, belebt ist, dass wir in einem riesigen Symbolismus leben. Leider haben sich all unsere modernen physikalischen Erkenntnisse einfach noch nicht in den Alltag durchsetzen können. Für ein Quantenuniversum mit allen Möglichkeiten, welches auf Energie gebaut ist, fehlen uns bis heute greifbare *Bilder*. Hingegen ist eine Welt mit starren Naturgesetzen, die in eine Weltkugel mit Himmelsmechanik eingegossen ist, ein Jahrhunderte altes, gut genährtes energetisches Gebilde. Es ist bislang nicht aus dem kollektiven Speicher von uns Menschen zu verdrängen gewesen, so stark ist es – und sei es auch noch so begrenzt gültig. Tatsächlich wird genau dieser Teilbereich der Physik in allen unseren Schulen während der Mittelstufe gelehrt. Quantenphysik und Wellentheorie sind in der Oberstufe auf dem Lehrplan. Auch dies trägt dazu bei, das derzeitige materiell orientierte Weltbild weiter zu bestärken und zu vertiefen.

Wenn wir ein Haus bauen und Steine aufeinander setzen, dann moduliert Tatkraft und Motivation (Energie) über Muskelkraft und mechanische Arbeit (Energie), Steine und Zement (Energie).
Wenn Sie einen Adventskranz selbst basteln, dann formt Kreativität und Ideenreichtum (Energie) verbunden mit handwerklichem Geschick und Geduld (Energie) über Schneiden, Binden und Aufstecken (mechanische Arbeit; Energie) einen neuen Kranz.
Es sind alles nur verschiedene Erscheinungsformen einer einzigen Kraft, die miteinander „spielt“.

Heraus kommt ein „Produkt" mit eigenem Charakter, Charisma, Seele. Probieren Sie es doch aus. Was Sie an Energie hinein stecken, bekommen Sie wieder heraus. Auch andere Menschen bemerken dies intuitiv und werden es auch ansprechen.
Was sie gemacht haben, ist das Edelste, was wir überhaupt tun können. Ich spreche hier von Schöpferkraft.
Wir Menschen haben diesen Vorgang des Schaffens bei Leuten, die ihre Anbindung besonders gut ausnutzen, „Kunst" genannt. Es entstehen Gebilde mit stark strahlendem eigenem Bewusstsein. Gegenstände, die andere faszinieren. Dabei haben wir vergessen, wie alltäglich, wie allgegenwärtig dieser Vorgang eigentlich ist.

Genau auf diese gleiche Weise sind z.B. „heilige Gegenstände" entstanden. Es sind Objekte, die über vieltausendfache Bewusstseinsenergie dermaßen aufgeladen wurden, dass sie in der Lage sind, uns oder unser Haus zu beschützen. Talismane funktionieren – natürlich. Und auch hier gibt es wieder so ziemlich alles, was gedacht werden konnte. Ich rate Ihnen, legen Sie sich einen Hausheiligen zu, fertigen Sie Abbilder von Schutzengeln und ähnlichen stark belegten Wesen. Die bloße Form, der Archetyp, der Gedanke, verbinden mit enorm starken Bewusstseinsfeldern. Sie nutzen den Rückenwind ehemals gedachter Energien. Sie nutzen, was Ahnen für uns vorgedacht haben. Ob man nun gläubiger Christ ist oder nicht, allein das Antlitz von Jesus Christus, einem Heiligen oder einem Erzengel haben so viel Bewusstseinskraft gesammelt, dass sie diese nun verbreiten können. Und auch die Abbildungen, Näherungen oder Kopien stehen dem in nichts nach. Sogar eine Kombination von langem Haar, strahlenden Augen und schmalem Gesicht reicht schon in den Jesus- Urtypus hinein. Es sind tief im kollektiven Feld verankerte bestimmte Muster, die die zugehörigen Reaktionen in der Objektwelt verursachen.

Auf jeden Fall wird Ihnen jetzt wahrscheinlich klar sein, weshalb heilige Objekte immer funktionieren. Genau so gut ist das jedoch mit jedem anderen Gegenstand, den sie kennen. Selbst ein Bleistift oder Kugelschreiber speichert die Energie des Benutzers. Sensitive Personen spüren dies, sind die abgegebenen Energien nur spektakulär genug oder im Aufmerksamkeitsschema des Empfängers vorhanden.

Sobald wir erkennen, wie sich gleichartige Energien ergänzen und zueinander finden – denn darüber geht dieser Absatz hier im Kern – sehen wir die Welt vollkommen anders. Durch die Anziehung gleichartiger Energien finden Leder, Silber, schwarze Farben, bestimmte Bücher, Schwerter, Räucherwerk – also vollkommen verschiedene Objekte – zum Beispiel in einem „Gothic-Shop" zueinander. Der den Laden einrichtende Mensch ist einerseits durch die Sammelei kausaler Verursacher dieses „speziellen energetischen Gebildes Gothic-Shop" mit stadtweit einzigartiger Energie. Andererseits aber ist er *bloßer Teilnehmer* des Gesamt-gebildes; hat er wie seine Objekte, eine einfache Zugehörigkeit zu diesen. Er wurde zu ihnen geführt und ist insofern nur passiver Bestandteil des Gesamtbildes.

Vielleicht haben Sie sich ja gefragt, welche Bedeutung der Satz von Jean Gebser zu Anfang dieses Kapitels haben mag. Hierbei ging es um das I-Ging.

Nach den Schilderungen dürfte klar sein, weshalb man aus einem Tarot-Blatt mit beliebiger Frage zu-treffende Antworten ziehen kann.

Oder warum die Sterne in Relation zu unserem Schicksal oder dem Weltgeschehen stehen. Der Astrologie ist die Beziehung zwischen Mikrokosmos und Makrokosmos seit Jahrtausenden bekannt.

Das I-Ging beherbergt das Wissen, den Menschen als Anteil des Kosmos zu sehen und treffende Gesetze wie Prognosen herzuleiten.

Es ist klar, warum eine Wünschelrute Wasser finden kann, Feng Shui funktioniert oder Orakel die Wahrheit sagen.

Warum man ein Blatt mit Koordinaten versieht und eine Remote Viewing-Session abhält, die Ergebnisse liefert.

Warum wir Telepathie erleben.

Weshalb vierblättrige Kleeblätter oder nach oben offen aufgehängte Hufeisen Glück bringen.

Der weltberühmte Physiker Niels Bohr wurde gefragt, weshalb ein Hufeisen über seiner Tür hänge und ob er etwa daran glauben würde, es würde Glück bringen.
„Nein", antwortete er, „aber ich habe gehört, dass es auch bei denen funktioniert, die nicht daran glauben."

Alle magischen oder esoterisch genannten Disziplinen machen sich ein einziges, ewig gleiches Urwissen zu Nutze. Und unsere Naturwissenschaften entdecken es mit ihren eigenen Worten wieder.

Alle diese Disziplinen funktionieren nur aus einem einzigen Grund. Dem Thema dieses Buches. Diese Gedanken bedeuten nichts anderes, als dass sich alle Dinge auseinanderfalteten, spezialisierten und nun ineinander spiegeln. Resonanz.

Es ist die Wechselbeziehung von nicht kausalen Mustern. Das analoge Prinzip spiegelt sich. Tendenzen, Strömungen, Einflüsse bilden sich aus.

Weil einfach alles und jedes in diesem Universum als Spiegel dient.

Carl Gustav Jung formulierte es in seinem Buch „Der Mensch und seine Symbole" folgendermaßen:

"Wenn wir zu beobachten anfangen, dass gewisse Ereignisarten sich gerne zu gewissen Zeiten häufen, so beginnen wir die alten Chinesen zu verstehen, welche ihre ganze Medizin, Philosophie und sogar Architektur und Staatslehre auf einer Wissenschaft der «Koinzidenz» aufgebaut hatten. Die alten chinesischen Texte fragen nicht nach Ursache und Wirkung, sondern was womit zusammenzutreffen beliebt. Dieselbe Idee trifft man in der Astrologie an und in den Orakeltechniken der verschiedensten Kulturen. [...]."

Wir haben verschiedene moderne wissenschaftliche Theorien und Denkgebäude betrachtet, um bestätigt zu finden, was alte Mysterienschulen bereits seit Jahrtausenden formulieren. Unsere Naturwissenschaft drückt mit ihrem eigenen Vokabular aus, was Menschen schon immer wussten.Wenn wir nun altes Wissen mit neuen modernen Entdeckungen vereinen können, haben wir eine solide Basis, um uns selbst danach zu richten.

## Der beinahe verhinderte Weltkrieg

„Der Zufall ist ein Rätsel,
welches das Schicksal dem Menschen aufgibt."
F. Hebbel

Wie hoch ist die Wahrscheinlichkeit, dass der zweite Weltkrieg nicht passiert wäre?

Das Schicksal der Welt hängt manchmal an einem winzigen seidenen Faden. Und die kleine, scheinbar unbedeutende Entscheidung eines einzelnen Menschen gerät zum Schicksal von Millionen.
Die folgende Geschichte bringt uns an die Westfront des ersten Weltkrieges.

Spencer Williams war gerade einmal 20 Jahre alt und lag in Frankreich an der Front. Man schrieb das Jahr 1917 und der erste Weltkrieg ging nun ins vierte Jahr.
Es war gegen 18:00 Uhr abends, als er weit vor den eigenen Linien im Niemandsland einen deutschen Spähtrupp beobachtete. Noch war die kleine Gruppe von fünf Männern, die sich vorsichtig näherte, durch einige Erdverwerfungen und umherliegenden Stacheldraht geschützt. Doch dies würde sich in wenigen Minuten schon ändern.
Er schob seinen Stahlhelm aus der Stirn, legte sein Scharfschützengewehr zurecht, und prüfte noch einmal die Einsatzbereitschaft der Waffe. Er würde den hintersten Mann zuerst erschießen. Nach den Erfahrungen stieg damit die Chance einige mehr zu erwischen. Oft bemerkten die voraus laufenden Soldaten nicht einmal, wie hinter ihnen zwei, manchmal drei Kameraden weggeschossen wurden.
Die Gruppe kam bedachtsam sichernd aus einem Granattrichter. In wenigen Augenblicken würde sie ohne Deckung sein. Es war ein Offizier in der Gruppe. Er lief aber als Vorletzter. Spencer Williams verwarf in dieser kleinen Sekunde seine ursprüngliche Strategie und schwenkte seine Waffe langsam auf den höheren Dienstgrad ein. Lieber einen Offizier. Zuerst also der Vorletzte und danach würde direkt der Gruppenletzte dran glauben. Spencer Williams tat, wofür er ausgebildet wurde. Er zog den Abschuss durch. Der anvisierte Mann sank zu Boden. Noch ehe Williams auf den neben stehenden Gefreiten umschwenken konnte, lag dieser schon geschützt am Boden und warnte laut rufend die anderen.
Der deutsche Offizier war tot. Spencer Williams ärgerte sich ein wenig. Nun hatte er nur den Offizier. Alle anderen waren bereits gut gedeckt. Sogar der Gefreite, der als Letzter lief und geistesgegenwärtig reagiert hatte. Hätte Williams gewusst, was er mit seiner Auswahl wirklich entschieden hatte, wäre Ärger allein kaum ausreichend gewesen. Vor

wenigen Augenblicken hielt er das Schicksal Europas in Händen. Der Gefreite, ein damals unbedeutender Landser aus Österreich mit Namen Adolf Hitler, lag lebend im Dreck und überlebte den Krieg.

Dies war ein Augenblick im ersten Weltkrieg, eine Sekunde, in der ein Schuss von einem einzigen Menschen, ein Gedanke und eine einzige Entscheidung, sich unmittelbar auf das Schicksal von beinahe allen Menschen auf der Welt ausgewirkt hatte.

Bis hierhin ist diese Geschichte rein hypothetisch.

22 Jahre später sollte eben jener Soldat, der unzählige Wirrnisse des Krieges überstanden hatte, tief in ein Netzwerk von Personen und Handlungen verflochten sein, die den zweiten Weltkrieg verursachten.

Belegt ist, dass Adolf Hitler an unzähligen Spähtruppunternehmen eingesetzt war und nicht nur einmal haarknapp mit dem Leben davonkam. Angesichts einer Vielzahl überlebter Anschläge auf seine Person, sollte er immer wieder betonen, auf eine übergeordnete Fügung zu vertrauen.

Die Geschichte soll aufzeigen, wie direkt unser persönliches Schicksal im Ursachennetz mit allen Menschen auf diesem Planeten verwoben ist. Weltverändernde Ereignisse können jetzt geschehen – und verstreichen unbemerkt.
Tatsächlich ist alles miteinander verwoben. Man beginnt, beinahe verzweifelt, einen Sinn, eine Bestimmung zu suchen.

Sollten die Dinge denn dann passieren, wie sie geschehen sind?
War alles so vorgesehen?

Doch beginnen wir besser von vorne.

Dort, wo wir uns dem Phänomen Leben täglich annähern und versuchen, es zu verstehen…mit nüchternen Erwägungen.

Die im Buch dargestellten Serien und Synchronizitäten werden umgangssprachlich als unwahrscheinlich dargestellt, was sie nicht daran hinderte, einzutreten. Immer wieder hört man in diesem Zusammenhang, unwahrscheinliche Ereignisse seien zufällig oder „reiner Zufall". Andererseits werden diese Ereignisse, so kurios sie auch sein mögen, so berechnet, bis sie absolut trivial sind, ja, *„passieren mussten"*. Wohlgemerkt: bei einer Betrachtung im Nachhinein. Wie sagt der Volksmund so schön: „Nachher ist man immer schlauer!" Bevor wir uns gleich auf rechnerische Weise ein wenig mit Geschehen auseinandersetzen, noch einige Worte zu dem holländischen Künstler Herman de Vries. Er näherte sich dem Zufall nicht mathematisch, sondern künstlerisch.

Er setzte den Zufall als bestimmendes Moment ein, wenn er sich im Herbst einen Nachmittag lang unter einen Kirschbaum setzte, und auf einem großen weißen Blatt die Blätter so aufklebte, wie sie herabfielen. De Vries kam nach 14 Jahren Arbeit mit solchen Zufallsbildern zu dem Schluss, dass der Zufall nur ein Hilfswort ist für das, was wir nicht fassen können, für das, was aus einer Vernetzung kausaler Prozesse mitentsteht, die zu komplex in ihren Zusammenhängen und Ursächlichkeiten sind, um sie mit dem heutigen Wissen schon verstehen zu können.

Bei allem Respekt vor der mathematischen Leistungsfähigkeit unserer Berechnungen müssen wir uns bewusst bleiben, wie sehr unsere Fähigkeit, die Welt mit ihren Phänomenen zu durchdringen, in den Kinderschuhen steckt. Unsere naturwissenschaftlichen Forscher wissen sehr wohl, dass wir nichts wissen, dass unsere Erkenntnistiefe gerade einmal die Kruste der Oberfläche ankratzt.

Unsere Rechenkapazitäten sind beinahe lächerlich limitiert. Auch Computer neuester Generationen können zu einer Simulation nicht wirklich viel beitragen.
Selbst einfachste und abgegrenzteste Beispiele entziehen sich unserer Berechenbarkeit und Vorstellung. Mit anderen Worten, unsere Fähigkeit die Welt rational zu erfassen ist schon bei einem Minimum abgegrenzt.
Wie wir gesehen haben, können wir Objekte oder Geschehnisse nicht abgegrenzt voneinander betrachten, da alles auf einer tieferen Entstehungsgeschichte mit vielen Vernetzungen fußt. Die Rechenleistung aller Computer dieser Welt würde gerade genügen, um das Schicksal einer Münze oder Kaffeetasse für wenige Minuten zu simulieren. Das jedenfalls behauptet ein Wissenschaftsmagazin in einem Artikel.
Was würde wohl jener Statistikprofessor dazu sagen, der den Unterricht mit einem Experiment auffrischen wollte?

Ein Statistikprofessor wollte bei seiner ersten Vorlesung an der neuen Universität ein Beispiel für eine 50/50 Wahrscheinlichkeit demonstrieren. Vor allen Studenten warf er eine Münze auf den glatten Boden. Nachdem sie aufgeschlagen war, schauten alle erstaunt. Sie stand auf ihrer Schmalseite. Die Wahrscheinlichkeit hierfür soll – ebenfalls den Statistikern folgend – eins zu einer Milliarde betragen.

In unseren Universitäten wird Wahrscheinlichkeitsrechnung und Statistik noch immer anhand von Roulette, Lotto, Würfelspielen, Skat und anderen spielerischen Simulationen gelehrt. Nicht, dass es etwas dagegen zu sagen gäbe, aber komplexe Systeme wie Alltagssituationen, eben *Wirklichkeit*, sind zu verwoben, um erfassbar zu werden.

Modelle scheitern hier regelmäßig, und wenn sie funktionieren, dann auch wieder unter vielen Annahmen und Einschränkungen. Unsere Wahrscheinlichkeitsrechnung feiert populäre Erfolge, wobei oft übersehen wird, dass ihre Aussagefähigkeit für das tägliche Leben gering bleibt. Es bleibt eine Art intellektuelles Sudoku, ein Spiel für die Gehirnzellen, beinahe so etwas wie ein Partyzeitvertreib. Immer wieder enden unsere Versuche, Realität zu fassen, in Diskussionen um Würfelergebnisse, Rouletteserien, Wahrscheinlichkeitsrechnereien und dergleichen. Diese Diskussionen können bis zum jüngsten Tag ergebnislos fortgeführt werden. Eine Synchronizität oder Koinzidenz *bleibt* ein Wunder und lässt sich rechnerisch letztlich nicht fassen.

Als Beispiel sehr beliebt ist die Rechnerei mit den drei Türen und dem Hauptgewinn hinter einer Tür (es wurde bereits sehr oft erwähnt, deshalb wird es hier nicht weiter vertieft) oder der Ursprungsklassiker dieser Variante, der seit Jahrhunderten in unseren Mathematikbüchern vorzufinden ist. Das Beispiel der drei Todgeweihten. Dies geht so.
Von drei Gefangenen müssen zwei sterben. Mehr weiß man nicht über diesen Fall. Der Gefangene Nummer 1 fragt den Wärter: „Kannst Du mir nicht sagen, wer von den anderen beiden sterben muss? Du kannst es mir ja ruhig sagen, denn einer ist es in jedem Fall. Du verrätst also kein Geheimnis!“
Der Wärter sagt nach längerer Überlegung:
„Also gut, Kandidat Nummer X (dies kann Nummer 2 oder Nummer 3 sein) muss sterben.“
Der fragende Todeskandidat ist darauf hin erleichtert.
Seine Überlebenschance ist vom Verhältnis 1 zu 3 auf 1 zu 2 erhöht.

Dabei sind derlei Betrachtungen höchst subjektiv, diskutierbar und vom jeweiligen Betrachterstandpunkt abhängig.
Man kann sagen: „Es ist korrekt, zwei Gefangene sind übrig, der Fragende kennt nicht den zweiten Todeskandidaten und damit ist seine Chance nun ½.“
Man kann ebenfalls sagen (das mathematisch richtige Fazit), seine Chance ist vorher wie nachher gleich geblieben und entspricht 1/3.
Man kann auch sagen: „Es gibt weder eine Chance von hundert noch von null Prozent für den Frager. Er gehörte immer zu den beiden

Todeskandidaten oder eben nicht. Jede Einschätzung seiner Chancen basiert auf Informationsmangel."

Aber da der Wärter schließlich den Todgeweihten kennt, gab es niemals eine Chance für den Fragenden, die größer oder kleiner geworden wäre. Mit anderen Worten: der Wärter weiß, dass der Fragende überlebt oder er weiß, dass dieser sterben wird. Und zwar zum Zeitpunkt der Frage und davor. Es gab nie einen Prozess oder Rechenweg.

Oft wird bei der Berechnung von Wahrscheinlichkeiten auf einen bestimmten und eingeengten Beobachterstandpunkt verwiesen. Tatsächlich ist dieser nur eine von vielen „sowohl-als-auch-Varianten".

Da wir bereits über dieses mathematisch sehr einfache Thema wahre Prachtrunden von Diskussionen entfachen können (probieren Sie es bei der nächsten Fete – es wird der Knaller), ist sehr schnell feststellbar, in welchem Dilemma der Begrenzung wir Menschen bei der Auseinandersetzung mit der Welt stecken und wie schnell unsere kühnen Denkdisziplinen an ihre Grenzen kommen.

Um Wahrscheinlichkeitsrechnung vom Roulettetisch oder sonstigen Spielstätten fortzubringen, brauchen wir erst einmal eine saubere Datengrundlage.
Erst dann kann sie neben einigen staunenswerten „Aaahs und Ooohs" auch Beiträge zur Simulation von Vorgängen auf unserem Planeten leisten, zu all den hochbrisanten Fragen, die aktuell aufbrechen.

Meist haben wir diese einfach nicht, was auf die absolute Mehrzahl der vorgestellten Fälle in diesem Buch zutrifft. Wir können über weltweite Abgase, Gletscherschmelzen, Fischsterben und tausende Anwendungsbeispiele mehr keine zuverlässigen Voraussagen über deren Eintrittswahrscheinlichkeit berechnen.

Dies hat viele Gründe. Einmal, die bereits erwähnten fehlenden und schlecht zu erhebenden Daten. Dann die Verwobenheit des Systems, all die unbekannten interaktiven Prozesse darinnen und die nötige Komplexität des Berechnungsprogramms. Oft können Berechnungen erst im nachhinein und schätzungsweise erfolgen und dergleichen mehr.
Fälle mit eigener innerer Bedeutung oder Vorhersage sind sowieso nicht zu berechnen. Geist entzieht sich einer Wissenschaft, die nur im Äußeren ermitteln kann.
Sicherlich haben wir es mit unserem mathematischen Verständnis weit gebracht, jedoch simulieren unsere herkömmlichen statistischen Wahrscheinlichkeitsberechnungen meist Idealzustände, die mit einem

hochkomplexen und verwobenen Weltbild schnell an Grenzen treffen. Schon ganz einfache Beispiele zeigen dies auf.

Nehmen wir als Zuschauer an einem Windhunderennen teil und wetten auf einen der sechs am Start stehenden Hunde, so ist die mathematische und statistische Wahrscheinlichkeit für einen Wetterfolg logischerweise eins zu sechs.
Nach diesem Muster verfahren etliche Spieler auf Internetportalen und setzen ihr Geld ein.

Aber andererseits tun sie es eben nicht. Sie setzen nicht nach dieser rein mathematischen Wahrscheinlichkeit, weil es vernünftiger ist und weil es um deren Geld geht.

Die Wahrscheinlichkeit eines Ereignisses schätzen viele aktive Wettbeteiligte nach weiteren „Tipps" ab. Also ist die Tagesform von Hasso eine wichtige Information, oder was sein Konkurrent am letzten Tag gegessen hat – es könnte ihm schließlich schlecht bekommen sein. Es gibt eine Unzahl Informationen, die unser „Hunderennen-Wetter" kennen müsste, um zu einer nur annähernd hinlänglich wahrscheinlichen Aussage zu gelangen. Da wären der Startplatz, auf welcher Bahn der Hund rennt, Alter, Form, Trainingsmethoden, das Befinden aller Tiere, bis hin zu subtilen psychologischen Vorgängen im Hundehirn, die sich jeder Messung entziehen.
Es ist unmöglich, dies festzustellen.
Es gibt gegenwärtig bei den meisten alltäglichen Begebenheiten keine Chance, eine auf die Realität anwendbare physikalische Formel zu finden. Es gibt einfach zu viele unbekannte Variablen.
Die Mehrzahl aller Ereignisse ist nach menschlichem Ermessen nicht zu berechnen.
Damit ist aber auch die Wahrscheinlichkeitsrechnung ausgehebelt und genießt ein Dasein im Elfenbeinturm idealisierter Umgebungsbedingungen.
Wir können von unserem gegenwärtigen Betrachterstandpunkt nicht berechnen, wie wahrscheinlich es war, dass Sie

- heute morgen Ihre Nachbarin getroffen haben
- Ihr Hund in eine Glasscherbe trat
- ein Reh vor ihr Auto springt und Sie anstarrt oder
- Sie einen Zehn-Euro-Schein auf der Straße finden

Erst recht ist eine Wahrscheinlichkeit für den Eintritt eines Ereignisses nicht mehr zu bestimmen, wenn es keine statistisch große Anzahl Fälle gibt. Wenn die Serie – und genau dies liegt im Wesen von Serie und

Synchronizität – einmalig auftritt. Dann können keine Vergleichswerte und keine Quotienten gebildet werden.
Die Auftrittswahrscheinlichkeit ist nicht bestimmbar.

Wie wertvoll wäre hier doch der Laplacesche Dämon. Der Naturwissenschaftler Laplace erfand ein gedachtes Wesen, dem alle Vorgänge der Welt bekannt sind. Da auch er von einem determinierten Weltbild ausging, musste dieses Wesen einfach alle inneren und äußeren Geschehnisse in sich gespeichert haben. Es wäre eine allwissende Wesenheit. Und schon gäbe es für die obigen Beispiele keine Wahrscheinlichkeiten mehr. Sie treffen Ihre Nachbarin mit dem Wert 1 (ja) oder dem Wert 0 (nein). Dazwischen gab es nie einen Wert, der hätte zutreffen können, keine Wahrscheinlichkeit, nur ein „entweder / oder" (oder in einem Multi-Universum ein „sowohl/als auch"). Aber wir sind nicht im Besitz dieses „Supercomputers" von Laplace. Unser Betrachter – oder besser „Teilnehmerstandpunkt" bleibt begrenzt.

Es gibt Deutungen der Quantenmechanik, die vorschlagen, dass verborgene Variablen der Grund für die scheinbar zufälligen Phänomene sind. Dann wären unsere beobachteten Zufälle deterministische Prozesse, von deren Zustandekommen wir nur die Oberfläche des Auftretens erkennen können. Dies heißt nichts anderes, als dass unsere Wissenschaft die zu Grunde liegenden physikalischen Gesetze nur noch nicht durchschaut hätte. Wir könnten dann ein mehr an Erkenntnis nicht durch weiteres Zerteilen erringen, aber wir könnten die Ergebnisse dieser Prozesse betrachten und untersuchen, ob diese einem zufälligen Raster entsprechen. Dies wurde bereits vor langer Zeit untersucht.

Bitte, einige populäre Beispiel aus der Vergangenheit. Da wären zunächst die Kavalleriepferde.

Arthur Koestler berichtet in seinem Buch „Der Mensch, Irrläufer der Evolution", von tretenden Kavalleriepferden. Manchmal führen diese Tritte zum Tode. Seltsamerweise ist die Anzahl der zu Tode gekommenen Soldaten einer zeitgenössischen Statistik zufolge jedes Jahr in etwa gleich. Erschreckend, nicht?
Welcher Regel folgt hier jedes einzelne Pferd bzw. jeder einzelne verunfallte Soldat?
Morbide Mordquote: Mörder in England und Wales hielten sich, den Statistiken von 1920 bis 1960 folgend, ebenfalls an einen beinahe gleichen Quotienten. Auf eine Million Einwohner kamen im Schnitt ca. 3,5 Morde.
„1920-1929 gab es 3,84 Morde pro 1 Million Einwohner, 1930-1939 waren es 3,27 Morde, 1940-1949 wurden 3,92 Menschen pro Million

umgebracht, 1950-1959 waren es 3,3 Morde pro Million Einwohner, und 1960-1969 kamen auf eine Million Einwohner etwa 3,5 Morde."

Im Folgenden geht es um die Hundebiss-Statistik von New York City. 1955 wurden den städtischen Gesundheitsämtern pro Tag durchschnittlich 75,3 Verletzungen durch Hundebisse gemeldet. Im Folgejahr betrug der Tagesdurchschnitt 73,6 Hundebisse. 1957 73,2, 1959 72,6. Also eine weitgehend konstante Zahl. (Nein, ich habe die Begründung leider nicht gefunden, wie es zu 73 *Komma* 2 oder 72 *Komma* 6 Bissen kommen kann, aber ich bin sicher, diese wurden mathematisch-statistisch-logisch ermittelt ;-) Mich hätte auch interessiert, wie sich so ein „Komma-Biss" genau anfühlt ;-) Zum Beispiel, wenn man 0,3 Mal gebissen wurde. )
Mathematik ist genial. Und Statistik ermöglicht uns zum Teil verblüffende Vorhersagen. Aber dieses Beispiel dort oben sollte uns mit gesundem Menschenverstand zeigen, wo vernünftige Grenzen des logisch-rationalen erreicht sind. Auch hier benötigt man wieder eine bestimmte Brille, sprich, eine Interpretation und Sicht der Dinge um „Komma-Hundebisse" vernünftig zu deuten.

Man könnte nun eine höchstwahrscheinlich zutreffende Prognose wagen und die Bisse für das nächste Jahr vorhersagen. Und es wird staunenswerterweise auch funktionieren.

Jeder einzelne Biss hat jedoch seine höchst eigenen Ursachen und Entstehungsgründe. Jeder einzelne Biss hat tausende Vernetzungen und Verwicklungen mit anderen Hunden, Menschen, Geschehnissen, Umständen und so genannten Zufällen. Er ist also mit anderen Worten individuell kausal und von den rund 75 anderen Hundebissen des gleichen Tages logisch unabhängig. Jeder bildet ein einzigartiges Gefüge, ein eigenes Netz unterschiedlicher Bedingungen und scheint doch einer geheimen Regel zu folgen! Welch ein Wunder.

Ein alter Friseur, der nie in seinem Leben von einem Hund gebissen wurde und es auch hernach nie wieder wird erleben müssen, bekommt in seinem Salon Besuch von einem bissigen Schäferhund; ein wohlerzogenes Schoßhündchen von der Upper West Side, das nie einen Postboten gesehen oder eine Menschenseele gebissen hat, fällt einer plötzlichen Eingebung folgend die Zugehfrau an, und diese Individuen werden unvermittelt zu Einzelposten in der vorhersagbaren Statistik.
Provokant gefragt: Woher können die New Yorker Hunde wissen, ob Sie die Bissquote erfüllt haben oder noch einige Male nachfassen müssen? Oder welche geheimnisvolle Kraft oder Formel lenkt Hundebisse?

Wir müssen uns damit abfinden: so sehr vernünftige Erklärungen unserem Verstand schmeicheln, so greifbar diese scheinen mögen, können sie für die Erklärung der Wirklichkeit nur sehr begrenzt dienen.
Denn sie müssen sich offensichtlich dem Gesetz der Zahl *unterordnen*, wie die Beispiele zeigen. Sie unterliegen einer geheimnisvollen Konstanz, egal welche vielfältigen oder quantenphysikalischen Entstehungsgründe dabei noch ursächlich waren.

Beweist diese Konstanz, dieses Muster aus dem „Zufall" heraus nicht eindeutig, dass es ihn gar nicht gibt; nicht geben kann?!

Es gibt keine Zufälle.

Es gehört so viel negativ ausgeformtes Glaubenspotenzial dazu, zu glauben, das ganze Universum baue auf so genannten „Zufällen" auf und sei damit im Kern sinnlos, als anzunehmen, die ganze Welt folge einem harmonischen Prinzip der gegenseitigen Anziehung.

Kennen Sie das Rauschen im Fernsehen? Ja, ich meine dieses schwarz-weiße Rauschen, wenn kein Kanal zu empfangen ist. Selbst wenn wir dieses Bild ein ganzes Jahr durchlaufen lassen würden, es bliebe ein Rauschen. Und in zehn Jahren rauscht es noch immer. Wir können dieses Zufallsprogramm zehn Jahre auf eine riesige Festplatte aufnehmen und danach untersuchen – wir werden nur Zufallsgekrissel finden.
Werden zufällig und spontan Asterix und Obelix über den Bildschirm rennen und Wildschweine jagen? Nein. Natürlich nicht. Sie benötigen Uderzo und Goscinny, ihre Schöpfer. Sonst wären sie nicht.

Aber man möchte uns einreden, wir seien aus einem Zufall heraus erstanden. Nicht nur wir; auch die ganze Welt. Alle Pflanzen und Tiere und wir Menschen und der Kosmos noch dazu.

Und das Bild bleibt einfach schwarz-weiß. Ein Testbild bleibt ein Testbild, solange wie keine Idee, kein Schöpfer darinnen wirkt.

Wenn ich umschalte, läuft vielleicht Asterix und Obelix. Das wurde gezeichnet. Mit viel Mühe. Und die Idee hatten Goscinny und Uderzo. Die Schöpfer eben.
Seit Jahrzehnten läuft da nur ein schwarz-weißes Rauschen. Wenn sich Schöpfung spontan entfalten kann, dann machen Sie doch mit Ihrer Frau oder Ihrem Mann einmal eine „Krissel-Feier". Setzen Sie sich doch einmal eine Nacht vor das Gerät und warten. Wer zuerst Asterix sieht, hat gewonnen...

Wenn noch nicht einmal ein schwarz-weißes-Rauschen für eine Sekunde irgendeine Figur oder Struktur abbilden kann, wie kann dann dieser ganze Planet mit all seiner Vielfalt und Pracht aus Zufall resultieren? Unmöglich, nicht?

Und diese ganze Welt dort draußen ist eben kein Zufall, sondern ein Spiegelbild anderer Perlen, die es in diesem riesigen Kosmos noch gibt. Alle Dinge, Tiere, wir Menschen – Spiegelbilder. Synchronizitäten, unsere alltäglichen Wunder – Spiegelbilder.
Wenn nun Wurzeln im Wald wie Reiter aussehen oder wie Gnome und Zwerge oder Trolle. Wenn man am Himmel Wolken sieht, die wie Drachen umherfliegen und manchmal in Schatten oder Schneeverwehungen Prinzessinnen zu sitzen scheinen, dann ist es kein Zufall und keine Einbildung, es ist ein energetisches Muster, welches sich durch Dimensionen hindurch mitten in die Welt der Formen setzt und ein Antlitz annimmt. Spiegelbilder.
Bemerken Sie, werter Leser, wie ein Hauch Ewigkeit durch diese Zeilen zieht? Es ist ein Spiel. Ein riesiges großes Spiel der Welten, Dimensionen, Zeiten, Formen, Gefühle.
So, wie wir hier sitzen, lieber Leser, Sie jetzt und ich in meinem Jetzt gerade, nehmen wir die Dinge oft zu schwer. Wir vergessen immer wieder, unendlich zu sein.
Dieses Buch wird es in Antiquariaten zu kaufen geben, wie ich selbst das Buch von Paul Kammerer oder meinem Namensvetter Arthur Köstler sah. Auch wenn es mit noch so viel „Herzblut" oder Leidenschaft geschrieben war.
Sie werden eine Fotografie sein, die spätere Generationen bestaunen und fragen: „Kennst *du* den? Wer war denn das?" Dann forscht man vielleicht nach Ihnen in Standesämtern, Archiven und im Internet.
Wir können das Leben ein wenig leichter und beschwingter sehen.
Wir können froh sein, am großen Spiel eine kleine Zeit lang Anteil haben zu dürfen. Einen klitzekleinen Teil mitzudenken im schöpferischen Prozess.

Synchronizitäten sind dafür da, um uns auch daran zu erinnern.
An die Stelle von Zufall und Wahrscheinlichkeitsrechnung tritt plötzlich wieder das innere Erleben. C.G. Jung und die Verknüpfung synchroner Ereignisse mit dem *inneren Erleben* im Mittelpunkt der Betrachtung werden zur Antwort auf die Frage, ob die Dinge vorherbestimmt sind und wie diese zu werten sind.

Synchronizitäten werden von den Beteiligten als „Fingerzeig Gottes", kleine „Schelmerei eines Schöpfers" oder als „Leucht- oder Funkfeuer" empfunden, „auf dem richtigen Weg zu sein". Sie sind ein positives

Signal für die Menschen, machen Mut, bestätigen, auch dann, wenn sie ohne tieferen Sinn sind, entlocken sie uns ein ungläubiges Lächeln.

Synchronizitäten bleiben kleine alltägliche Wunder.

Mit anderen Worten, wir sollten uns bei der Beantwortung dieser Frage weniger auf die Wissenschaft verlassen, sondern auf die Intelligenz unseres Herzens.

Es erfordert tatsächlich Unmengen an Unglauben und Ignoranz, um angesichts von Synchronizitäten an Zufall und kreativ-kontrolliertes Chaos zu glauben.

Ich meine, es ist ein Einfaches, mit offenen und bereiten Sinnen sinnstiftende Wunder anzuerkennen.

Aber wie sollen wir diese Wunder nun bewerten? Können wir unser Schicksal nun darüber beeinflussen oder ist alles vorherbestimmt?

## Funkfeuer aus dem Unbewussten

„Wie Sonne und Mond sich nicht im trüben
Gewässer widerspiegeln können,
so kann sich der Allmächtige nicht in einer
Seele widerspiegeln die in sich selbst
gefangen ist."
Unbekannt

In diesem Buch haben wir festgestellt, dass unser Universum nicht nur logisch kausal strukturiert ist, so wie wir das jeden Tag sehen und erleben. Wir haben ein „altes-neues-Ordnungs- und Bedeutungssystem" vom Schattendasein zurück ins Licht befördert. Dort wo es hingehört. Es ist ein winziger Teil des Wissens unserer Alten und Weisen. Diese Dinge gehen immer mehr verschüttet. Diese wieder auszugraben betrachte ich als meine Aufgabe in der Welt.

Ich glaube, wir haben gesehen, dass unser Alltag trotz aller Normalität voller Wunder ist, und die individuelle Bedeutung für uns aufgezeigt. Letztlich ging es um Fügungen und deren Bedeutungen. Von unglaublichen „Zufällen", die eine Botschaft für uns bereit halten. Diese lautet: „Halt inne, denke nach, erforsche!" Und das wirklich Verrückte daran ist, dass diese Welt sich nur jenem offenbart, der sich selbst neu entdeckt und dafür sensibilisiert ist. Der Weg geht nach innen.

Genau das war auch Ziel dieses Buches hier. Ihnen eine andere Sichtweise nahezubringen, die wie eine Art Funkfeuer auf Ihr Unbewusstes wirkt und Ihnen lauter unglaubliche „Zufälle" serviert. Fügungen treten in Ihr Leben ein.

Wenn sich etwas „fügt", ist dies in der deutschen Sprache ein passives Verb. Etwas verändert sich für Sie; durch Sie. Ich spreche von nichts Geringerem, als das Sie sich verändern und die ganze Welt sich fügt, um mit Ihnen einen neuen Rhythmus zu schwingen. Das Werkzeug hierfür ist der Glaube. Fangen Sie zu wünschen an, wo vorher Alltag war. Es ist schon allein wertvoll, sich verschiedener Wünsche überhaupt bewusst zu werden, wo man vorher in Autoschlagen stand und sich über Zeitdruck ärgerte. Wenn wir unsere Wünsche kennen, können wir mit dem Glauben beginnen, um sie umzusetzen. Wir haben Gelegenheit, unsere Glaubenskraft zu entwickeln, wo vorher Zweifel war. Denn der Glaube trägt die unheimliche Macht in sich, Berge zu versetzen.
Auch Johann Wolfgang von Goethe hatte dieses Prinzip entdeckt. Von ihm stammt das nachfolgende Zitat:

„In dem Augenblick, in dem man sich ganz einer Aufgabe verschreibt, bewegt sich die Vorsehung auch.

Alle möglichen Dinge, die sonst nie geschehen, um einem zu helfen.
Ein ganzer Strom von Ereignissen wird in Gang gesetzt durch diese Entscheidung und er sorgt zu den eigenen Gunsten für zahlreiche unvorhergesehene Zufälle, Begegnungen und materielle Hilfen, die sich kein Mensch vorher je so erträumt haben könnte.
Was immer Du kannst oder Dir vorstellst, dass Du es kannst, beginne es.
Kühnheit trägt Genius, Macht und Magie in sich.
Beginne jetzt!"

Es ist wichtig und richtig aufzubrechen und dem Herzen zu folgen. Dabei wird Fügung eintreten, wo vorher Zufall war. Du wirst wissen. Erst läuft man etwas stolpernd, dann werden die Schritte fester. Unterschätze doch Fügung und Schicksal nicht mittels des kleinen Werkzeuges, das wir Verstand nennen. Wir sind tatsächlich vollkommen unzureichend ausgestattet mit dem bisschen Logik und Analytik, um unsere wahre Bestimmung zu analysieren. Das funktioniert nicht.

Wir sollten aufmerksam sein und mit offenem Blick Ausschau halten, was es mit uns will.

Der hört sich irgendwie gut an, dieser Satz. Meinen Sie nicht?

So „Ausschau halten und gucken was es mit uns will".

Aber machen wir das denn wirklich?
Hören wir denn auf uns?
Hören wir denn in uns?
Leben wir aus unserem Inneren heraus?

Sie bemerken es, werter Leser.

Bisher haben wir uns den Phänomenen aus der Distanz und als staunender Beobachter genähert.

Nun wird es persönlich. Es geht in den folgenden Seiten um die individuelle Bedeutung von unseren alltäglichen Wundern.

Sie können nun das Buch aus der Hand legen und zuschlagen, dann haben Sie sich bis hierhin nett amüsiert. Spätestens ab jetzt wird das Geschriebene jedoch individuell bedeutsam – im Zweifel auch unbequem.

Handeln wir denn nach dem hier dargestellten tieferen Wissen? Ziehen wir die Konsequenzen aus dem Gelesenen? Gestaltet sich unser Alltag danach oder funktioniert er nach ganz anderen Stellschrauben?

„Es sieht

immer mehr so aus

als ob das

Universum

nichts

anderes ist

als ein

einziger

grandioser

Gedanke“

Albert Einstein

## Gedankenkraft schafft Wirklichkeit

„Jeder göttliche Name ist erfüllt von göttlichen Schwingungen. Diese umgeben und beschützen uns und durchdringen unseren Körper und unser ganzes inneres Sein. Das Besinnen auf den göttlichen Namen schenkt unmittelbar Frieden und Glück und wendet uns vom Weltlichen zum Göttlichen.“ Unbekannt

Wie wäre es, wenn wir selbst wundersame Manifestationen aus unseren Urgründen holen könnten?
Wenn wir Materie erschaffen, indem wir denken?
Bei Hölzern und Steinen kommt uns das wie ein Wunder vor und wir vermuteten, tiefe Ordnungsschichten im Universum könnten dafür verantwortlich sein und abbildend wirken.
Und wie wäre es, wenn wir selbst die Probe aufs Exempel machten und Materie erschaffen, die wir dann bestaunen dürfen?

Kommen wir also langsam und sicher zu einem weiteren Aspekt unserer alltäglichen Wunder - zu den persönlichen Wundern. Hier dürfen Sie, werter Leser, nicht mehr nur staunen und „von außen gucken“, sondern sind mehr und mehr mittendrin und verantwortlich dabei.

Wir Menschen sind mentale Wesen, die materiell erschaffen, was sie denken. Wir leben in einem Netz unserer eigenen Resonanzen. Uns geschieht, was wir denken. Die Welt ist im Außen, was wir im Inneren sind. Das ist das Geheimnis der alten Weisheit *„Verändere Dich selbst und die Welt verändert sich.“* Ein resonanter Kosmos wirft nach diesem Weltverständnis das Produkt unserer eigenen Vorstellungen und Gedanken auf uns zurück. Der römische Staatsmann Cato der Ältere formulierte folgerichtig: *„Jedem das Seine.“* Diese Feststellung ist bedingungs- und schonungslos, ja, sie wirkt beinahe brutal, bedenkt man das Schicksal vieler Menschen. Sie macht uns ohne jede Einschränkung zum aktiven Gestalter, aber auch Verantwortung Tragenden unserer eigenen Welt.
Gedanken sind der Grundbaustein unserer gesamten Welt. Der Gedanke ist erste Ursache, er ist der Vater aller Dinge. Alles, was wir in unserer Welt wahrnehmen, anfassen, sehen oder fühlen, wurde zuerst gedacht. Unsere Gedanken haben sich allgegenwärtig manifestiert. Wohin wir blicken, worauf wir fassen, wir haben es mit dem Wunder sichtbar gewordener Gedanken zu tun. Bewusstsein, das sich in Formen ergießt.
Alles Sichtbare in der Welt, wird vom Unsichtbaren gesteuert. Häuser, Autos, Eisdielen, Münzen oder Werkzeuge sind erdachte Objekte. Ihnen zu Grunde lag die Idee, der Schöpfungsakt, ihre *Verursachung*.

Allein dies zeugt als analoger Beweis, dass Bäume, Gräser, Bienen oder Blumen dem gleichen Prinzip entspringen. Hier mag uns der Schöpfer unbekannt sein, dafür zeugt die materielle Welt von dessen Handeln.

Gedanken sind Energie. Sie sind überlichtschnell und zeitlos. Sie können sowohl in die Zukunft als auch in die Vergangenheit reisen. Wir stellen uns nicht nur vor, zu reisen, wir *tun es wirklich*. Die Wissenschaft erforscht die Kraft der Gedanken. Wir wissen heute, *dass* sie funktioniert, diese unbekannte Kraft. Aber wir wissen nicht *wie*.

Drosseln Gedanken ihre Geschwindigkeit, werden sie zu Licht.
Werden sie noch langsamer wird aus Licht Elektrizität.
Wird diese weiter gebremst erhalten wir Materie.

Deshalb nennt man Materie auch eingefrorenes Licht. Deshalb spricht man vom Licht der Gedanken und Ideen werden mit einer Glühbirne symbolisiert. Jemand, der voller Gedanken ist, wird umgangssprachlich als „hell im Kopf" bezeichnet. All diese Vergleiche weisen auf die enge Analogie von Gedanken und Energie hin.

Gedanken vibrieren schnell, Materie hat eine vergleichbar langsame Schwingungsfrequenz und alles ist letztlich aus Energie gemacht. Je schneller, desto heller, je langsamer, desto fester. Nach diesem Muster sind ebenfalls alle Welten und Dimensionen gebaut.

Wenn Sie im Winter Kaminholz im Ofen verbrennen, verbrennen Sie in Wirklichkeit nur Sonnenenergie – Licht. Es ist die Kraft der Sonne, die in einem Stück Holz abgespeichert wird. Es ist die Sonne, die Sie über die Glut nachträglich noch einmal wärmt.

Wir kennen vergleichbare Effekte vom Wasser. Wenn bei Gedanken die Schnelligkeit der Vibration den Unterschied zwischen den Daseinszuständen ergibt, so ist es beim Wasser mit der Temperatur vergleichbar.
Wenn Wasser heiß ist, ist es Dampf oder „Luftfeuchte" und oft unsichtbar. Wenn es etwas kühler ist, verdichtet sich die Luftfeuchte zu Wolken und wird sichtbar, obwohl es noch nicht im eigentlichen Sinne „fest" ist. Kühlt es weiter ab, wird es erstmals körperlich und zu Wasser. Schließlich erstarrt es bei extremer Kälte zu Eis und wird Materie.

Der Vergleich mit dem Wasser weist uns auch auf eine weitere Analogie hin. Materie ist eine Illusion. Wie Eis an Umfeldbedingungen gebunden ist, so verhält es sich auch in unserer Welt mit den anfassbaren Dingen.

Das Universum, das Ordnungssystem um uns herum, unterscheidet nicht, welcher Gedanke von uns gewünscht ist oder nicht, sondern erfüllt. Dabei wird noch zu erörtern sein, ob wir als kollektives Bewusstsein die Resonanzen unserer gesammelten Ursachen tragen oder jeder einzeln für sich. Das Leben innerhalb des dreidimensionalen Raumes wird zu einem Übungsraum. Unsere Gedanken sind wie kleine Lebewesen. Jeder möchte sich entfalten und wahr werden. Hier entfalten unsere lebendigen Gedanken aber nicht sofort ihre Existenz. Die Auswirkungen treten innerhalb der Materie erst zeitverzögert und langsamer ein. Gedanken müssen mehrmals und intensiv gedacht werden, oft auch mit Gefühl angereichert, um sich zu manifestieren. Mit anderen Worten könnte man formulieren, wir können hier *üben zu denken*. Wir können lernen, unsere Gedankenkraft in den Griff zu bekommen und Kontrolle auszuüben. Wir können prüfen, was wir verursachen, lernen, die Auswirkungen unserer mentalen Ursachen zu erkennen, wenn wir wieder einmal *ernten, was wir säen*. Wir setzen Ursachen und leben inmitten der Folgen. Ohne Bedingung. Wir üben unser Mitschöpfertum am Kosmos.

Die Macht unserer Gedanken besteht darin, dass unsere Ängste, Wünsche und Vorstellungen allesamt danach streben, wahr zu werden. Das große Geheimnis vieler alter magischer Wissenschaften besteht in dem einfachen Umstand, dass Gedanken, einmal gedacht, ein Eigenleben entfalten. Wir finden im bösen Gedanken die magische Wissenschaft von Fluch und oder Bann, im positiven Gedanken den Segen. Ist er positiv und auf den Körper bezogen, finden wir die Geistheilung. Ist er neutral und auf Objekte bezogen, die Telekinese und so weiter. Alle diese Techniken haben denselben Ursprung, benutzen die gleiche Basis.

Unsere Gedankenkraft.

Sobald wir begriffen und *wirklich akzeptiert* haben, über unsere Gedanken auf uns und unser Leben selbst einzuwirken, erscheinen die Möglichkeiten unbegrenzt.

Wir sind es, die überall im Universum erhältliche, im unbegrenzten Maß vorhandene freie Kraft aufnehmen und in der ureigenen Schwingung unserer Individualität transformieren.

Von dieser überall erhältlichen Energie ist alles, ist die ganze Welt durchdrungen. Sie wandelt sich in jeder Lebensform auf eigene Weise und macht den Baum zum Baum und den Hirsch zum Hirsch. Diese Energie belebt jedes und alles auf unserem Planeten.

Wir könnten zur weiteren Erklärung auch anführen, es mit einer Art Urschwingung zu tun zu haben, die ewig gewandelt und spezifiziert wird. Oder mit einer Farbe, in der alle anderen Farben enthalten sind. So ähnlich wie bei Licht, dass uns unsichtbar erscheint und – durch ein Prisma geschickt und in seine Bestandteile zerlegt - die prächtigsten, unterschiedlichsten und scheinbar gegensätzlichsten Farben entwirft.

Mit anderen Worten ausgedrückt, hat jede Lebensform, jedes Lebewesen damit eine äußerst begrenzte eigene Form seiner Resonanz. Eigenresonanz zu einem äußerst begrenzten Ausschnitt vorhandener Energie ist die Lösung.

Wir ziehen mit unserem Denken, unserem Sein, unserer Spezialisierung bestimmte ausgewählte Dinge in unser Leben. Wir verursachen sie durch unser So-Sein.

Dieses Gesetz der Anziehung ist in einer alten fernöstlichen Religion durch einen Gott verkörpert. Dessen Vorstellung soll die dargelegten Gedanken noch einmal vertiefen.

## Ein Türspalt Licht

„Du bist ein Kind der Schöpfung
nicht weniger, wie die Bäume und Sterne es sind
Du hast ein Recht darauf, hier zu sein.
Und ob Du es merkst oder nicht -
ohne Zweifel entfaltet sich
die Schöpfung so, wie sie es soll.
Lebe in Frieden mit dem Göttlichen,
so, wie Du es jetzt für Dich begreifst.
Und was auch immer Deine Mühen
und Träume sind in der lärmenden
Verwirrung des Lebens
halte Frieden mit Deiner eigenen Seele."
Irischer Segen von 1692

Im Folgenden möchte ich auf den hinduistischen Gott zu sprechen kommen, dessen Hauptname der göttlichen Urgestalt auch Krishna genannt wird. Nicht etwa, weil der Hinduismus oder eine andere bestimmte Religion besonders hervor gehoben werden soll, sondern vielmehr, weil sich bestimmte Aspekte zur Verdeutlichung anbieten.

Krishna ist der Name des hinduistischen Gottes und bedeutet nach dem Sanskrit, der Sprache der Veden als indischer heiliger Schrift, „der Allanziehende" oder „der Schwarze" (abgeleitet von „krs" anziehen, ebenso ist die Wortverwandtschaft von Krishna und Christus auffällig). Oft wird sein Hauptname so interpretiert, dass er aufgrund seiner Eigenschaften die Aufmerksamkeit, Streben und Sehnsucht aller Lebewesen auf sich zieht. Alles blickt zu ihm, richtet sich nach ihm, wendet sich ihm zu. Dies geschieht durch die ihm zugeschriebenen Eigenschaften wie unbegrenzte Schönheit, Wissen, Reichtum und Fülle, um nur wenige zu nennen. Damit ist er sowohl Schöpfer und Quelle von Allem, als auch Attraktor alles Existierenden. Am ehesten entspricht ihm wohl im westlich-religiösen Symbolismus die göttliche alldurchdringende Urkraft.
Einen Europäer kann die Zuordnung der Farbe schwarz in dessen Name höchst verwirren. In der westlichen Mythenwelt ist die Farbe schwarz überwiegend mit unheimlichen, negativen oder Furcht auslösenden Eigenschaften verbunden. Schwarz entsteht dort, wo kein Licht ist. Schwarz ist die Abwesenheit von Licht. Die Dunkelheit wird den Dunkelwelten zugeschrieben usw.
Schwarz ist aber auch das Produkt, wenn man alle Farben überlagert. Setzt man rote, grüne, gelbe, blaue Farbschablonen übereinander, entsteht immer schwarz, vorausgesetzt, es werden genügend viele und bunte Farben überlagert. Schwarz hat damit auch eine absolut positive

Rolle. Es vereinheitlicht den Detail- und Facettenreichtum, beherbergt das Bunte, es ist allanziehend – es hat alle Farben angezogen.
So steht Krishna eben auch ausgerechnet mit Holi, dem indischen Frühlingsfest der Farben in enger Verbindung. Die Menschen besprühen sich hier mit gefärbtem Wasser oder verschiedenen Pulvern und feiern ausgelassen und übermütig. Krishna als der Schwarze hat also hier durchaus positive Anklänge und Zuschreibungen.

Beschreibt man Krishnas Haupteigenschaft der Allanziehung als Prinzip und Naturgesetz, so könnte man einerseits sagen, es ist allanziehend, weil es mit allem in Resonanz steht, alles aus ihm entspringt, es alles beinhaltet. Es vereinigt alle Facetten, alles Spezielle in sich zur Ganzheit, ist in jedem einzelnen Menschen Bestandteil. Jeder Mensch ist spezielle Ausformung vieler Details seiner Spezies, deren Gänze durch das Göttliche vereinigt wird. Es zieht alles an, egal ob es dem menschlichen Gut-Böse-Raster entspricht oder nicht. Es ist die Quelle von allem und alles kehrt zu ihm zurück.
Genau dies entspricht dem Gesetz von Ursache und Wirkung, wonach jede Energie zu ihrem Erzeuger zurückkehrt.

Krishna als Gott beinhaltet also das Prinzip der Ursache und Wirkung auf vollendetem, ja unendlichem Niveau.

*"Krsna, den man als Govinda kennt, ist der höchste Herrscher. Er besitzt einen ewigen, glückseligen, spirituellen Körper voller unbegrenzter Erkenntnis. Er ist der Ursprung allen Seins. Er Selbst hat keinen anderen Ursprung, denn Er ist die urerste Ursache aller Ursachen." (Brahma-samhita 5.1)*

In der klassischen Wissenschaft ist die Analogie zu diesem Aspekt der Urknall (Ursache) mit einem sich ausdehnendem Universum (Wirkung), das sich ab dem Punkt der größten Ausdehnung wieder zusammenzieht (Rückkehr zur Quelle). Der Urknall wird gleichzeitig zum Auslöser, wie auch Attraktor, alles entspringt und kehrt zurück, weitet sich aus, bevor es sich zusammenzieht. Mit anderen Worten: es werden Gegensätze vereinigt.
Die wiedervereinigende Wirkung des Urknalls als Attraktor findet hier auch eine sprachliche Entsprechung im französischen „attraction“. Und dreimal dürfen Sie raten, werter Leser, was das übersetzt bedeutet. Richtig. „Anziehung“. Im Lateinischen Wortstamm findet man „ad trahere“, was ebenfalls „zu sich hin ziehen“ bedeutet bzw. ad tractum = Anziehung.
Zurück zum Hinduismus wäre also der allanziehende Krishna eine Art „Alles-Attraktor“, ein „All-Anziehungs-Prinzip“.

So, wie wir Menschen „in-form-gebrachte geistige Wesen sind“, uns sozusagen im Körper materialisiert haben, wird unser spirituelles Da-Sein hier an den Körper und die Welt angebunden. Wir haben uns als geistige Wesen in der Welt *ver-körpert*. Das heißt, das einstmals rein energetische Wesen, also Sie, ist in einen Körper eingekehrt, hat ihn angezogen, um zu inkarnieren.

Als Entsprechung zu diesem Vorgang finden wir hier auf der Erde die Anziehungskraft (Gravitation= Massenanziehung) dieses Planeten auf unseren Körper. Sie bindet unseren Körper an ihren eigenen Leib. Wir werden von ihr angezogen, werden hier – ob wir wollen oder nicht – manifestiert. Es ist uns eben nicht möglich einfach wegzuschweben, sondern wir sind hier in der 3-D-Dimension „angebunden“.
Die religiöse Gleichung finden wir im lateinischen „Corpus“ für Körper. Der „Corpus Christi“ ist der Leib, die Materie des geistigen Prinzips Jesus, das vom Himmel auf die Erde niederstieg. Er spiegelt damit jeden einzelnen Menschen, der als geistiges Wesen „von der Erde angezogen wurde“ und in die Materie kam.

Gott als waltende Kraft wird immer wieder damit verglichen, sich in allen Details zu spiegeln, allem inne zu wohnen. In allen Religionen wird berichtet, dass damit auch jeder Mensch einen göttlichen Anteil habe. Anders gesagt könnte man auch formulieren, von der Ganzheit Gottes spiegelt jeder Mensch einen winzigen kleinen und speziellen Teilbereich wieder. Jede einzelne Eigenschaft eines Menschen ist Spezialisierung auf höchstem Niveau, die Zusammensetzung Ihrer eigenen Persönlichkeit eine einmalige Spielart der Natur.

Und genau an dieser Stelle tritt eine für Sie persönlich extrem wichtige Information in den Text. Denn die vorangegangenen Darstellungen haben für Sie selbst eine wichtige Facette:

Gott wirkt in seiner Gänze allanziehend.
Sie sind ein kleinster Teil Gottes.
Damit sind Sie, werter Leser, teil-anziehend.

Wir selbst sind auch Attraktoren. Nur wirken wir aufgrund unserer speziellen Ausprägungen, unserer Vorlieben und Abneigungen nicht auf alles, sondern nur auf eine winzig kleine Auswahl, die unserer Art zu denken und unserer Persönlichkeit entsprechen. Sie und ich ziehen also nur bestimmte Dinge in unserem Leben an. Damit sind wir selbst und unsere geistigen Aktivitäten Ursache aller persönlichen Lebensumstände. Wir denken, handeln und wünschen immer nur im Rahmen unserer eigenen Möglichkeiten.

Wir sind aufgrund unseres Charakters hoch *eigen-artig* und deshalb *teil-anziehend*.

Unsere individuelle Beschränkung also macht die grundsätzlich richtige Möglichkeit, *jeden* Wunsch wünschen zu können, unmöglich. Wir können nur ins Dasein rufen, zu was wir in Resonanz stehen. Wir können nur manifestieren, zu was wir in energetischem Gleichklang stehen. Wir sind eben hochspeziell.

Was soll das sein, dieser mysteriöse energetische Gleichklang?

Sprechen wir doch ganz einfach mal von Ausstrahlung. Nehmen wir die Ausstrahlung Ihres Ehepartners. Die können Sie sich sicher sehr gut vorstellen. Er oder sie muss nicht anwesend sein und sie können an vielen einzelnen Feldern und Informationen „herumtasten". Hier haben Sie ein sehr schönes Beispiel für die Energie, die ein Mensch ausstrahlt. Er sendet auf einer ganz eigenen bestimmten Frequenz. Wir sprechen von seiner individuellen, nicht körperlichen Eigenart, die nur er oder sie genau so und nicht anders hat. Die Einzigartigkeit, die von der Person ausgeht.
Jetzt wird Ihrem Ehepartner auch nur genau das passieren, was zu ihm passt. Wie an einem Eichenbaum nur ein Eichenblatt wächst, genau so sicher ist auch ihr Partner immer genau in seiner Energie und seinem Lebensplan. Und genau so zuverlässig würde er auf seinem höchstpersönlichen Weg direkt wieder auf Gott zusteuern.

Aber wir befinden uns nicht nur in unseren eigenen individuellen Feldern und leben nur diese aus.

Wenn wir als Menschen auf diese Erde kommen, dann werden wir hineingeboren in spezielle Felder. Da sind unsere Familie, unsere Ahnen, unser Kulturkreis, unsere Nationalität, Sitten und Gebräuche. Ich spreche hier von geistigen, uns prägenden Feldern. Diese umgeben uns lange bevor ein Säugling das Netz seiner bevorzugten Bahnen im Gehirn ausbilden wird. Aber der Körper wird dies nachvollziehen. Da wir in Resonanz mit diesen Einflüssen stehen, wird unser Körper, unser Gehirn, unsere Eigenart sich demnach ausrichten. Wir sind nicht der, der wir sind, weil Aminosäureketten uns dazu machen, sondern weil die darauf modulierten Inhalte – die Information, Energien! – derart einprägend wirken.
Wir kommen also insofern stark determiniert auf die Welt, was nahe legt, dass wir Menschen jeder mit einem genau umrissenen Lebensauftrag hier auf der Erde weilen. Wir sind mit genau jenen bestimmten Fähigkeiten auf der Welt, weil wir exakt zu bestimmende Ziele in diesem

Leben haben, weil wir spezielle Lebensstationen haben. Unsere Eigenarten ziehen spezielle Lebensumstände an. Wir bedingen Geschehnisse aufgrund unseres So-Seins. Und dieses So-Sein wirkt seit Generationen, quer durch die Zeit und eine Menge von Dimensionen.

In der deutschen Sprache finden wir eine Redewendung, die den Umstand der „Teilanziehung" und seiner Folgen beleuchtet. Es heißt hier, man solle kein „Unheil anrichten". So oft wir diese Worte schon gebraucht haben, ist uns – wie so oft – die tiefe Weisheit unserer Muttersprache wieder einmal verschlossen geblieben. *Unheil entsteht hier durch unser Richten.* Mit anderen Worten: wir fallen aus dem Heil durch duales Handeln.

Interessant dabei auch, wie aus Heil, die abgeschwächte Form des „Un"heils wird. Man könnte beinahe nahe legen, es gebe in Wirklichkeit gar kein echtes Gegenteil von Heil, da es nicht einmal ein eigenes Wort, keinen echten (Wort-)Gegensatz dafür gibt. Unheil ist hier wörtlich nur so etwas wie „gebeugtes Heil". So, wie Licht durch ein Prisma fällt und viele Farben wirft, aber in Wahrheit eines bleibt.
Überträgt man diese Worte auf unsere Wirklichkeit, kann man sagen, unsere dual erscheinende Welt ist in Wirklichkeit eine Welt von Einheit. Sie ist heil, nicht dual. Sie mag farbig und bunt erscheinen, vielfältig und extrem ist aber in Wahrheit durchsichtig, nicht greifbar und ein „Aus-Druck" höherer (transparenter) Ordnung.

Wie können wir diese Erkenntnisse nun praktisch umsetzen?

Wir können versuchen innerhalb unseres Handlungsrahmens neue Ursachen zu setzen.

Und da sind wir wieder und noch inmitten der philosophischen Lehre der Resonanz, wo eine Saat die zugehörige Frucht trägt, wo Ernte in Resonanz mit Aussaat steht.

Welche Schlussfolgerungen haben wir bis hierhin getroffen?

1.) Wir Menschen können über Gedankenkraft erschaffen.

2.) Da wir Menschen hoch „eigen-artige Spielarten" der Natur sind, erschaffen wir in dem Teilbereich, zu dem wir in Eigenresonanz stehen.

Wir sind nicht Krishna oder Christus und auch nicht *all*-anziehend!

Genau dieser kleine springende Punkt sagt aus, dass unser individueller Wunschbereich in der Praxis und gegenwärtig auch limitiert ist.

Und jetzt mal innehalten und kurz nachdenken.
Spätestens hier darf es laut bei Ihnen klingeln, werter Leser.

Wir können momentan zwar prinzipiell, jedoch nicht praktisch frei wünschen, sondern nur, was innerhalb unseres persönlichen, individuellen, beschränkten Horizonts ist.

Ein Beispiel vielleicht: Stellen wir uns einen machtbesessenen Menschen mit Geltungsdrang vor. Dieser Mensch muss die zu seinen individuellen Eigenarten passenden äußeren Umstände anziehen und wird diese auch gedanklich forcieren. Er wird sich also wahrscheinlich die Leitung der Firma, der Partei oder einer Armee wünschen oder möchte berühmt sein und Heldentaten vollbringen, damit er sich selbst aufwerten kann. Erst nach diesen Erfahrungen, nach dem Durchleben, wird er bereit sein, zu neuen Ufern aufzubrechen, neue Dinge anzuziehen. Schließlich hat er neue Erfahrungen gesammelt und sich verwandelt.

Es wäre also mit anderen Worten hilfreich, wenn wir uns verändern könnten.

Menschen sammeln Erfahrungen, um Erkenntnisse zu sammeln. Aus der Fülle der Erkenntnisse entsteht ein immer reichhaltigerer Fundus an Wissen. Wir integrieren immer mehr. Aus diesem Wissen entsteht Weisheit. Gesammelte Weisheit führt zu Gottesnähe.

Es dürfte klar sein, dass es höchst erörternswert ist, was wir wünschen.

Wir können uns nämlich unser ganzes Leben bestens damit beschäftigen, uns immer wieder neue, scheinbar unverzichtbare Dinge zu wünschen.

Sie werden uns von einem ins nächste Extrem führen. Von einer extremen Entscheidung in die nächste.

Wie können wir dies vermeiden?

Dazu gleich mehr.

Ich behaupte: Oft wünschen wir nicht, was wir wünschen, sondern was andere denken und wollen.

## Käfig Kollektivspeicher - Sammelbecken der Bewusstseinsenergie

„Sklaven wollen nicht frei sein,
sondern Sklavenaufseher werden."
Gabriel Laub

Wie könnte nun der Vorgang des Wünschens und der vorhandenen geistigen Schöpferkräfte von uns Menschen realistisch und detailliert dargestellt werden?

So, wie wir weiter vorne bereits die „Ideenebene" von Pflanzen, Tieren oder anderen Erscheinungsformen kennengelernt haben, können wir uns ebenfalls vorstellen, wie es eine Wirklichkeitsebene für den menschlichen Geist gibt. Diese hat nicht nur formenden Charakter, der die Erscheinung eines Körpers definiert. Sie hat weiterhin auch eine Art „ereignis- oder schicksalsregulierende Funktion". Wirklichkeit wird aus Ideen gemacht, knapp gesagt. Hierbei ist – nebenbei gefragt – noch vollkommen offen und unbekannt, ob nicht auch die Wünsche und Gedanken von Tieren mit in diese Ideenmatritze eingehen könnten. Die Summe dieser Gedankenenergien könnte man dann das Kollektivfeld oder die Matrix nennen. Eine Art biologischer, natürlicher Datenspeicher der Schöpfung.

Wie funktioniert dieser Speicher?
Menschen (vielleicht auch alle Lebewesen) speisen diesen Speicher durch ihre mannigfachen Gedanken. Gleichzeitig erhalten sie eine Unmenge an Daten mittels Gedanken zurück. In diesem Modell entstehen die Gedanken also nicht in uns selbst, sondern wir erhalten sie von außen und werden sozusagen gedacht. Ein Sprichwort sagt:

Wir leben nicht unser Leben,
sondern das Leben lebt uns.

Wir waren auf biologische Weise bereits ständig online, lange bevor wir das Internet erfunden hatten. Wir denken und wünschen alle ständig – und sind dabei vernetzt. In diesem Modell ist unser Gehirn nicht Schöpfer von Gedanken, sondern ein Empfangsorgan. Wir tun demnach nicht, was wir wollen, sondern wir wollen, was wir tun.
Stellen wir uns einen riesigen Bewusstseinsspeicher vor, in dem alle jemals gedachten Gedanken gesammelt und aufbewahrt sind. *Theoretisch* kann jeder Mensch auf alle diese Gedanken zugreifen.
*Praktisch* wird er nur jene Gedanken denken können, zu denen er in Resonanz steht. Es ist also eine Frage der Eigenschwingung und Eigenfähigkeit, welche Gedanken wir empfangen können. Zu welcher

Frequenz jedes Individuum in Resonanz steht. Zu welcher Schwingung wir sozusagen „kompatibel“ sind. Tatsächlich gibt es bislang keinen Beweis dafür, dass Gedanken in unserem Gehirn entspringen. Vielmehr verstärken sich Tendenzen in der Neurowissenschaft, das Gehirn, genauer die Großhirnrinde als Empfangsorgan für Gedanken zu sehen. Die molekularen und chemischen Vorgänge im Gehirn sind demnach nicht Auslöser oder Produzenten von Gedanken, sondern Folgen.
Das bedeutet, wir ziehen nur solche Gedanken an, die mit unserem eigenen Energiefeld in Resonanz stehen. Wir selbst filtern durch unsere Eigenarten vor, zum Beispiel in ausschließlich naturwissenschaftlicher Denkweise. Unser Geist ist mit einem Sieb vergleichbar, der das Gehirn anweist, auf bestimmte Art zu filtern. Der eine Mensch filtert Kiesel heraus, der andere nur feinkörnigen Sand. Für beide ist es „die Realität wie sie eben unumstößlich und wirklich ist“.

In dem Maß, wie wir uns ändern, wie wir unsere *Einstellung* (auch dieser Begriff erinnert an die passiv aufnehmende und auswählende Funktion unseres Gehirns, denn das Gehirn ist demnach wie ein Radio auf eine Frequenz eingestellt) verändern, schaffen wir die Möglichkeit, andere Gedanken aufzufangen, erweitern wir unser Gedankenspektrum.
Je mehr wir uns entwickeln, umso mehr werden wir befähigt zu denken.
Wir erweitern unseren Möglichkeitsrahmen, erweitern unseren „Teil-Anziehungs-Bereich“.

Wir können uns auf andere Menschen oder Orte einschwingen und treten damit in Resonanz zu diesen Dingen. Genau dies geschieht auch beim RV. Man tritt in Übereinschwingung zu vorgegeben Themen.

Ein praktisches Beispiel: Bei den Arbeiten zu diesem Buch ist immer wieder der Effekt zu betrachten, sich auf bestimmte Bereiche einzuschwingen, bevor sich das Füllhorn des Universums in Form von Einfällen, Träumen, Artikeln, Stichworten nur so über einen ergießt. Es ist immer wieder das gleiche Wunder und Phänomen.
Wenn wir in starker Resonanz mit einer anderen Person sind, stellt sich automatisch Telepathie ein.
Liebe ist ein Ausdruck von Gleichschwung, Harmonie und gleichem Rhythmus. Deshalb ist Telepathie bei langjährigen Paaren eine Selbstverständlichkeit. Der andere ist Teil des Individuums. Man hat sich um den anderen erweitert. Der andere ist ein Teil von mir selbst. Man hat das Ego überwunden. Ein neues kollektives Feld wurde eröffnet. Ich habe mit vielen alten Menschen gesprochen. Es ist egal, welche Lebenseinstellung oder Religion diese haben. Sind sie lange Jahre verheiratet stellt sich ein Zustand ein, den selbst die härteste Materialist

mit „Wir sind Eins geworden“ umschreibt. Sie müssen nicht daran glauben. Durchleben langt.

Wie dieses Beispiel auch zeigt, ist unser Hirn nicht nur passiv-aufnehmend. Es erkennt nicht nur individuellste Teilbereiche der Natur, sondern transformiert und wandelt auch Einblicke und speist diese wieder in das kollektive Feld ein. Damit sind wir tatsächlich – jeder einzelne Mensch auf dieser Erde – Mitschöpfer.

Egal, welche Energien ein Mensch absondert – zusammen mit allen anderen Menschen erschafft er die Wirklichkeit. Es ist das Eingebettet-Sein des Einzelnen in einem miteinander verwobenen Gedankenmuster von sechs Milliarden menschlichen Hirnen. Ein unglaublich vielfältiges Vektorgramm geistiger Kraftströmungen.

Im kollektiven Gedankenfeld ist die Unterschiedlichkeit von allen Menschen aufbewahrt. Dies reicht von niedrigsten triebhaftesten und schlimmsten Gedanken, bis in die höchsten Himmel. Dies ist nicht nur ein Segen, sondern auch eine Prüfung. Von den Produkten eines nicht gezügelten Geistes sind wir tagtäglich umgeben.
Die Summe aller Wünsche, geborgen in einem kollektiven Feld, ergießt sich wieder zurück auf uns alle. Was der Nachbar und sechs Milliarden andere Menschen mit ihren Wünschen anfangen, wirkt sich auch auf uns aus. „Mitgehangen - Mitgefangen“ im menschlichen Kollektivfeld. Was sich dabei schließlich als Realität ergießt, kann man sich als Ergebnis unzähliger unterschiedlicher physikalischer Kraftpfeile vorstellen, die in alle möglichen Richtungen zielen. Diese symbolisieren die unterschiedlichen Wünsche und Ziele, die Menschen täglich gedanklich belegen und in die Matrix einspeisen. Dabei ist nicht nur die Vielzahl, sondern auch die Intensität der Wünsche für deren Potenzial zur Verwirklichung ausschlaggebend.
Auf diese Weise sind die Strömungen in der Historie zu erklären. „Es liegt etwas in der Luft“, weiß der Volksmund. Es ist eine Art Massenwahn, wie er zum Beispiel vom Vorabend des Ersten Weltkrieges berichtet wird. Die Menschen in Europa speisten überwiegend eine kollektive Blase von Nationalismus und Kriegslust, verbunden mit falsch verstandenem Mannes – und Heldentum. Nur so ist zu erklären, wie sie sich überall in Europa auf den Straßen trafen, um gemeinsam wandernd völkische Lieder zu singen. Verklärt träumten sie von einer größeren, herrlicheren und glanzvolleren Zeit voller Glorie, während sie in Wirklichkeit dem Krieg entgegentaumelten.
Auf diese Weise erklären sich plötzlich die Kreuzzüge oder der Kolonialismus. Wir müssen die geistigen dominanten Felder im Hintergrund antasten, um die Lösung erfühlen zu können.

Es sind immer wieder nur unsere *dominanten Gedankenenergien*, die Geschichte gemacht haben.

Es geschah, was wir uns erdacht haben. Im Kontext dieser Zeilen wird dies „Wünsche“ genannt. Dem Universum ist egal, was gedacht wird. Das Universum funktioniert einfach nach dem Prinzip, zu materialisieren, was an Frequenzen vorhanden ist.

Es liegt an uns, in uns ein Gleichgewicht, einen Boden herzustellen, der uns befähigt, hoch schwingende Gedankenfelder zu erreichen. Selbst wenn wir das getan haben, sind wir weiterhin Teil eines Ganzen.

Unsere Gedanken funktionieren wie Magnete. Sie ziehen sich gegenseitig an und gelangen als Einfälle in unseren Kopf. Wir fangen Gedanken auf, bearbeiten diese und geben sie verstärkt wieder ab. Wir haben einen Gedanken erweitert und geben ihn wieder in den Strom allen Bewusstseins. Damit wird dieser Gedanke für einen anderen Menschen empfangbar, der ihn ebenfalls wieder als eigenen Gedanken, Intuition oder Idee aufnimmt. Das bedeutet nicht nur, dass Menschen Zugang zu unseren Gefühlen und Gedanken haben, sondern auch, dass wir gegenseitig über unsere Gedanken kommunizieren, in Wirklichkeit also ein kollektives Bewusstsein bilden.

Sehr dominante Felder bestehen in den gesellschaftlichen Bereichen. Es existiert eine ziemlich niedrig schwingende Energieform gesellschaftlicher Bereiche. Sie setzt sich zusammen aus sehr starken Gedankenmustern über Arbeit, Krankheit, Existenzängsten, Finanznot auf der einen Seite und Gier, Macht, Krieg auf der anderen, weiterhin zahlreiche alltägliche und ziemlich vernachlässigbare Gedanken. In ihr sind traditionelle Muster mit verhaftet, sowie gesellschaftliche Ge- und Verbote, aber auch Mode und Festivitäten, sowie religiöse Gepflogenheiten und Gebräuche.
Die zugehörigen emotionalen Grundmuster bestehen aus Angst, Konkurrenz, Triebhaftigkeit, Schmerz, Leid und Not, sowie zu Großteilen vor allem schmerzloser Dumpfheit.

In einer RV-Sitzung verändert der Viewer bekanntlich den geistigen Standpunkt. Und zwar nicht nur insofern, sich dem Ziel zu nähern, sondern auch hinsichtlich seiner beengenden Zugehörigkeit zu einigen geistigen Alltagsfeldern. Er fühlt sich in gewisser Weise „außen vor“ stehend. Als Beobachter der Szenerie. Selbst bei persönlichen Zielen ist diese Eigendistanz oft vorhanden – nebenbei bemerkt ebenfalls eine sehr einprägsame Erfahrung. Die angesprochenen geistigen

Grundmuster erscheinen in einer RV Sitzung wie ein perfekter Käfig, der den kleinsten Keim von Selbstbefreiung verhindert und die Menschen gefangen hält.
Es zeigt sich überdeutlich ein Kreislauf von knebelnden Gedankenfeldern, die über die beteiligten Menschen selbst wieder verstärkt werden.
Die Denker helfen selbst mit, am Käfig zu bauen. Aber vielleicht sollte man dies konkreter und an einem Beispiel Illlustrieren. Hierfür mag das Lotto dienen. Es ist einer jener „Bereiche" im Sinne von kollektiven Kraftfeldern, der durch Remote Viewer ausgiebig bearbeitet wurde.

Jede Woche ersehnen Millionen Menschen einen Sechser im Lotto. Sie knobeln Zahlen nach verschiedensten Systemen aus, bilden Lottogemeinschaften, setzen Geld ein, träumen von einer besseren Zukunft, sehen sich am Strand liegen und nie mehr arbeiten, liegen da und malen sich den Augenblick der sechsten gezogenen richtigen Zahl aus – kurz – sie wünschen. Sie wünschen so, wie man es nach Anleitung tun sollte, um das Universum zur Erfüllung zu bewegen. Perfekt! Mit viel Emotion, immer wieder und reich bebildert. Manchmal gewinnt ein Glücklicher den Hauptgewinn, oft nicht einmal ein Einziger. Wie kann dies passieren?
Die Lösung ist eigentlich ziemlich einfach. Die „gedanklichen Kraftpfeile" aller Beteiligten laufen in scharf gegensätzliche Richtungen, denn jeder möchte ja den großen Coup für sich landen. Damit werden alle Menschen zu direkten Konkurrenten eines ungemein eingeengten Gedankengebildes – der Lottoziehung. Mit anderen Worten bringen sich die Kraftpfeile der Beteiligten beinahe gegenseitig auf Null.

Als Gleichnis für diesen Vorgang eignet sich das Bild vieler Seilziehender. Lotto ist wie Seilziehen mit hunderttausenden Seilen und Teilnehmern. Der eine zieht mit aller Kraft nach links und der andere nach rechts. Großteile der Kräfte heben sich gegenseitig auf. Und wenn alle ganz fest ziehen, bewegt sich der Mittelpunkt nicht einen Zentimeter und die viele vergeudete Kraft geht als Spannung ins Seil. Jackpot. Zehn Millionen.
Beim richtigen Lotto sammelt der Jackpot die viele geistige Energie. Alle Träume und Hoffnungen sind darinnen. Vorstellungen und Wunschbilder.

Dort wird die wertvolle menschliche Bewusstseinsenergie verschlungen, wie sich die Muskelkräfte beim realen Seilziehen aufheben. Das energetische Gebilde „Lotto" wird immer noch stärker, beflügelt die Träume weiter, erhöht die Spannung, obwohl geschätzte 99,99 % der Spielteilnehmer nur bezahlen. Und zwar Energie in Form von Träumen, Wünschen, Geld und einem Schluck Realitätsflucht.

In der Astrophysik wäre das Pendant hierzu ein schwarzes Loch – es saugt alles ein. Ein Allesschlucker menschlichen Bewusstseins.

Dieses Beispiel verdeutlicht: Wenn viele Teilnehmer im Wunschfeld sind, kann ein Wunsch, so intensiv und richtig er imaginiert wird, nicht einfach umgesetzt werden. Seine Umsetzung wird sogar immer unwahrscheinlicher, je mehr Menschen mitdenken, da sie als Kontrahenten gegeneinander ausgespielt werden.

Einmal, wenn Wünsche wie beim Lotto, gegeneinander gerichtet sind. Zum anderen aber auch, wenn sie von vielen Bewusstseinen auf das selbe Ziel hin ausgerichtet sind.

Vielleicht geraten Sie in Begeisterungsausbrüche, wenn Deutschland bei der nächsten Fußballweltmeisterschaft kurz vor Ende des Spieles noch ein Tor schießt. Seien Sie sicher – Millionen werden es in gewaltigen Kraftfeldern mit Ihnen tun. Aber so ganz rein sind derlei Wunschkräfte natürlich nicht mehr. Denn wer sich den Sieg der eigenen Mannschaft erwünscht, erwünscht die Niederlage der anderen. Und gerade in einem Stadion entscheiden diese aufeinander prallenden Energien ganze Spiele. Nichts anderes meint das Wort „Heimvorteil". Das Publikum als „12ter Mann". Nicht nur die Umgebung ist vertraut und es gibt keinen Anreisestress für die Mannschaft, sondern es sind vor allem mehr eigene Fans vor Ort. Mehr „im Feld Mitwirker". Der Kreislauf der Energien wirkt hier direkt aufeinander ein. So, wie die Fußballer physische und geistige Energie im sportlichen Wettkampf gegeneinander richten, machen es ihnen die Zuschauer nach. Auch hier prallen Fronten gegeneinander gerichteter Energien aufeinander. Zapft ein Akteur diese Energien an, spricht man davon, „er sei wie beflügelt".

Nun, wie ist dies zu verstehen und was genau ist damit gemeint?

Das Beispiel verdeutlicht es. Beim Lotto – also sinnbildlich mitten im aktiven Geschehen von Millionen Hirnen – ist es enorm erschwert bis unmöglich, mit Gedanken erfolgreich Frucht zu bekommen. In neuen Bereichen, unbedachten Regionen, Arealen, die noch unbesetzt sind, kommt man mit relativ wenig aufgebrachter Energie sehr schnell zum Erfolg.

Auch hierfür haben wir ein Beispiel parat. Es handelt von Computerspielen und hierbei von so genannten Fußballmanagern.

In Deutschland boomt die Computerspielbranche. Sehr beliebt sind so genannte „Fußballmanager". Jedes Jahr erscheinen sogar Fortset-

zungen. Es sind Simulationen, in denen man die Schirmherrschaft über einen der vielen bereits im Spiel enthaltenen Vereine übernimmt. Hat die produzierende Firma die offiziellen Lizenzrechte erworben, stimmen vom Wappen, über den Namen und die beteiligten Spieler, bis zu deren Haarfarbe und besonderen Stärken alle Daten mit den echten überein.
Es gibt weiterhin auch die Möglichkeit, einen Verein zu erschaffen und diesen an die internationale Weltspitze zu führen.
Dann wird in der simulierten Fußballwelt der Heimatverein des Spielers, also zum Beispiel der SV Mühlheim, Erbershausen oder der TUS Grünfeld, mehrfacher deutscher Fußballmeister und Sieger der Championsleague. Tausende Dorfvereine wurden bereits editiert und sind nun deutsche Meister. Kein Problem. Und Weltstars werden gleich mit verpflichtet. Jeden Abend geschieht genau dieses Szenario zehntausendfach hinter den matt erleuchteten Fensterscheiben auf Monitoren.

Wir sprechen auch hier über ein Sammelbecken von zielgerichteter Gedankenenergie. So, wie in der Wirtschaft Standards und Zertifizierungen geschaffen werden, um „Vergleichbarkeiten und Transparenz" herzustellen, werden auch in der Welt des Bewusstseins die gleichen Standardisierungen geschaffen. Es sind vieltausendfache gleiche Gedankenmuster, bis ins Details vorgedacht, bis ins Detail nachvollzogen.

So wird im morphischen Feld täglich eine neue Bewusstseinszone vergrößert. Sie könnte heißen: „Dorfverein wird nationaler Spitzenclub".

So, wie der Fußball – und computerinteressierte Verbraucher seinen virtuellen Dorfclub an die Tabellenspitze der Bundesliga bringt, tun es mittlerweile auch zahlreiche Millionäre mit realen Clubs. „Hast Du keinen, kauf Dir einen", könnte das Motto heißen. Schon hierbei könnte sich die Verzahnung von Gedankenenergie und wirklicher Welt bewiesen haben. Aber es geht noch weiter.
Neuestes Beispiel in Deutschland ist der Aufsteiger der Saison 2007/2008 Hoffenheim, der kräftig im oberen Tabellendrittel mitmischte. Ein Dorfclub, der ganz nach oben gekommen ist. Das Abbild vom virtuellen Geschehen in den vielen Computerspielen. Übrigens gibt es dabei ein weiteres erwähnenswertes Detail. Der Hauptfinanzier des Bundesligaclubs ist ausgerechnet ein Softwarekonzern (Nein, keiner, der Computerspiele entwirft.).
Die Lösung scheint auf der Hand zu liegen: Dass wahr wird, was wir spielen, weil wahr wird, was wir denken.
So trivial und lustig diese kleine Geschichte mit den Computersimulationen wirken mag, zeigt sie ein weiteres Detail sehr deutlich, das

ich bereits in „Verdeckte Ziele“ beschrieb. Dort formulierte ich immer wieder sinngemäß, „das Geheimnis liege an den Rändern.“

Nun, wie ist dies zu verstehen und was genau ist damit gemeint?

Genau dieser Vorgang zeigt sich im „Außenseiterthema“ Computersimulation. Dies ist so „neben allem Gedachten“, so am Rand, dass es hier eben sehr gut möglich sein kann, dass mit verhältnismäßig geringem Gedankenenergieaufwand ein Zusammenhang zwischen Simulation und realer Welt bestehen könnte.

Neben diesen Gedankenfeldern existieren in einer Art höheren Tonlage oder feineren Frequenz vergleichbar, Felder wie populäre materielle Denkmuster. Zum Beispiel Tagesnachrichten, Geschehnisse und so ziemlich alles, was man in Zeitschriften findet. Von Gesundheitsfragen, Pillchen, Anti-Age bis hin zu Kochrezepten und anderem. Es gibt diese Felder wiederum in vielen verschiedenen Farben oder Tönen, wie man möchte. Bildlich ausgedrückt unterscheiden sich lokale rituelle Bewusstseinsfelder eines „typischen Bayern“ stark von denen eines nordspanischen Basken. Es sind dies prägende lokal-dominante Felder, die in allen bestimmten Regionen fußen.

Von Ländern über Regionen, von gesellschaftlichen Einrichtungen wie Vereinen, Verbänden oder Parteien mit all ihren Regeln und Gepflogenheiten bis hin zu Städten mit ihren vielen künstlichen Einrichtungen, ob dies nun Krankenhäuser, Kinos oder Supermärkte sind. Wir bewegen uns ständig in Feldern und geraten in Gleichschwung zu ihnen.

Es sind dies alles Gedankenfelder aktiver wie passiver Natur, die sich in unseren Gehirnen in verschiedenen Zuständen schwingend abbilden. Der Arbeitsrhythmus in zu vielen gesellschaftlichen Bereichen ist dabei eher ziemlich tief und dumpf. Dabei können unsere Gehirne in ganz anderen Bereichen arbeiten, die sich – wieder übersetzt ausgedrückt - wesentlich heller, flirrender oder in höherer Tonlage widerspiegeln.

Gedanken bilden sich über Gefühle in uns ab. Gefühle wiederum treten in Kommunikation mit allen unseren Körperzellen. Wir werden, was wir denken. Dies erklärt Fälle spontaner Selbstheilung durch Gedankenkraft. Der Betroffene hat seine geistige Programmierung überwunden oder durch positive Muster ersetzt. Neue Energien können sich im Körper ausbreiten und ihre heilsame Wirkung entfalten.

Gefühle von tiefer Freude, Zuwendung, Anteilnahme und vor allem Liebe zeugen vom Niveau des Denkenden und spiegeln sich auch in dessen physischer Erscheinung. Die Gefühle sind die Ernte unseres Lebens.

Alle unsere Gedanken strahlen sichtbar in die Umwelt ab. Auf den ersten Blick schon erzählen wir sensiblen und aufnahmebereiten Menschen schweigend alles über uns selbst. Das wir unsere Tiefen für uns selbst behalten können ist nur eine erlernte Illusion, die auf Abgrenzung beruht. Unsere Schattenseiten sind leicht erkennbar und bilden sich als tatsächliche dunkle Schatten oder Einschmutzungen in unserer Ausstrahlung ab.
Wenn die Aura eines Menschen leidet, spricht man oft auch davon, sie sei durchlässig geworden. Unsere Eigendominanz, die Gestaltungskraft unseres individuellen Seins auf uns selbst wird durch Einwirkungen von Elektrosmog, mobilen Telefonen, Mikrowellen und so weiter nach und nach durchlöchert. Nicht plötzlich, sondern so, wie Wasser einen Stein langsam verformt.

Gleichfalls bildet sich hochschwingendes Denkpotenzial durch helle Farben oder Töne ab. Die Hirnschwingungen, die von Menschen mit hohem geistigem Potenzial benutzt werden, bilden auch eine andere strahlende Aura. Das Gedachte strahlt sichtbar in die Umwelt ab. Umgangssprachlich wird dieser Vorgang damit ausgedrückt, dass es „hell wird“ sobald jemand den Raum betritt. Es sind dies alles Beispiele analogen, senkrechten Denkens, das glücklicherweise noch heute versteckt in unserem Wortschatz erhalten geblieben ist.

Wenn Menschen eine Aura lesen können, dann fußt der Vorgang darauf, diese uns im Intimbereich umgebenden Gedankenfelder unseres Selbst auslesen zu können. Ein Aura-Leser kann die Ausstrahlung eines anderen immer nur bis zu dem ihm bekannten und selbst verinnerlichten Grad ablesen. Er liest nur in dem Maße aus, in dem er die Schwingung des anderen als Eigenresonanz bereits erkannt und verinnerlicht hat.
Höhere Muster bleiben ihm unsichtbar und verschlossen (dies mag als Beispiel dienen, wie uns höhere Dimensionen verschlossen bleiben). Erkenntnis fließt nur von oben nach unten. Nicht umgekehrt. Ebenfalls entwickelt sich Toleranz gegenüber anderen Menschen erst mit der eigenen Integration vormals fremder Bereiche. Wir werden umso toleranter, je mehr wir an Wissen sammeln und in uns wachsen lassen. Die Folge: unsere Vorstellungskraft wächst, unsere Fähigkeit unsere Resonanz uns auf andere einzuschwingen. Hoch entwickelte Menschen sind *immer* voller Verständnis für die Nöte und Ängste anderer. Oft bleibt jedoch deren eigene Lebens – und Denkweise unverstanden. In der Geschichte wurden sie oft verfolgt und als bedrohlich angesehen.

Warum? Sie befinden sich nicht im dominanten Schwingungsfeld der Masse. Sozusagen in der Hauptströmung. Intoleranz ist in niedrig schwingenden Feldern oft anzutreffen. Dann mordet der Mob auf dem Scheiterhaufen.
Dies ist auch der Grund dafür, weshalb hoch entwickelte Menschen sich oft zurückgezogen haben und im Stillen wirken. Hier spiegelt sich der Archetypus des weisen Eremiten. Aber auch der Gang ins Kloster findet hier eine Ursache. Diese Menschen wissen um die Gefahren niedrig schwingender Energiefelder. Diese bewirken zum Beispiel Krieg, Mord, Plünderung, Verfolgung und so weiter.

Befreiung beginnt dort, wo wir mehr und mehr beginnen, wirklich eigenständig zu denken und nicht mehr in Resonanz stehen mit einem von tausenden dualen urteilenden Gedankenfeldern – alles kleine Käfige. Eigenständiges Denken beginnt dort, wo wir in uns selbst blicken und nach und nach erkennen, wer wir tief drinnen sind und zu welchen – bildlich gesprochen - Tönen, Feldern und Farben wir selbst in Resonanz stehen. Ein Innenblick mit Resonanz führt zu eigenem Denken.

**Umdenken ist Resonanzänderung.**

Bei diesem ersten Blick in unser Inneres ist wichtig, die vielen von uns gehegten „falschen Ichs", die Platzhalter und Vertreter los zu lassen. Sich also ohne die vielen Rollen des Alltags zu sehen. Wer bleibt übrig, wenn unsere berufliche Rolle, unsere als Ich angenommenen Verhaltensweisen, unsere vielen tausend Urteile über die Welt und die Menschen abgelegt oder zurück gedrängt werden? Die meisten Menschen verwechseln das Sammelsurium dieser Gedanken mit dem „Ich".

Praktisch umgesetzt können wir eine erste Befreiung bereits durch Ortswechsel erfahren. Anderer Ort, neue Energien mit denen wir in Resonanz treten können. Wenn wir zum Beispiel in einer Großstadt wohnen, herrscht ein dichtes Netz oft niedrigst schwingender Energien. Es ist möglich, jedoch sehr schwer, innerhalb dieser Verwebungen in Resonanz zu befreienden eigenen, natürlichen oder gar gottesnahen Gedanken zu treten. Hier hilft oft ein Ausflug nach draußen in die Natur. Mein Opa bestand bis ins hohe Alter darauf „jeden Tag eine halbe Stunde raus" zu gehen. Wir stehen hier in Resonanz mit Bäumen, Erde, Tieren. Es sind dies Jahrmillionen alte Grundmuster und Resonanzsysteme der Schöpfung. Es ist wie ein kleiner Reset. Wanderer und Jogger wissen um diese Zauberkräfte.
Wenn sie durch die Natur gehen und so etwas wie eine Glocke um sich herum spüren oder einen dumpfen Schmerz, der sich wie Abgetrennt-

sein oder Teilnahmslosigkeit anfühlt, dann sind sie mit absoluter Sicherheit geistig vergiftet.
Auch ein Gefühl, das ausgedrückt in etwa sagt: „Was will ich eigentlich hier; ist ja langweilig!", zeigt an, in Resonanz mit niedrig schwingenden Bewusstseinsfeldern zu stehen. Ihr gesunder Geist ist dann infiziert.
Kraft- und Freudlosigkeit künden ebenfalls davon.
Wir sollten uns dann auch keinerlei Ausreden gestatten. Es ist eben nicht der Fall, „dass Natur halt nicht Jedermanns Sache sein kann, was nicht so schlimm ist." Jeder einzelne Mensch ist nämlich seit Jahrtausenden ein natürliches, naturverbundenes Geschöpf. Wir sind Teil der Natur, wie die Natur in uns ist. Ein Gefühl der Trennung weist immer auf eine Infektion mit niedrig schwingenden Bewusstseinsfeldern hin.

Es sind dies alles uns knebelnde Gedankenfelder, die uns davon abhalten, eigene, richtige Gedanken, Gefühle und Wünsche zu formulieren.

Die Technik des Wünschens, das Handwerk hilft uns also weniger bis nichts, solange wir uns weiter in dominanten Gesellschaftsfeldern des Massenbewusstseins umher treiben.

Solange wir mit unserem falschen Ego mit seinen vielen falschen aufgesetzten Fremdwünschen gedanklich schöpfen, also wünschen, werden wir tatsächlich kaum vorankommen. Im Gegenteil vielleicht.

Außerdem, so haben wir gesehen, sind wir nur ein kleiner Teil vom Ganzen mit der quantitativen Sendeleistung von eins zu sechs Milliarden. Nur im eigenen Bereich steigt diese stark an.

Was bedeutet das für das Wünschen und wie können wir diese Erkenntnisse nun an Beispielen praktisch veranschaulichen?

Der „normale Wünscher" wird die Fußangeln der Wünscherei nach und nach erkunden und allzu oft verzagen. Man hat es versucht, es war eine aufregende Zeit; es hat funktioniert.

„Ja klar, im Prinzip funktioniert es. Mit freien Parkplätzen zum Beispiel oder einer kurzen Schlange an der Kasse!"

Vielleicht waren auch ein neues Auto drin oder andere Erfolge.

Die großen Würfe aber blieben bei den meisten aus. Mehr Glück, Zufriedenheit, Harmonie...

Ja, aber warum denn? Wünschen geht doch!

Ist nun also jeder Wunsch möglich oder nicht?

Ist mit uns vielleicht etwas nicht ganz in Ordnung?

## Kennzeichen des Wandels

„Man kann nicht einwilligen zu kriechen,
wenn man den Impuls fühlt zu fliegen.
(Selbst wenn man wollte.)"
Unbekannt

Viele andere Autoren haben darüber geschrieben, die Erde sei im Wandel oder stehe vor einer Transformation.

Auch ich glaube mittlerweile, mit den Menschen geschieht etwas. Und zwar wirkt eine äußere Kraft auf sie ein. Sie bewirkt eine Anhebung der Gedanken, des gesamten Seins, das zu einer Art innerem Ruf führt. Dubios und unerklärbar erst, aber eindringlich und nicht zu überhören. Die Menschen also Marionetten gleich von einer äußeren Kraft abhängig? Ist das nicht etwas zu absonderlich?

Dies mag sich im ersten Moment haltlos anhören, ist aber tatsächlich naturwissenschaftlich recht gut abgedeckt.
Neurobiologisch betrachtet gibt es sehr viele Anhaltspunkte dafür, die Entstehung unseres Willens nach außen, auf eine von außen auf uns wirkende Kraft zu verlagern.
An der Universität in Bremen wurde folgender neurologischer Versuch bei Patienten, denen die Hirnschale geöffnet werden musste, durchgeführt. Bestimmte schmerzunempfindliche Bereiche der Großhirnrinde wurden mit Elektroden elektrisch gereizt. Damit konnte erreicht werden, den Arm, den Finger oder das Bein zu bewegen. Soweit so gut und auch nicht viel Neues.
Befragte man die Probanden jedoch nach dem Grund der Bewegung, so *erfanden* sie ausnahmslos einen Grund hierfür. Sie behaupteten, die Bewegungen gewollt zu haben, obwohl diese von außen stimuliert wurde. Dies führte zu dem Ergebnis der Versuche, dass es nicht nur möglich, sondern wahrscheinlich ist, dass wir über äußere Kräfte stimuliert werden, während wir das als „freie Entscheidung erfahren, was eine nachträgliche Begründung von Zustandsveränderungen… [ist]."
Natürlich benötigen wir keine Kabel um Ströme, Wellen, Kräfte zu übertragen. Diese können eben so gut über die Elektronen in der Luft reisen. So ist sehr gut vorstellbar, wie wir von äußeren Kräften durchdrungen werden.
Freunden wir uns also mit dem Gedanken an, kosmisch bestrahlt zu werden. Von außen durch Wellen oder Informationen bewirkt und verursacht zu werden. Schließlich bleibt uns ja noch das tiefe Empfinden der Freiheit und des eigenen Willens.

Und um was für eine Kraft genau handelt es sich dabei, die da auf die Menschen einwirkt?
Sie hat eine bestimmte frequente Änderung erfahren. Sie ist etwas lichter oder heller geworden und wirkt nun auf Menschen ein, die bereits in Resonanz damit gehen können. Es ist eine Form nie versiegender antreibender Sehnsucht. Wir sehnen und suchen. Eine innere Stimme in uns wird von etwas angezogen. Es ist ein Prozess äußerer Bestrahlung, von Anziehung. Wir werden von etwas neu durchdrungen. Veränderungen stellen sich auf der Welt als Folge ein. Sehnsucht ist etwas, das uns antreibt und einem unbekannten Ziel zuführt. In einem Kreislauf können wir die Sehnsucht nur stillen, unsere Suche im Außen nur auflösen, wenn wir tief in unser Inneres gehen. Dort finden wir alles, was wir zur Auflösung der Sehnsucht brauchen.
Es ist dies ein uralter menschlicher Archetypus, der zum Beispiel auch in der Suche nach dem heiligen Gral eine Bedeutung findet.

Diese energetische Anhebung führt zu einer Unmenge an praktischen Konflikten in der Welt. Jahrhunderte, ja Jahrtausende funktionierte die Welt in einem bestimmten energetischen Schwingungsfeld und hat sich derart „eingefahren". Und dies mit allen sozialen, politischen, gesellschaftlichen und wirtschaftlichen Strukturen. Aber auch mit allen individuellen wie gesellschaftlichen, psychologischen Momenten. Im Laufe dieses Kapitels wird darauf noch konkret eingegangen.

Vielleicht taucht in Ihnen, werter Leser, ja nun eine Frage auf. Angenommen, wir würden tatsächlich und ausschließlich von außen bedacht. Warum sollte ich dann überhaupt noch nach irgendetwas streben? Es ist doch sowieso vorher – und fremdbestimmt.

Fatalismus ist hier die vollkommen falsche Schlussfolgerung (obwohl sie im Bereich logisch-kausaler Erwägung liegt). Gelassenheit wäre das richtige Signal. Vertrauen wäre das richtige Ergebnis. Weshalb?
Das obige Beispiel zeigt zwei Ebenen.
Einmal die Ebene des Äußeren und Faktischen. Ein Patient wird an Kabel und Ströme angeschlossen. Diese bewirken ein Anheben des Armes.
Zweitens aber auch die innere Subtile. Er bleibt der festen Meinung, den Arm aus eigenem Antrieb gehoben zu haben und dies bildet eine gleichberechtigte zweite Daseinsebene. Er kann gar nicht sagen: „Ach, wenn die Bewegung meines Armes durch Elektroden motiviert würde, dann wäre es mir doch egal." Er kann es nicht sagen, weil er es nicht so *erfährt*. Denn, egal welche Kraft da von wem wie wirkt – wir sind es, die sie zu erfahren und erleben haben. Und zwar hoch subjektiv.

Flapsig formuliert: Prinzipiell könnte uns alles egal sein, wenn wir könnten. Wir können aber nicht. Es ist außerhalb unserer – bitte entschuldigen Sie das Wort, lieber Leser, - „Programmierung“. Ich formuliere es netter: „Vorgedachten Seinsbereiches“.
Auch wenn wir nun erkennen, unser Leben als deterministische Abfolge zu sehen, so müssen wir es augenblicklich und gegenwärtig erleben und selbst dann ist dies zu akzeptieren.
Also, selbst wenn unser gesamtes Leben vorherbestimmt ist und wir einem genauen Lebensplan folgen, dann ist es immer noch die Frage, inwieweit wir dies erkennen und damit in *Harmonie* sind. Wie groß unsere Herzenskraft ist.
Wie genau uns unser eigener Lebensweg und dessen Bedeutung und Bestimmung *bewusst* sind.
Inwieweit wir im Gleichschwung und Takt mit unserem eigenen Leben und Erleben laufen. Wie selbstähnlich wir zu uns sind.
Wir müssen wahrscheinlich erleben, was uns zugedacht ist, aber es ist an uns, dies auch wirklich bewusst und gegenwärtig in uns *abzubilden*.

Eine gute Freundin von mir sagte während einer schweren Krise immer: „Ich hätt' gern ein Leben!“
Dies drückt genau die Umkehr jenes obigen Prozesses aus. Wir können uns auch sehr gut selbst aus den Augen verlieren. Ein zum Beispiel auf reiner Vernunft und Disziplin basierendes Leben führen ohne diese Bewusstheit. Dann sind physische und psychische Krankheiten und Krisen die Folge. Wir gehen darauf noch ein.
Zur Beruhigung sei angemerkt: Sie bekam ihr Leben.

Mit allem Abstand formuliert folgt aus dem Dargestellten zwangsläufig, dass sich eine Kraft, ein Bewusstsein, durch unser spezielles Sein selbst immer weiter kennenlernt und auffächert.

Woran könnte man konkret und ganz handfest ein Zeitalter des Wandels erkennen?

Zunächst einmal verschnellt sich die Frequenz von Ereignissen immer weiter. Heute passiert an einem einzigen Tag oft mehr als früher – sagen wir zum Beispiel 1750 - in einem ganzen Monat. Aber auch die Schnelligkeit mit der Ideen und neue Erfindungen erbracht werden, hat sich wahnsinnig erhöht. Der Austausch der Menschen untereinander ist enorm angestiegen. Ideen, Bilder, Geschichten, Erzählungen, Filme jagen heute förmlich von Bewusstsein zu Bewusstsein. Das energetische Niveau unseres Zusammenlebens steigt immer mehr an. Wir geraten in Resonanz mit immer neuen Energien. Könnte man die mentalen Wellen

dieses Planeten abbilden, so würden diese immer hochfrequenter erscheinen. In einem Farbspektrum vielleicht immer heller werden.
Schon dieser kleine Umstand zeugt von einer Entwicklung.

Die tief „weltlichen" oder materiellen Themen sind hingegen weiterhin ernüchternd.

Mit Distanz betrachtet ist das Erdölzeitalter kurz vor seinem Niedergang. In wenigen Jahren wird sich alles radikal verändern. Derzeit kaufen sich zum Beispiel arabische Staaten weit blickenderweise in die am Boden liegende Autobranche ein. Sobald Autos mit alternativen Antrieben wie Erdgas- oder Strommotoren in Serie gefertigt werden (exakt ab dem Moment, in dem das Öl aufgebraucht sein wird) und eine Marktmajorität erklimmen, werden arabische Anteilseigner weiterhin stark im Automobilgeschäft vertreten sein und mitkontrollieren.
Unsere Welt - und Finanzwirtschaft wird in wenigen Jahren nicht mehr wieder zu erkennen sein.
Wir werden immer mehr Bio-Technik am eigenen Leib erfahren. Ich spreche von einer Fusion von Technik und unserem Organismus.
Realität und Virtualität werden zu einer unkenntlichen Gesamtmasse verbacken sein.
Geht unsere Gentechnik weiter ihren Weg, werden in einem Jahrtausende alten Kreislauf wieder geflügelte Löwen, Sphingen und Minotauren herumlaufen.
Wir haben den Computerboom erlebt. Mit den Computern begann das Speichern enormer Datenmengen, während das Internet die Schnelligkeit der Information verstärkte. Der Computer beeinflusste aber auch unsere Philosophie. Was in der Systemtechnik die Software ist, wurde philosophisch betrachtet zum Begriff der Information.
Heute weisen auch sich häufende Messungenauigkeiten in vielen unterschiedlichen Bereichen der Wissenschaft wieder einmal auf nur eine vernünftige Erklärung hin: wir sind wieder am Ende eines Zeitalters angekommen und müssen umdenken. Wir suchen über die Materie hinaus nach Lösungen. Das Zeitalter der Mechanik ist längst vorbei. Aus der Physik wurde die Quantenphysik. Aus der Genetik wurde die Epigenetik. Die Materie hält keine Geheimnisse mehr bereit, ist erforscht.[2] Wir denken weiter. In die unsichtbaren Bereiche hinein. Wir beginnen Lösungen und Erklärungsansätze in den subtilen energetischen Bereichen der Informationen und der Felder – also im Bewusstsein - zu suchen.

[2] Zitiert nach William Thomson (1824-1907), irischer Physiker, auf die Frage eines Schülers, ob sich ein Studium noch lohne

Dies zeugt bereits von einem riesigen, gerade vor aller Augen stattfindenden Umbruch.

Aber über diese großen weltumspannenden Themen kann man als Einzelner vielleicht nicht allzu viel aus eigener Erfahrung beitragen.

Was ist denn im Umfeld jedes Einzelnen zu bemerken?

Indigo- und Kristallkinder werden geboren. Unabhängig von dieser Bezeichnung oder einer Namensgebung sehe ich tatsächlich viele Kinder, die den bislang gängigen Vorstellungen nicht mehr entsprechen. Sie sind anders, fügen sich nicht, akzeptieren keinerlei künstliche oder vorgegebene Dominanz oder Funktion. Sie verändern ihr Denken oder Verhalten nur über Einsicht und Erkennen. Starke Charaktere, die nicht zu beugen sind.

Ich kann natürlich nicht behaupten zu wissen, ob dies nun richtig ist oder eine Wunschvorstellung, aber ich habe in den letzten Jahren auch viele andere Veränderungen im Umfeld bemerkt. In einem anderen Licht betrachtet, und im Sinne dieses Buches enthüllen Alltäglichkeiten ganz neue Zusammenhänge. Einige davon möchte ich thematisieren. Zum Beispiel haben wir unseren alten Körper, der sich nun erst auf die neuen Frequenzen umstellen muss.

Nachfolgend möchte ich einen inneren Zusammenhang für den rasanten Anstieg von Krankheiten und unserem hochmodernen Lebensstil schildern.
Krankheiten wie Herzinfarkte, Depressionen und Burnout Syndrom nehmen immer weiter zu, während das Arbeitsleben vieler Menschen immer härter wird. Dabei soll beleuchtet werden, welche Bedeutung diesen Krankheiten zukommen könnte.

Über die Industrialisierung und die betriebswirtschaftlichen Betrachtungsweisen in Büros und Firmen hat ein so genannter und riesiger „Kosten“druck eingesetzt. Aber diese Beschreibung trifft nicht ganz den Kern des wahren Geschehens. Denn den *Kosten* ist so etwas wie Druck vollkommen egal. In der Tat hat ein Druck auf die *Menschen* eingesetzt. Sie werden einem immensen psychologischen Druck aus Angst und Manipulation ausgesetzt. Es sind die Menschen und nicht die Kosten, die, ginge es nach den Wünschen einiger weniger, wie Haustiere gehalten werden. Ich weiß, das klingt zunächst sehr pessimistisch. Aber wo Menschen nummeriert, gespeichert und kontrolliert werden, ist Freiheit fern und ein geistiges Joch aus Unterhaltung und Angst dominiert. Dies wurde in meinem letzten Buch ausführlich dargestellt, so dass wir uns hier weitere spezielle Ausflüge in diese breite Themenlandschaft ersparen.

Viele Menschen in den westlichen Industrienationen leben in Wohlstand und Angst zugleich. Gefangen in einem Käfig von Wünschen, scheinbaren Bedürfnissen und der Angst, dies alles genommen zu bekommen. Viele Menschen, die sich irgendwie eingegraben haben. Sie tun, was sie lernten, damals, nach der Schule. Sie fragen in seltenen leisen Minuten vage, was falsch daran sei, weil irgendein Gefühl sie stört und gehört werden will. Aber der Alltag ist oft laut und der „Job" in der Firma hart. Neudeutsch macht man nämlich „Jobs", womit das Erwerbsleben, also die Arbeit, begrifflich herabqualifiziert wurde. Früher hieß es einmal altmodisch „Beruf", was von der „Berufung" abstammt, also eng mit dem Zweck und der Bestimmung eines Menschen hier auf der Erde verwoben ist. Bei einem „Job" klingt die „humane Ressource", womit der Arbeit verrichtende Mensch in der Betriebswirtschaft umschrieben wird, schon mit durch. Der Begriff hat etwas von Nummerierung, Kontrolle, Räderwerk, Verschleiß und Ersatz. Es ist ein Begriff des Materialismus, der nichts mit dem Menschen als Geistwesen gemeinsam hat. Er sieht den Mensch als Maschine oder Anlagekapital.

Aber sie machen weiter, die Menschen. Immer weiter.

„Wie geht es Dir?", fragt der Eine.
„Es muss!", antwortet der Andere.
Beide lachen kurz. Eine Szene in einem Supermarkt. Er könnte überall sein. Es ist der Verstand, der „es muss" sagt. Der Verstand, der uns einredet, „es ginge schon immer irgendwie weiter". Und es muss ja auch. Da sind all die Kosten, Ratenverträge und finanzielle Pflichten.
Wir zwingen uns selbst, werden zu einem Opfer. Wenn ich mich auf der Straße umsehe, ist es manchmal, als würden Menschen mit unsichtbaren Gewichten auf den Schultern laufen. So, als sei ihr Rückgrat gebeugt oder gebrochen.

Lange Jahre dachte ich, wir würden einen Niedergang erleben.
Aber das ist nicht der Fall.

Denn die Natur ist mächtig. Viel mehr als wir das vollends begreifen können. Und sie lässt sich nicht zwingen.

Wenn wir uns selbst „über-leben", also den Grund unseres Hier-Seins nicht ausleben, dann können wir mit Zwang, Disziplin, Pflichtgefühl – vielen Programmen, die wir verinnerlicht haben, lange Zeit eine Lebensweise gegen uns selbst und unsere eigentliche Natur beibehalten. Wir denken, reagieren und kommunizieren innerhalb gesellschaftlicher Felder, Dogmen und Regeln. Sie tun nicht weh, sie sind nur dumpf. Wie ein tiefer Ton, ein tiefes Brummen. Und diese Felder sind überall. Nichtstun oder Passivität führen zum Eingleiten in genau diese dominanten Bewusstseinsfelder.

Aber auf Dauer lässt sich Leben eben nicht mittels Logik und Analytik erzwingen, auch wenn wir dies immer denken und auch so leben. Dies bemerkte auch Hildegard von Bingen in dem nachfolgenden Zitat.

"Wir müssen auf unsere Seele hören,
wenn wir gesund werden wollen"

Es geht immer wieder um diesen Gleichklang. Um die Schrittlänge und Schrittgeschwindigkeit von uns und einem Schöpfer.
Wenn wir also unser Herz überhören und gegen Herzenswissen und Herzenswünsche leben, weil wir glauben, Dinge tun zu müssen, und uns in ein Leben von Zwängen eingefunden haben, so tief, dass wir nicht einmal mehr Wünsche formulieren können, weil keine (Gedanken-)Kraft mehr dazu übrig ist, dann werden wir einfach krank. Das ist die Macht der Natur. In diesem Fall unserer Natur. Es gibt einen Plan, und wir sind Teil davon. Und dieser Plan nimmt keine Rücksicht auf unsere eingeimpften Programme, auf das, was uns andere gesagt haben, was wir tun müssen. Wenn wir also gegen unser Herz und dessen Wünsche leben, ist doch nachvollziehbar, dass zum Beispiel unser Herz krank wird. Es wird vernachlässigt von uns. Tatsächlich nimmt die Zahl von Herzinfarkten akut zu. Und wodurch wird er unter anderem ausgelöst?

Durch ungesunden negativen Stress. Mit anderen Worten durch Zwang, Zeitdruck und negative (überlebte) Emotionen. Aber auch unsere typischen Belohnungsmuster für anstrengende Zeiten lassen ihn entstehen: Flucht in Süchte (Rauchen, Alkohol) als Ersatz für echte Lebensqualität, für die bei all dem Stress gar keine Zeit mehr war oder Übergewicht durch zu viel und falsches Essen. Beinahe unnötig zu erwähnen, dass gerade das abendliche Essen für viele Menschen einen Höhepunkt nach einem anstrengendem Zwölfstundentag darstellt. Kurz gesagt: unser Herz hört physisch auf zu schlagen, wenn wir lange Zeit Dinge ohne Herz verrichtet haben. Mit Disziplin und Pflicht lässt sich kein Blut durch Adern pumpen. Die Natur möchte, dass wir für die Dinge brennen; dass wir mit dem Herzen bei der Sache sind.
Das Herz lässt nicht zu, gegen sich selbst zu leben. Es lässt sich nicht entarten. Es ist zum Beispiel das einzige Organ, das nicht von Krebs befallen werden kann. Es betrügt sich nicht.

Aber bevor das Herz zu schlagen aufhört, bevor der Infarkt einsetzt, bevor es zu durch falsche Lebensweise verursachten Herzkrankheiten kommt (es gibt natürlich mehr Ursachen, zum Beispiel Gendefekte) erreichen uns die Warnzeichen der Natur. Unübersehbar. Es ist wie das Flüstern eines Engels in unserem Ohr. Unüberhörbar.

Die Natur lässt es eben einfach nicht ohne Warnung zu, lange Zeit wie ein intelligent gesteuerter Roboter zu funktionieren oder wie ein Hochleistungs-Homo-Sapiens die Tage abgelebt zu bekommen. Wie kündigen sich diese Vorzeichen also an?
Zuerst wissen sie eigentlich gar nicht mehr richtig, wer sie eigentlich sind. Vielleicht ist diese Frage schon zu viel. Dann machen sie nichts mehr richtig gerne. Die Gefühle weichen ganz langsam und still aus dem Leben. Alles wird gleich-gültig; egal. Es ist ein bisschen wie bei Momos grauen Männern, wollte man es prosaisch umschreiben. Wo Farbigkeit und Vielseitigkeit herrschte, wird alles grau. Auch so, in diesem Zustand leben sie lange. Sehr lange sogar. Es ist ein Funktionieren wie eine Maschine. Vielleicht reduziert sich ein Abklatsch von „Genuss“ oder „Entspannung“ auf die Abendstunden, wenn man „in Ruhe gelassen“ wird. Es ist, als würde sich das Gemüt zurückziehen. Die Wahrnehmung der Welt ist gefühllos geworden und *eigentlich* ist ja alles am Laufen und in Ordnung. Aber die Freude an allem ist fort.
Vielleicht werden Tabletten verschrieben. „Lächelpillen“ nennt ein Bekannter von mir die Dinger sarkastisch. Wo die Freude nicht mehr von innen kommt, wird sie von außen über Chemie eingeschluckt. Die bringen dann zwar auch keine Freude, aber sie hellen die Stimmung auf. Es ist keine Sonne im Herzen, nur eine Glühbirne. Wir bleiben vielleicht leistungsfähig, aber unsere Gefühle können wir nicht mit Tabletten wieder in uns herein schlucken. Nein. *Die Gefühle* haben wir nämlich zu lange Zeit heruntergeschluckt und verdrängt. Und irgendwie unseren Bezug verloren. Und wo wir vorher Gefühle herunterschluckten, schlucken wir nun in einem spiegelbildlichen Prozess Pillen.

Beinahe unnötig zu erwähnen, dass uns Alkohol, Zigaretten, Psychopharmaka und falsche Essweisen immer weiter von unserem eigenen Wesenskern entfremden und uns von der Natur abtrennen. Wir mutieren oder degenerieren psychisch. Aber lässt die Natur dies zu oder schlägt das Pendel bereits wieder in die andere Seite zurück?

Ein Bekannter von mir konnte exakt ein Jahr vor seiner Verrentung nicht mehr arbeiten gehen. Über 40 Jahre hat er funktioniert. Ich frage mich immer wieder, wie stark eine Seele sein muss, dies so lange auszuhalten, bevor sie vollständig erkrankt.
Sie ist stark.

Aber viele schaffen das eben nicht.

Und irgendwann zerbrechen dann diese Menschen. Leise und unhörbar. Die Brutalität schlägt in aller Stille zu. Dann bleiben sie morgens plötzlich im Bett liegen und können nicht mehr aufstehen, obwohl sie doch körperlich vollkommen gesund sind. Die Seele lässt sich nämlich nicht zwingen. Jahrelang wurde die Seele, das Herz, missachtet, wurden Gefühle für Programme unterdrückt und über die emotionalen Verhältnisse gelebt und dann ist der Knall da. Die Depression kommt wie eine große graue Welle und nimmt alles mit. Wo Dualität in jedweder Form war ist nun nur noch graue Einheitsmasse und totale Leere.

Das ist nicht die Strafe der Seele. Keine Rache der Natur. Es ist nicht die Rache des Gemüts. Im Gegenteil. Es ist ein Weckschrei. Der Beginn eines neuen Prozesses.

Wir sollen unserer Bestimmung folgen, müssen zu dem werden, was wir sind. Alles entfaltet sich. Alles entwickelt sich immer mehr zu sich selbst hin. Und diesem Naturgesetz sind zivilisatorische Zwänge oder unser Eingebundensein in wirtschaftliche Abläufe vollkommen egal.

Sie ist ein Teil von Gott, die Seele. Und sie lässt sich nicht zwingen, denn das ist nicht ihre Bestimmung. Sie fordert deshalb einfach ihr naturgegebenes Recht ein. Sie lässt die Menschen fühlen, wie es ohne sie wirklich ist. Wenn sie sich zurückzieht, ist die Lebensenergie fort.

Dann werden alle Farben grau, alles wird egal und jedes Gefühl ist tot. Der Verstand registriert „ich kann nicht mehr" und weist den Körper an, einfach liegen zu bleiben. Von Ewigkeit zu Ewigkeit und es tut nicht einmal mehr weh. Der Roboter liegt da und registriert, tot zu sein.
Die Krankheit zeigt an, dass es nicht wie bislang weiterzugehen hat. Sie fordert Ruhe ein, wo vorher Stress und Muss und Termine waren. Sie nimmt nun - ob es gewollt ist oder nicht.
Die Ursache für diese Krankheit wird in diesem Beispiel meiner Meinung nach durch den unterbewussten und drängenden Willen verursacht, nicht schablonenhafte Muster zu leben, sondern der naturgemäßen oder eigenen Bestimmung nachzukommen.
Das wachsende Auftreten von Krankheiten wie Depression und Burnout-Syndrom zeugen meiner Meinung nach ebenfalls von einer Transformation vieler Menschen. Sie sind ein Warnzeichen für die Wertmaßstäbe unserer westlichen Hochleistungsgesellschaften.
Burnout bekommt, wer sich selbst Jahre übergeht und sein Inneres verleugnet. Insofern ist das explosive Auftreten dieser Krankheit ein weiteres Indiz für eine Transformation der Menschen und die

nachfolgende Änderung unserer Gesellschaft. Wer nicht will, wird gezwungen.
Meiner Meinung nach ist Depression ein Phänomen, das eine starke gesellschaftsbezogene Ursache hat. Die Natur lässt nicht zu, dass Menschen sich verleugnen. Wie bei den Indigo – oder Kristallkindern zeigen sie einen Wandel an.

Dieses Syndrom hat mich auch an allzu triviale Sachverhalte im Alltag erinnert.

Das folgende Beispiel mag hier zur Illustration der Energiekurven dienen, die derartige Krisen auslösen. Die Betroffenen tun mehr und mehr Energie ihrer Willenskraft in eine Lebens – und Arbeitsweise hinein, von der sie nicht überzeugt sind. Vielmehr meinen sie, aus verschiedenen Zwängen heraus so handeln zu müssen. Zwanghaft ein negatives Muster in Balance zu halten, kostet täglich Unmengen an Schöpferkraft. Die Betroffenen sind sich dieses „schwarzen Lochs“ oft nicht einmal mehr bewusst, obwohl Kraftlosigkeit und Müdigkeit alltäglich und lebensbegleitend auftreten. Das tun sie genau solange, bis es nicht mehr geht.

Ein Bekannter ist Dauerläufer. Er erzählte mir einmal von einem energetischen Kreislauf bei der Ausübung dieser Tätigkeit. Er lief eigentlich jeden morgen direkt nach dem Aufstehen. Zuerst machte ihm die Lauferei keine rechte Freude mehr. Aber aus Gewohnheit und wegen vieler rationaler Gründe joggte er täglich weiter. Da war der positive Effekt auf seinen Körper und sein Gewicht, seine Muskeln, die das Fett verbrennen und so weiter. Nur die Freude fehlte eben. Es war keine wirkliche Belastung zu laufen, keine psychische Anstrengung und er musste sich auch nicht wirklich zwingen, aber er tat es eben nicht mehr mit Lust und Freude. Das wandelte sich aber sehr schnell. Es wurde nach und nach eine rational gesteuerte Zwangshandlung. Mehr und mehr zwanghafte Energie floss hinein. Und um dies weiter voran zu treiben, wurde im Verhältnis zu jedem einzelnen gelaufenen Meter immer mehr Energie erforderlich. Mit Disziplin, Kraft und Willen ließ sich dieses energetische Gebilde, das mehr einem schwarzen Loch glich, eine Zeit lang aufrecht erhalten.
Mit der Zeit wurde daraus ein quälendes alles überlagerndes Gefühl der Mattigkeit und Trostlosigkeit. Dann blieb er eines Morgens einfach im Bett liegen.
Dann kamen Selbstvorwürfe, ein schlechtes Gewissen wegen fehlender Trainingseinheiten und dadurch schlechte Laune.

Diese Phänomene stehen doch in starker Resonanz zu sehr positiven Vorgängen. Sie verdeutlichen und lehren uns.
Ein Ur-Naturgesetz wird durch sie offenbar. Das Gesetz nämlich, wie genau in diesem Universum Dinge bewegt werden.

**Es geht eine Zeit lang über Willenskraft. Aber auf Dauer funktioniert nur *Herzenskraft*.**

Aber was ist das, diese „Herzenskraft“?

Es ist die Antwort darauf, worum sich dieses Buch in vielen Facetten dreht. Ihre Herzenskraft, werter Leser, ist Ihre ureigene Schwingung, Deine Dir eigene Energie, die hier und in diesem Leben umgesetzt, transformiert werden will. Deine Herzenskraft, diese hochspezielle anziehende Energie, will ausgelebt und verwirklicht werden. Sie basiert einzig auf dem Gesetz der Resonanz, dem Gleichklang, dem Zueinanderfließen passender Energien. Alles gründet darauf.

Wie kann ich in meiner eigenen **Herzenskraft** walten und arbeiten?

Dieser Weg führt in uns selbst und durch uns selbst.
Wir müssen werden was wir sind.
Es verkörpert sich durch uns. Es lebt und ist durch uns.

In all seiner millionenfachen, speziellen Ausdrucksfähigkeit.

Und Sie, werter Leser, kommen in Ihre eigene Herzenskraft über das Zurückfinden zu Ihrer eigenen Bestimmung und Individualität. Nur, wie findet man die?

Eine Menge fernöstlicher Religionen betonen immer wieder, man solle Kontakt mit seinem inneren Selbst aufnehmen. Das Geheiminis läge in uns selbst.

Auf dem Weg dorthin erweisen sich die im Buch beschriebenen „alltäglichen Wunder“ immer wieder als Wegweiser oder Zeichen, als Verbindungsglied mit tieferen Schichten von uns selbst.

Ein Wunder, wenn das Universum selbst eine eingefaltete Ordnung hat und sich entfaltet.

Ein Wunder, wenn die Menschheit eingewobenen geistigen Archetypen folgt, und diese immer spezieller auslebt.

## Das Geheimnis der Emotionen - Grey Walter Versuche

„Unsere Wünsche
sind Vorgefühle der Fähigkeiten,
die in uns liegen,
Vorboten desjenigen,
was wir zu leisten imstande sein werden.“
Johann Wolfgang von Goethe

Ich kann mich noch sehr gut an eine Begebenheit in meiner Kindheit erinnern. Wir spielten mit Würfeln im Familienkreis. Verursacht durch die Freude und Motivation, bei den Großen mitspielen zu dürfen und einige glückliche Würfe zu Anfang, spielte ich mich wohl in einen Rausch hinein, wie man so sagt.
Alles gelang. Eine Brücke mit einem Wurf oder 6 mal die 4 – es schien grenzenlos. Entscheidend dabei war meine Grundfreude an diesem Spiel. In einer Wechselbeziehung schien sich dieses Gefühl mit tollen Würfen im Kreise zu drehen. Wie eine Spirale erzeugten die einmaligen Glückstreffer wiederum eine Steigerung dieses Gefühls. Ich kann mich sehr gut an die Augenblicke erinnern, als ich das Gefühl hatte, ich könnte über diese Energien von Motivation und Freude die Würfel gedanklich fassen, ihren Wurf bestimmen, über sie herrschen. Das war nicht anstrengend, es geschah einfach und es war sehr mächtig.

Der springende Punkt bei dieser Erinnerung aber ist, zu bemerken, wie unbeständig dieses Gefühl doch ist. Es ließ sich nicht festhalten, sondern geschah in einer Art immerwährenden Flusses. Innerlich bemerkte ich, wie es verflog; genau so leicht und unbekümmert, wie es kam und ich fand keinen Weg, es in mir zu behalten. An die Stelle von Leichtigkeit und „Fluss“ trat zwanghafter Wunsch, Anstrengung, Verkrampfung.
Natürlich ging ab diesem Zeitpunkt überhaupt nichts mehr mit den Würfeln. Die „Glücksserie“ schlug in eine „Pechsträhne“ um.

Ich dachte an diese Sache als Kind noch oft nach. Ich erzähle diese kleine Begebenheit, weil es ein sehr unmittelbares Fühlen von mir war, dass die Würfelei mit Glück überhaupt nichts zu tun hat. Vielmehr schien es darum zu gehen, die Würfel Kraft seines Willens zu beherrschen (so nannte ich es damals in etwa für mich). Heute würde ich sagen, es fand eine Wechselwirkung statt. Durch die Erfolge der ersten guten Würfelergebnisse beschwingt, baute sich in meinem Inneren eine riesige Motivation auf, zumal man ja „mit den Erwachsenen mithalten“ konnte und diese die Ergebnisse mit „Oooohs“ kommentierten. Nun wirkte ein energetischer Strudel mit mehreren Faktoren, der zu den unfassbaren Ergebnissen führen musste:

1. Die Bekräftigung einer Serie durch sich selbst. Die Stabilität der Wiederholungen (siehe Kammerer weiter vorne)

2. Das Motivationspotential, die Freude und Begeisterung, der positive Zündstoff des Universums, meines eigenen Geistes, der die Würfel und die Beliebigkeit des Ergebnisses beugt.

3. Die Anteilnahme der anderen am Tisch Sitzenden. Auch diese geben Energien mit hinein. „Schaut euch mal den Kleinen an", „Wie ein Großer" und ähnliche Sprüche flogen über den Tisch.

Die Würfel sind eine Art von Anzeiger oder Instrument, ein resonanter äußerer Vorgang der Innenwelt. Sie kehren Inneres nach außen. In dem Fall die Stimmung im Raum; dessen gesamtenergetische Struktur (das, was ein Viewer als Target auffassen würde.).

Aber auch Emotionen gehorchen einer Wellenfunktion. Sie keimen auf, vergrößern sich und fallen nach einem Höhepunkt schließlich in sich zusammen. Es ist unmöglich, eine Emotion auf einem gleich stets hohen Niveau zu halten. Dies ist eine weitere Einschränkung der Wunschregeln. Und die nächste folgt sogleich.

Diese Geschichte ist auch ein Gleichnis und Einwand gegen die Allgemeingültigkeit von Wünschen, so wie es vereinfacht propagiert wird.

Denn die Triebkraft des Würfelerfolges war ein Gefühl von *Freude und Begeisterung* tief in mir drinnen. Und genau dieses Gefühl ergreift einen und lässt sich nicht beliebig reproduzieren. Innere Freude ist ein Zustand, der sich aufgrund vieler anderer Gedanken sekundär in uns einstellt. Mit sekundär meine ich, Freude resultiert aus vielen Entscheidungen in der Vergangenheit, unserem Verhältnis zu den Menschen und den Umständen, einer reiner Verbindung mit unserem Inneren und vieler anderer Dinge. Freude ist ein Ergebnis innerer Arbeit. Freude erreicht man, wenn man innerlich weit marschiert ist.

Wenn ich unzufrieden mit mir bin, kann ich nicht mit Freude wünschen. Unzufriedenheit kann nichts unbedingt Positives wünschen.

Als Beispiel für diese Behauptung zur besseren Nachvollziehbarkeit ein Beispiel aus der Öffentlichkeit.

Im Herbst 2008 erreichten die Rohöl – und dadurch auch die Benzinpreise ein Rekordniveau. Über einen Euro fünfzig musste man pro Liter Benzin bezahlen, wobei mittlerweile vollkommen egal war, ob dies

nun „Normal- oder Superbenzin“ war – es hatte den gleichen Preis. Und Diesel war teilweise *teurer*.
Jahrelang wurden Arbeitnehmer angehalten, doch gefälligst „mobil“ zu sein, wobei diese Forderung eine psychologische Unterschwelligkeit beinhaltete. Diese hatte den Unterton, Arbeitnehmer sollten etwas *flexibler* sein, sprich, auch einige kleinere Unannehmlichkeiten in Kauf nehmen. Längere Arbeitswege zum Beispiel.
In dieses Szenario kam dann eine Art „doppelte Schere“. Erst wurde die so genannte „Pendlerpauschale“ gestrichen, danach explodierten die Treibstoffpreise. Kürzungen auf der Einnahmenseite einerseits und Steigerungen auf der Ausgabenseite andererseits.

In einer Gesellschaft nun zwangsläufig mobil gewordener Arbeitnehmer kam dies einer Nettolohnkürzung größeren Ausmaßes gleich. Selbstständige fürchteten um ihre Existenz. Der Kraftstoff fraß übergroße Anteile des Einkommens einfach auf.
Mit dem Steigen des Preises wurde der Druck immer stärker. An den Tankstellen dominierten Wut, Ohnmacht und Verzweiflung. Man war auf Benzin angewiesen und dadurch dem Diktat der Preise unterworfen. Für unsere weiteren Gedanken können wir uns nun vorstellen, wie hunderttausende Menschen täglich an sämtlichen Orten Europas *wünschen* (denn nichts anderes taten sie!), der Kraftstoffpreis möge fallen.
Dieser Vorgang bildete sich dann unter anderem auch auf der Titelseite der im Oktober 2008 erschienenen ADAC Ausgabe ab.

Der ADAC hatte im Sommer eine Aktion ausgerufen, die Leser mögen bitte ihre Fotos verbunden mit der Forderung nach fallenden Benzinpreisen einschicken. Resultat dieses *öffentlichen Wunsches* war das Cover der ADAC Zeitschrift 10/2008. Was war geschehen? Auch hier wurden die Gedanken von tausenden Sendern – menschlichen Bewusstseinen – auf ein Ziel hin gleichgeschaltet und dies hieß:
„Runter mit dem Benzinpreis.“
Stellen wir uns auch diesen Wunsch wie einen nun übermäßig langen Kraftpfeil im energetischen Gebilde der Matrix vor. Er wird immer mächtiger und länger und schließlich müssen mehr und mehr andere Optionen und Nebenwünsche dieser einen bedingungslosen Forderung weichen. Zuerst mag dies nur kleinere Veränderungen bedingen, wie vielleicht das Überdenken von staatlicher Seite, eine (umsetzbare)

Preisregulierung vorzunehmen oder den Mineralölsteueranteil zu verringern. Danach aber werden die Auswirkungen dieses *Ungleichgewichtes in der Matrix immer unkontrollierbarer.* Schließlich erfolgte die Erfüllung dieses Wunsches so, wie wir es aus dem privaten Bereich vielleicht schon längst kennen: Die Lösung kommt aus vollkommen unerwarteter Richtung!
In unserem Fall kam sie mit dem Zusammenbruch der Banken und der Erschütterung des Weltfinanzsystems. Die größte Illusion der Moderne, der Glaube an unendliches expotenzielles Wachstum, verbunden mit dem Irrglauben an unendlich vervielfältigbares Papier- und Buchgeld, begann zu platzen. Und mit den Krisen der Banken, Versicherungen und Autokonzerne, mit dem Schwinden der Nachfrage und dem Weichen der Liquidität im Markt taten die Benzinpreise, was sie sollten – sie sanken rapide und nachhaltig.
Der Wunsch hatte sich erfüllt – aber um welchen Preis!
Dies Beispiel mag illustrieren, was „Wunsch-praktizierende" im privaten Bereich längst wissen. Die Kunst des Wünschens ist eine Besondere und erfordert genaues Überlegen. Nicht umsonst lautet ein Sprichwort sinngemäß: „Bedenke gut, was Du Dir wünschst, es könnte Dir gewährt werden!"

Die Lösungsmöglichkeiten in einem allseits vernetzten System sind eben

- vielfältig und
- ziehen eine Menge (manchmal unübersehbarer) Nebeneffekte nach sich.

Darüber hinaus sind wir mit diesem Beispiel ein weiteres Mal den Emotionen als Trägerwelle für aufmodulierte Inhalte auf der Spur. Offensichtlich sind diese internen Vorgänge enorm starke *schöpferische Treibkräfte* des Universums.

Diese persönlichen Beobachtungen erfahren Bestätigung durch Forschungen auf dem Gebiet der Telepathie / Telekinese. Schon in den 1970er Jahren berichten Ostrander / Schroeder und Bedford / Kensington später im Rahmen des Delpasse Experimentes vom unbedingten Vorhandensein einer so bezeichneten Bereitschaftswelle. Dies wurde in den Grey-Walterschen Versuchen ermittelt. Was wurde dort untersucht und wie geschah es?
Die Probanden erhielten an bestimmten Teilen des Kopfes Elektroden. Die hieran gemessenen Hirnströme wurden über einen Verstärker geleitet und dieses Kabel an einen Monitor angeschlossen. Es war den Personen nunmehr möglich, rein über die Gedanken und den Wunsch, den Monitor anzustellen, dies auch tatsächlich zu tun.

Vereinfacht gesagt, es war eine Fernbedienung am Kopf und nicht in der Hand.
Über Gedankenkraft konnte der Monitor angeschaltet werden. Reibungslos. Eine Zeit lang. Aus dem Erfolgserlebnis wurde Routine.
Schätzten die Probanden zunächst die Abwechslung der Experimente, so wandelte sich dieses Empfinden mit dem Einsetzen der Gewöhnung. Die Erfolgsziffern sackten ab. Die Begeisterung an dieser tollen Neuerung war nicht mehr vorhanden. Und mit ihr die Erfolgsergebnisse des gesamten Versuches.
Den Forschern war dieser Effekt bereits aus verschiedenen Anordnungen zu Biofeedback Versuchen bekannt.
Die Personen konnten den Erfolg nicht erzwingen.
Ihnen fehlte der Spaß an der Sache. Die Neuerung fand nicht mehr deren Begeisterung. Der Monitor blieb aus.

Ein Willensakt allein ist also nicht ausreichend. Wie der Wellenreiter die Wellen und den Wind benötigt, um zu surfen, benötigten auch die Probanden eine Trägerwelle. Als entscheidende Frequenz für die aufgesetzten Informationen („Monitor einschalten") kam hierbei nicht Willenskraft oder daran glauben zu können in Frage, sondern Motivation war nötig - ein Gefühl.

Ja, jeder könnte sich *theoretisch* alles wünschen und erfüllen, es ist ein Gesetz.

Aber jeder einzelne Mensch hat weit unterschiedlichere Voraussetzungen dies zu tun, was eben oft nicht bedacht wird. Jeder Mensch steht mit individuellen Dingen in Resonanz. Es hat keinen Sinn, so zu tun, als könne jeder alles erreichen. Genau das ist so vollkommen falsch, obwohl prinzipiell richtig.

Das Fazit hieraus heißt:

Schöpferkraft lässt sich nicht erzwingen. Es gibt kein Schema hierfür oder eine Anleitung. Und Schöpferkraft ist die transformierende Kraft hinter allen Wünschen. Schöpferkraft stellt sich nur im harmonischen Gleichklang ein, sobald wir kosmische Gesetze leben. Dazu im nächsten Kapitel über unsere moderne Gesellschaft mehr.

Menschen sind keine homogene gleiche Masse, sondern jeder Einzelne ist anders und besonders. Jeder Mensch kommt mit anderen Fähigkeiten auf die Welt. Jeder Mensch hat ein weit unterschiedliches Maß an Herzenskraft, Schöpferkraft, Imaginationsfähigkeit. Gefolgt von Intelligenz, Konzentrationsfähigkeit, Ausdauer, Offenheit und positiver

Grundhaltung, um nur wenige zu nennen. Mancher hat diese einfach nicht.

Sicher – Wünschen klappt. Über die mannigfaltigen Probleme und kleinen Fallen bei der Anwendung hat Manfred Jelinski zum Beispiel in seinem Buch „Schritte in die Zukunft“ ausführlich berichtet. Es ist nämlich mitnichten so, dass wir einfach mal was ganz Tolles wünschen und schwuppdiwupp – Geist aus der Flasche – bekommt man es serviert.

Die Frage ist dann allerdings berechtigt, warum es so viel Schlechtes in der Welt gibt, so viel Elend, wenn Schöpferkraft ausschließlich über ein Potpourri positiver Gefühle funktioniert.
Könnte es vielmehr zutreffen, „kreatives gedankliches Erschaffen“ funktioniere mit jedem Gefühl – also auch Hass, Eifersucht und so weiter?
Es gibt eine Menge Indizien dafür. Das Gesetz der Resonanz zum Beispiel. Dass wir die Echos zurück erhalten, die wir aussenden. Egal mit welcher Frequenz, sprich, mit welcher Schwingungseigenart. Egal, ob dies Mitgefühl, Freude, Liebe und Einfühlungsvermögen oder Wut, Zorn, Eifersucht, Rache, Neid und viele andere Gefühle mehr sind. Wir stehen inmitten der Pflanzen unserer ureigenen speziellen Gedankensaat.
Egal, ob negativ oder positiv – es ist nur eine Spielart der Dualität. Wir bekommen, was wir denken. Ob wir daran glauben oder es wollen ist egal. Gleiches bewirkt Gleiches. Materie oder Lebensumstände als Antwort auf Gedankenenergie.

Im Beispiel mit den Würfeln bedeutet dies:
Mit Gewalt und Anstrengung ist es uns Menschen nicht möglich auch nur einen einzigen Würfelwurf positiv zu beeinflussen. Es geht nicht.
Wir ernten dann nur Anstrengung. Das Spiel verliert jeden Spaß, es ist anstrengend und nicht mehr lustig.

Im Beispiel mit den Benzinpreisen bedeutet dies:
Wenn Menschen voller Wut und Ohnmacht den Mangel ihres verbleibenden Geldes beklagen, weil der Benzinpreis zu hoch ist und diesen herunterwünschen, wird dieser fallen und die Menschen *behalten den Mangel*. In diesem Fall durch das gleichzeitige Auftreten von niedrigem Preis und Wirtschaftskrise.

Einige kleine Anekdoten über die eigene Unzulänglichkeit beim Praktizieren vom Wünschen hier am Rande.

Bei den Arbeiten zu diesem Buch lag ich in meinem Bett und genoss im Halbschlaf den ganz anderen Arbeitsrhythmus meines Gehirnes. Es arbeitet dann kreativer, freier, ein bisschen verrückt und spuckt zuweilen ziemlich lustige Ergebnisse aus. Da fiel mir eine Serie von Nächten vor ein paar Monaten ein, wo es mir war, als haben mir die ganze Nacht mehrere übereinander gelagerte Stimmen Bücher vorgelesen. Ich kann mich noch sehr gut an dieses Schlafgefühl erinnern, wo man regelrecht mit interessanten, wissenswerten Details vollgepfropft wurde. Das ging die ganze Nacht wie am Fließband und war ein Riesengenuss.
Da kam mir die tolle Idee, die Engel zu bitten, mir also zu wünschen (lachen Sie bitte nicht, ich spreche gerne mit Engeln), sie mögen die Nacht wieder mit mir arbeiten. Am besten für das Buch, um noch einige kreative Gedanken zu sammeln.
Wissen Sie was geschah?
Es klappte! Ich lag aber leider die ganze Nacht in einem Zwischenzustand von Schlaf und Wachheit. Ich hatte vergessen zu betonen, sie sollten doch bitte wieder *im Schlaf* mit mir arbeiten. Gegen Morgen endlich schlief ich ein und wachte wie gerädert auf, als meine Frau mich weckte und sagte: „Ich habe gerade eine tolle Idee, du kannst ja Brötchen holen!“

Morgens dann arbeitete ich am Manuskript weiter und nahm mir, weil ich so müde war, vielleicht mal eine Auszeit von zehn Minuten. Meine Frau und der Kleinste schauen „Die Sendung mit der Maus“. Jetzt schaue ich derzeit im Monat vielleicht zwei Stunden fern. Kaum sitze ich auf der Couch, absolut zu müde, um mal kurz die Augen zu schließen, sehe ich, wie die Maus über Postwege informiert. Also, wie geht das eigentlich, dass ein Paket, in Köln aufgegeben, im Örtchen Mildstedt in Deutschland ankommt. Keine Ahnung. Mausberichte sind ja immer super. Also, ein Auge halb auf und immer mal wieder geguckt. Das zweite Auge öffne ich zusätzlich, als ich sehe, wie die Reise dieses Paketes nach Husum geht. „Merkwürdig“, denke ich mir, „typisch mal wieder, ziemlich nah an meinem Verleger, der schließlich genau dieses Manuskript bald zu sehen bekommt.“
Aber so ganz passend ist es ja nicht, schließlich wohnt der in Ostenfeld.
Was soll ich Ihnen sagen? Keine zwei Minuten später wird auf einem Postcontainer genau das Ostenfeld eingeblendet. Ich meine, wie viele Dörfer gibt es in Deutschland insgesamt, die man vorstellen könnte?
Wie viele Einwohner hat dieses kleine Örtchen überhaupt?

Wie hoch ist denn die statistische Wahrscheinlichkeit, auf diesen Bezug zu treffen, wenn man gerade mal ein paar Minuten vor dem Fernseher die Augen schließen will? Sie ist unmöglich errechenbar. Hier versagt die Mathematik. Sollten wir uns nicht einfach auf das zusammenfassende

Gefühl in unseren Bauch verlassen? Dieses Staunen, die Freude am Humor, die Überraschung, das intuitive Kopfschütteln?

Da war er wieder. Der Schelm. Mit dem Geheimnis am Rande, weil das ausgeschüttet wird, was gerade mal am einfachsten und nahe liegend ist. Auch wenn es skurril und verrückt, belanglos oder verspielt ist.

Dabei bekommen wir eine Grundwahrheit immer wieder gezeigt:

Das Außen ist zu jedem Moment der Spiegel unseres Innenlebens. Es sind immer nur wir selbst, denen es in jeder Erscheinungsform gezeigt wird. Immer und überall werden wir im Draußen auf uns selbst zurück geworfen. Alles was wir sehen und hören, was uns ärgert und freut, sind nur Entfaltungen von uns selbst quer durch Dimensionen und Wirklichkeiten hindurch und die Spielarten davon. Es sind unsere verborgenen Seiten, unsere verdeckten Schuldgefühle, unsere Wünsche, unsere Schattenseiten, unsere unbewussten Gedanken, unsere Hoffnungen, Sehnsüchte – all unsere Echos.

## Der Irrgarten der Wünsche - Wünsche und Lebensglück

„Wohin Du auch gehst – Geh`mit Deinem ganzen Herzen."
Konfuzius

Nun könnte man versucht sein, die Thematik des Wünschens rein handwerklich zu betrachten. Dann ist es nur ein neuer Modus, mit dem man gestaltet und seine Wünsche materialisiert.

Haben wir vorher - und um irgendein Beispiel zu nennen - für ein neues Auto Überstunden geschoben oder Geld gespart (beides transformierte Lebensenergie), so werden wir von nun an ein neues Auto wünschen. Was ist galant oder erstrebenswert daran, nun mittels geistiger Energie zu wirken? Das haben wir auch schon vorher getan, wenngleich unbewusst. Ja, die Wege sind nun neu, bestimmt auch abwechslungsreicher und abenteuerlicher, aber prinzipiell bleibt es doch gleich. Wir tauschen Energie gegen eine Änderung der Realität.

Haben wir dies erkannt und beherrschen es, werden wir vielleicht ein kleines Bootchen oder einen schönen Urlaub wünschen. Oder eine neue Einbauküche oder ein Motorrad oder einen neuen Fernseher oder oder oder...

Wenn Sie nun denken, werter Leser, ich hätte etwas gegen Luxus oder materielle Güter – ach was. Erstens aber ist Luxus an relatives persönliches Empfinden geknüpft und zweitens macht er nur Spaß, wenn man ihn genießen kann, ansonsten verkommt er zur Gewöhnung auf verschwenderischem Niveau. Wir sollten nicht dem Irrtum verfallen, von Dingen zu erwarten, sie würden uns glücklich machen. Dies ist der entscheidende Punkt.

Für einen Verdurstenden in der Wüste ist kristallklares Bergwasser allerhöchster Luxus und führt zu unaussprechlichem Genuss.

Im Gegenteil führt maßlose Völlerei erhabenster Köstlichkeiten zu keiner weiteren Steigerung des Lustempfindens. Schon die alten Römer stellten angesichts ihrer Orgien die Frage, was man denn essen könne, wenn man satt sei. Begehen wir also nicht den Fehler, zu glauben, materielle Güter oder Luxus beherbergten auf wundersame Art und Weise die Fähigkeit, uns glücklich zu machen. So absurd dies hier klingt, sind wir täglich versucht, dies in Objekte hinein zu interpretieren. In Wahrheit treibt sich unser Geist in Vorstellungen umher. Ein Umstand, den sich die Werbeindustrie täglich zu Nutze macht. Man verkauft ein Produkt über Gefühle und Vorstellungen.

Also noch einmal, wir sollten einfach nicht glauben, der ganze Kram würde uns glücklich machen können. Das ist der Fehler.

Vielleicht einige kleine Beispiel für diese vielen unüberdachten Wünsche, die sehr schnell „nach hinten“ losgehen.

Und genau das hatten wir doch gemeint, als wir glaubten, es würde uns unmäßig glücklich machen, morgens in einen frisch erwünschten Swimming-Pool zu springen oder mit einem neuen supertollen Cabrio durch die Gegend zu fahren. Der Pool muss andauernd gereinigt werden und im Cabrio knallt uns die Sonne an der Ampel der Großstadt ungeschützt aufs Haupt.

Wir kaufen uns Wanderschuhe und Stöcke, weil wir uns bildhaft vorstellen, frühmorgens wandernd und freudig einige Kilos abzutrainieren, während wir am nächsten Morgen einfach liegen bleiben.

Vielleicht kaufen wir auf der einen Seite vernünftigerweise Obst und Gemüse, weil dies gesünder ist, und wir in der Vorstellung verhaftet sind, nun unser komplettes Leben zu verändern, während wir nach fünf Tagen Obstdiät selbstgönnerisch der Überzeugung sind, uns nun mit Schokolade belohnen zu dürfen.

Bei all dem sind wir nur auf Programme in uns hereingefallen. Wir verlaufen uns in unseren eigenen sogenannten Wünschen. Vorstellungen sind eben oft Trugbilder, die uns nur etwas vorgaukeln.

Wir sind eben noch ganz schöne Anfänger – um nicht zu sagen „Sonderschüler“ – was das schöpferische Tätigsein angeht. Meinen Sie nicht auch?

Als wir in den Herbstferien am Meer waren, wünschte ich mir zum Geburtstag hohe Wellen. Ich liebe es nun einmal in richtig hohen Wellen zu baden.
Ich bekam meine Wellen. Pünktlich zum Geburtstag. Richtig hoch.
Leider benötigen Wellen Wind und oft geht mit dem ein Wetterumschwung umher. Den bekamen wir sogleich mitserviert. Erfrischende 12 Grad Celsius...die wollte natürlich niemand und das Tiefdruckgebiet auch nicht. Also *das* hatte ich nicht gewollt. *So* war das nicht gemeint....

Wäre meinem dreijährigen Sohn die Macht der Gedanken bewusst, so hätte er sich heute eine Horde Schokoladenosterhasen gewünscht.

Aber Scherz beiseite.

Wir irren oft im Labyrinth unserer scheinbaren Wünsche ziellos umher. Ein Wunsch bedingt den Nächsten. Wir meinen zu wollen und sind vollbeschäftigt. Wir wünschen uns vielleicht eine Beförderung und haben niemals in Frage gestellt, ob der „Job" unsere Berufung ist. Dafür müssten wir in uns gehen und manchmal sehr unbequem an uns arbeiten.

Es geht hier schlicht darum, dass unser Hirn, unsere geistige Energie wieder einmal vollkommen ausgeschöpft ist.

Wir wünschen uns vielleicht mehr Geld und haben nie erfragt, ob wir eigentlich mehr Zeit möchten. Spätestens wenn wir beides möchten, geht die Schere der Unmöglichkeit weit auseinander. Wir wünschen uns diesen oder jenen Partner und stellen fest, dass wir eigentlich einen ganz anderen Menschen wollten. Bei diesem Dilemma, das so gut wie jeder Wünschende kennt, gibt es zwei Alternativen: entweder man ergänzt die Liste der erwünschten Eigenschaften des Partners um weitere dreißig aufzählende Eigenschaften oder – wie es viele Wünschende tun – man ergänzt den Wunsch um das Attribut „optimal".

Also wünscht man sich ab sofort den „für mich optimalen Partner", „das optimale Haus", „den optimalen Urlaub" und so weiter.

Das all- wie nichts sagende Attribut „optimal" wird zum Platzhalter.

Aber für was?

*Wir selbst* sind es doch, die das Attribut „optimal" für uns mit Leben füllen müssen. Aber es steht stattdessen allzu oft für die Dinge, die wir nicht ausdrücken und weiter beschreiben können.

Und warum können wir sie nicht weiter beschreiben?

Weil wir sie in uns selbst noch nicht genügend oder gar nicht erforscht haben. Es mangelt an eigener Erkenntnis. Solange diese nicht ausgeprägt wird, können wir uns an der magischen Funktion erfreuen und auch dass es „klappt". Vielleicht befriedigt es unser Ego, vielleicht unser Machtempfinden oder es fördert unsere latente Faulheit. Aber wir werden dadurch nicht glücklicher. Wir verursachen mit einem Wunsch und dessen Erfahrung den nächsten entgegengesetzten und irren umher im Labyrinth der magischen Wunscherfüllung.
Schlimmstenfalls können damit unkontrollierte Wünsche unserer persönlichen Anteile auch zerstören. Ein sinnbehafteter Mensch läuft

zum Beispiel Gefahr, noch tiefer in behaftende Wünsche und Lebensweisen hereingezogen zu werden. Zum Beispiel werden viele künstlerisch tätige Menschen, deren tiefe Wünsche durch Ruhm und Geld erfüllt werden, Opfer von Drogenkonsum und anderen gesundheitsschädigenden Maßlosigkeiten. Nach einigen Jahren befinden sie sich in einem ausweglosen Labyrinth. Oft ist Selbstmord die Folge. Ein Mensch, der in Genüssen verhaftet ist, wird sich über seine unüberdachten Wünsche noch weiter verirren.
So haben die allermeisten Menschen eben ihre ureigenen Anhaftungen an diese Welt. Wir alle haben unsere Defizite, unsere Blindpunkte, deshalb sind wir ja hier. Um uns selbst zu erkennen.

Genau hier beginnt das Dilemma, der Symbolismus des Zauberlehrlings. In der Sage eben ein Zauberlehrling, der allerlei Unheil durch ungezügelte Wünsche und Zaubereien heraufbeschwört, während sein Meister gerade nicht anwesend ist.

Aber was lief nur schief?

Innen wie außen. Bevor wir wünschen, sollten wir wissen, was wir wünschen wollen. Auf diesem Weg ist der Blick nach innen unabdingbar. In dem Maße, wie wir uns selbst erforschen, werden wir klarer sehen und auch unsere Gedankenkraft *sinnvoll und positiv* einsetzen können. Wir können nur erfolgreich wünschen, zu was wir erkanntermaßen in Eigenresonanz stehen. Was also mit anderen Worten bereits ein Teil von uns ist. Was wir bereits verinnerlicht und integriert haben. Wir können nur wünschen, was wir bereits sind oder aus uns herausgeholt haben. Was wir in uns finden, können wir in Gedanken und Wünsche fassen.

Es ist unvollständig und vielleicht sogar verantwortungslos (denn genau deshalb war der Umstand über Gedankenkraft wirken zu können, Jahrhunderte lang Geheimwissen) wenn wir beim Thema „Wünsche" so tun, als handele es sich nur um eine Art mentales Handwerk, dass einem Jeden offen – und zusteht.
Das „Können", die Mechanik des Wünschens ist die eine Sache. Und es ist ganz klar die einfachere. Die Bewusstheit hierbei, die Kontrolle über unsere Eigenkreationen ist die schwierige Übung.

In Wirklichkeit reden wir über Magie.
Und wir reden über Macht.
Wir reden darüber, die Welt so umzuformen, wie sie uns besser gefällt.
Jahrhunderte lang wurde versucht, dieses Wissen vor den Massen zu verstecken, weil man Kontrolle ausüben wollte.

Wenn wir die Möglichkeiten besitzen, dieses Wissen umzusetzen und es mangelt uns an inneren Tugenden, dann reden wir über Machtmissbrauch und Magie zum Schaden anderer.

Wir übernehmen mit unseren Wünschen auch eine Verantwortung. Wir manifestieren Dinge Kraft unserer Gedanken, also haben wir auch die Folgen zu tragen.

Technisch erfolgreiches, aber zielloses Wünschen führt den Einzelnen zum eigenen Schaden nur weiter in die Irre. Und schnell sind noch ein paar andere mit im Boot und kommen zu Schaden. Wir sprechen hier über die Multiplikatoren von Schicksal, wie sie täglich um uns herum statt finden.

Die Kreationen unseres Geistes können uns ebenfalls unglaubliches Lebensglück bescheren.
Wünschen funktioniert. Trotz der angesprochenen Einschränkungen. Und immer wieder ist es unfassbar, wie erfolgreich dies geschieht.
Wir selbst sind in unserem Leben zunächst „eigendominant". Wir können unsere Welt gestalten. Wir tun dies jeden Tag, mit jedem Gedanken, ob dies nun ein „offizieller" Wunsch ist oder nicht.

**Energie folgt der Aufmerksamkeit, ist ein Produkt unseres Bewusstseins, ergießt sich in die Welt und fällt in uns als innerer Zustand zurück.**

Was wollen wir denn mit all den Wünschen eigentlich erreichen?

Letztlich geht es doch um Glück, oder?
Um Lebensglück.
Der Volksmund weiß hier jedoch in Bezug auf Wünsche auch etwas zu berichten.
Nicht umsonst heißt es *„wunschlos glücklich"* zu sein. Wir sind genau dann glücklich und im Hier und Jetzt vollkommen zufrieden, wenn wir *keine* Wünsche mehr haben. Paradox, nicht? Aber wahr.

Je voller wir im Inneren sind, umso weniger benötigen wir Veränderungen im Außen.

Mit jeder Formulierung eines Wunsches befinden wir uns im Zustand des Un-Heils, weil uns ja etwas Äußeres zum Glücklichsein fehlt. Das bedeutet auch: Mit jedem Wunsch sind wir in der Zukunft, sehnen wir etwas herbei, befinden wir uns nicht „hier", sondern in einer imaginären und meist nicht hinterfragten Vorstellung einer besseren Welt. Der

Wunsch wird zur Karotte vor der Nase (der uns immer weiter in irgendeine Richtung laufen lässt). Wir sind ständig in Bewegung, wo wir verharren könnten.

Das hört sich vielleicht alles sehr salomonisch und nach totaler Askese an. Soll es aber gar nicht sein. Hier sollte nur einmal aufgezeigt werden, was hinter all diesen Wünschen liegt.

Das bedeutet doch auch: Wenn es Ihr inniger Herzenswunsch ist, eine Weltreise zu unternehmen – tun Sie es. Stellen Sie sich alles ganz genau vor. Wie Sie mit einem Kreuzfahrtschiff in der Karibik umherreisen oder beim Kapitänsdinner sitzen.
Wenn Sie Musik lieben, wünschen Sie sich die tollste Hi-Fi-Anlage zusammen und genießen Beethovens Siebte bei geschlossenen Augen.
Das Tollste dabei ist: Sie müssen nicht daran glauben. Dieses universelle Prinzip basiert nicht etwa auf Ihrer Glaubenskraft, sondern nur auf Ihrer Herzenskraft. Das hat zum Beispiel auch Arthur Rubinstein in seinen Erinnerungen wie folgt niedergeschrieben:

"Ich meine fast, wenn ich mir mit der Seele etwas innig wünsche, so erfüllt das Leben mir solche Wünsche gerne.“

Aus seinen Sätzen kann man die Überraschung und Entdeckerlust und ein wenig noch den skeptischen Unglauben herauslesen. Und genau so ist es: Resonanz stellt sich als äußere Folge, innerer Vorgänge ein. Sie ziehen an, was zu Ihnen gehört – und es ist vollkommen egal, ob Sie daran glauben oder nicht. Einfach, weil hier ein Naturgesetz wirkt.

Ich habe versucht, in diesem Buch darzulegen, dass die Erscheinungsformen in der Natur miteinander verbunden sind. Hierbei handelt es sich um uraltes Wissen der Menschen. Nur wird dies als Mystizismus abgetan. In diesem Buch wurde versucht, eine naturwissenschaftliche Basis unter dieses alte Wissen zu geben.
Wie wir feststellen durften, haben unsere modernen Naturwissenschaften mittlerweile mit ihrer eigenen Sprache und Denkweise erkannt, was unsere Altvorderen seit Jahrtausenden wussten.
Es gibt ganz einfach keinen Bezug, den wir nicht nutzen könnten. Die Kraft unseres Geistes ist über das Thema Wünschen hierbei nur ein einziger Punkt. Genau genommen gibt es nichts, was nicht zu etwas anderem in Bezug steht: Ob man mit Edelsteinen heilt oder Hautausschlag mit Formeln und Reimen bespricht. Ob man alte Symbole und ihren Schutz benutzt oder Tarot zur Vorhersage benutzt. Ob man Heiligenbildnisse zum Schutz aufstellt, ein so genanntes „türkisches

Auge“ aufhängt, einen Segensspruch über die Eingangstür eines Hauses schreibt oder auf Erdenergien bei der Aufstellung eines Hauses achtet. Bei allen Methoden haben wir es mit Energien in einem Entfaltungsprozess zu tun und oft spielt dabei die Kraft unseres eigenen Geistes die entscheidende Rolle.
Überall werden Vernetzungen benutzt, um Rückschlüsse zu ziehen, Wirkungen hervor zu rufen oder vorhandene Tendenzen positiv zu benutzen. Dies ist der Kernpunkt so genannten senkrechten Denkens.

Sie brauchen mehr Geld?
Versuchen Sie es doch beispielsweise mit einem dieser chinesischen Kröten. Sie wirken beinahe Wunder. Richtig aufgestellt und mit einem Geldschein im Maul habe ich bereits von mehreren Personen gehört, wie mehr Geld in die Kassen gespült wurde. Auch hier greifen wir auf Jahrtausende altes Wissen zurück. Wir beginnen, Ereignisse zu „installieren“. Was hat eine Kröte mit mehr Geld zu tun? Sie ist ein Kettenglied eines senkrechten Weltbildes. Der Entfaltungsprozess wird umgekehrt. Auf der äußeren Ebene führen wir alles herbei, was wir an inneren, ideellen oder abstrakten (eingefalteten) Dingen erreichen wollen. Mit anderen Worten gesagt: Eine Kröte steht in Resonanz mit materiellem Gewinn und Reichtum. Sie häuft an, was sie im Maul trägt.
Ein Springbrunnen im Vorgarten ist nach altem chinesischem Wissen ebenfalls ein Attraktor des Reichtums. Er sollte fließen. Auch ein Zimmerbrunnen oder Aquarium an den richtigen Stellen des Hauses aufgestellt mehrt das Geld. Und bitte: Wir reden hier nicht mehr über Aberglauben oder Hokuspokus, sondern auf praktische Art über umgesetzte moderne Naturwissenschaft.
Gelbe Farbe an den Wänden mehrt das Geld ebenfalls. Und so weiter. Ein gutes Feng Shui-Buch wirkt hier Wunder. Sie bemerken es: Sie werden zu einem Lenker der Affinitäten. Wissen ist Macht. Seit Jahrtausenden. Wir können natürlich unsere Umwelt und unser Umfeld verändern. Bitte, hier oben stehen einfache und praktische Hinweise.Aber ist es im Bereich Ihrer persönlichen Fähigkeit resonant zu sein? Wenn nicht, was an inneren Einstellungen müssen Sie ändern?

Über die Jahrtausende haben wir Symbole mit Geisteskraft aufgeladen. Wir können uns nun deren Wirkweise zu Nutze machen.

Sie möchten einen zu Ihnen passenden Partner finden?
Bitte. Imaginieren sie sich einen. Stellen Sie sich das Zusammenleben mit ihm vor. Freuen Sie sich auf das gemeinsame Glück, die schönen Ausflüge. Vielleicht haben Sie bereits konkrete Situationen vor Augen.

Bedenken Sie aber auch: gerade in diesem Bereich wird jede kleinste Schwäche von Ihnen, jede kleinste Unbedachtsamkeit sehr schnell direkt offenbart.

All das funktioniert – und noch dazu erstaunlich präzise. Zumindest und automatisch mit jenen Wünschen relativ schnell, die auf unserem Lebensweg liegen. Sprich: Jene Dinge, die scheinbar ohnehin für uns reserviert waren.
Auch insofern ist es wieder einmal besser, in uns zu gehen und uns selbst erst einmal gründlich zu hinterfragen und zu erforschen.
Ich möchte Ihnen hierbei zwei wichtige Messinstrumente mit an die Hand geben, mit denen Sie selbst beurteilen können, ob Sie ziellos umherwünschen oder ob Sie konstruktive gute Wünsche manifestiert haben.

Es ist relativ einfach:

Ein „richtiger" Wunsch führt nach dessen Erfüllung zu mehr Zufriedenheit, Ruhe, Beschaulichkeit, Wohlfühlen. Oft merkt man auch: „Das ist genau mein Ding". Es bereichert im seelischen Erleben.
Wenn Sie in einer Art falscher Wunschspirale verfangen sind, wird der erfüllte Wunsch nach mehr verlangen. Wir sprechen hier über Begierden. Sie sind endlos und unstillbar. Sie sind janusköpfig. Mit der Anzahl ihrer Erfüllung tauchen doppelt so viele weitere neue Wünsche auf. Der erfüllte Wunsch wird hier zu einer Liste, die abzuarbeiten ist, bevor wir den nächsten Wunsch angehen. Gier ist unstillbar.

Ein Messinstrument, das ich Ihnen also mit auf den Weg gebe, ist ihr eigenes Gefühl. Ihr „in sich hören können".

Sind durch die Wünsche meine

**innere Harmonie,**
**mein innerer Frieden,**
**meine Gesundheit**

angestiegen?

Wenn ja, dann weiter so!

## Der kleine springende Punkt

„Glauben ist die Fähigkeit,
in Gottes Tempo zu gehen."
Martin Buber

Aus einer Buchecker wird eine Buche. Keine Eiche.

Ein Hund verhält sich menschenbezogen und treu, eine Katze ist ortsbezogen und für gewöhnlich nicht so auf Menschen fixiert.

Viele Tierarten bleiben scheu oder sind nicht zu domestizieren.

Mit anderen Worten verhalten sie sich genau so, wie es der Bauplan oder deren ureigene Matrix ihrer Gattung vorschreibt. Sie sind in Ihrem Verhalten limitiert und vorhersagbar.
Ein Krokodil wird kein Schoßhündchen und ein Hai kein Goldfisch.

Alles ist nach seiner „Eigen – Art" entworfen und tut, was es soll.
Warum sollte das bei uns Menschen also anders sein?

Wenn wir in unserem Leben zurückblicken, war oft der Weg bereits das Ziel. Viele Stationen von der Schulzeit über Studium oder Beruf, die erste Liebe und weiteres waren vorgegeben. Wir sind wie jedes Kind niedergefallen und haben uns die Knie geschlagen, wir waren wie jeder Jugendliche aufgeregt vor der Klassenarbeit und jeder von uns hat Tests verhauen. Die Stationen und Empfindungen der vielen Menschenleben sind in vielen Dingen gleich. Unterschiedlich ist dabei unser ganz spezielles inneres Erleben, auf das wir zurückblicken können. Und über die Jahre hinweg gab es rückblickend vielleicht nicht einmal die Chance oder Notwendigkeit, Dinge besser zu machen. Vielmehr kam es darauf an, sie zu durchleben und zu erleben. Auf unsere ureigene spezielle Art ein Innenweltbild zu formen. Das haben wir getan und das waren unser Ziel und auch unser Auftrag. Etwas erfährt sich durch unser Hiersein bis in den kleinsten Winkel.

Wenn der *Weg* also das Ziel ist, dann sind wir bereits mitten und tagtäglich (wieder) im Ziel. Wir müssen nur bei uns bleiben. In uns hören. Aus uns heraus leben. Wir sind nicht verloren.

Wir leben, fühlen und erleben nach unserer eigenen Matrix.

Aber ist dann alles vorherbestimmt? Oder gibt es eine Wahlfreiheit?

Es gibt den schönen Spruch

*„Gott schläft in den Pflanzen,*
*träumt in den Tieren*
*und erwacht im Menschen!“*

Dies legt nahe, dass uns Menschen eine besondere Eigenart mit in die Wiege gelegt wurde.

Und tatsächlich gibt es diese.

Wir haben Bewusstheit und die Fähigkeit zur Selbstreflexion.

Wir können unsere Fehler und Schwächen erkennen und daran arbeiten. Wir können uns überdenken. Wir sind nicht an unser „So-Sein“ mit einer Kette gebunden. Wir sind nicht ewig gefangen, weil wir eben mal so sind, wie wir auf die Welt kamen. Wir sind keine „Bio-Roboter.“ Wir sind frei. Weil Wissen Macht ist. Weil Wissen zu Erkenntnis führt.

Mit dieser Sichtweise können wir Dinge verändern. Die schwersten Kämpfe sind die gegen sich selbst, heißt es. Aber es sind Kämpfe, die wir gewinnen können.

Diese Bewusstheit ist der entscheidende Faktor, Dinge zu verändern. Und unsere Freiheit ist ein weiterer Faktor. Unsere Freiheit, so oder so zu handeln und zu entscheiden.

Ich höre Sie gerade sagen: „Moment mal, weiter vorne ist doch von diesem Hirnforscher die Rede, der untersucht hat, dass uns Gedanken anfliegen. Dass wir nicht entscheiden können, was wir denken, sondern sozusagen bedacht werden. Da war unser Schicksal vorherbestimmt und zwar bis ins Detail, und wir durften nur erfahren. Was ist denn damit?“

So. Jetzt kommen wir zu einem weiteren enorm wichtigen Punkt in diesem Buch.

Angenommen wir haben keinen freien Willen und alles ist nur als solcher simuliert. Angenommen, wir bekommen tatsächlich nur „vorgespielt“, uns entscheiden zu dürfen, aber in Wahrheit ist alles bereits vorgedacht und fliegt uns aus dem Außen an.

Okay. Wir nehmen das genau so hin. Auch wenn heute und vielleicht auch zukünftig niemals ein Mensch leben wird, der die Frage nach Willensfreiheit oder Vorbestimmtheit sicher beantworten können wird. Wenn alles vorbestimmt ist, dann hätten wir ja gar keine Wahlfreiheit. Warum halten Sie dann gerade dieses Buch in Händen?

Dann war es doch vorherbestimmt, diese Zeilen zu lesen. Und Ihre jetzigen Gedanken, Zweifel, Überlegungen nur ein Takt in der bereits geschrieben Lebensmelodie. Alles das ist dann vorbedacht.

Was will dann das Leben von Ihnen im Drehbuch Ihres eigenen Schicksals?
Dann will es doch, dass Sie gerade jetzt über das Thema nachdenken, dass sie gerade bedenken: Willensfreiheit und Vorherbestimmtheit und Wünschen.

Meinen Sie nicht, auch das hat dann seine akkurate, genau minutiöse Ordnung? Meinen Sie nicht, sie sind jetzt gerade an der genau richtigen Stelle, an einer Schwelle oder einer Art Aufbruch!?

Genau das ist sicher.
Und zwar ganz egal, ob Sie sich jetzt bewusst und freien Willens dafür entscheiden oder ob es einen großen, Ihnen derzeit unbekannten Plan gibt, wo all dies vorherbestimmt ist und Sie sind gerade dran, diesen Schritt zu erfahren.

Dann ist es in jedem Fall Ihre Zeit, Dinge nun tatkräftig zu verändern und Situationen für sich zu verbessern.

Dann ist es jetzt soweit, dass Sie nun ihre geistigen Kräfte voll einsetzen und nun Ihr Leben entscheidend verbessern.
Und noch einmal: Es ist letzten Endes für Sie und gegenwärtig vollkommen belanglos, ob dies nun ihr freier Wille ist oder nur ein Programmpunkt dessen, was Sie zu erfahren haben.

*Es ist jetzt so. Weil die Zeit in* ***j e d e m*** *Fall j e t z t dafür reif ist.*

Wo ist im Kern der Unterschied?

Es gibt keinen.

Was ändert es an den Konsequenzen?

Nichts.

Wir werden die objektive Lösung für diese beiden grundlegenden Ansichten und Fragen niemals klären können. Die Ansichten bleiben offen.
Ob wir tun was wir wollen oder das, was wir sollen.

Wir können nur denken, was uns zugedacht wird.
Prima. Dann sind wir auch mitten im Plan des Geschehens, wenn wir versuchen, unserer inneren Bestimmung zu folgen.
Wenn wir in Resonanz damit stehen, unsere Urgründe zu erforschen.
Dann können wir heute eben so gut handeln.

Vielleicht gibt es ja so etwas wie einen Prozess, die besten Dinge aus sich auszufalten. Die eigenen Spezialitäten zu bergen und hervor zu bringen.

Es bleibt wie es ist: Dann sind wir beide gerade mitten darin.

Gehen Sie tief in sich. Suchen Sie Ihre eigenen Resonanzen, Ihre Urgründe und benutzen Sie Ihre schöpferische Geisteskraft. Die Ihnen bestimmten Echos treten in Ihr Leben.

Das ist sicher.

Ist es so gesehen nicht ein schöner Symbolismus gerade dieses Buch mit diesen Zeilen in den Händen zu halten?!

## Spiegelbild Lebensweg

„Achte auf Deine Gedanken, denn sie werden Worte.
Achte auf Deine Worte, denn sie werden Handlungen.
Achte auf Deine Handlungen, denn sie werden Gewohnheiten.
Achte auf Deine Gewohnheiten, denn sie werden zu Deinem Charakter.
Achte auf Deinen Charakter, denn er wird Dein Schicksal."
Verfasser unbekannt, wird dem Talmud zugeschrieben

In diesem Buch haben wir immer wieder gesehen, dass ein scheinbar akausales, also ein nicht nur logisch erfassbares Prinzip im Universum herrscht, dass auf Analogie, auf der Verbundenheit des Gleichen miteinander fußt. Gleiches zieht sich an, und zwar bereichsübergreifend und nicht unbedingt logisch verwoben.

Wir haben Synchronizitäten und Resonanzen vielfältig untersucht und gelangten zu der Feststellung, dass das Leben sich auf spielerische Weise ineinander wiederspiegelt (siehe das Gleichnis von Indras Perlen). Auch David Bohms implizite Ordnung legt Gleichartigkeiten nahe, die sich lediglich entfalten, also noch miteinander auf einer tieferen Ebene verwandt sind und deshalb leicht Gleiches abbilden können. Diese Spiegelungen können zwischen Energie und Materie entstehen, sie können uns als unglaubliche Geschehnisse entgegenkommen oder als Gleichartigkeiten begegnen. An die zahlreichen besonderen und Aufsehen erregende Fälle dieses Buches sei erinnert.

Diesen Spiegel, dieses Ursachengewebe, können wir uns zu Nutze machen. Wir können diese Spiegelungen auch schicksalhaft anhand unserer Lebensaufgabe oder unserer Bestimmung untersuchen. Gerade die Ureinwohner Amerikas begriffen das Leben als Suche nach der ureigenen Bestimmung.

Über unser Schicksal und das, was wir gemeinhin „Außen" nennen, blicken wir also *in den größten für uns bereit gestellten Spiegel*, den es überhaupt nur geben kann. Unser Lebensweg ist die Spiegelung unserer Gedanken, Taten und Entscheidungen. Unser Leben ist unsere eigene Perle, in die wir blicken können, um Bilanz zu ziehen, aber auch, um Dinge zu verbessern. Vor unseren Augen, in der uns umgebenden Welt können wir täglich uns selbst und unsere Bestimmung ablesen. Das Woher und Wohin unseres Seins entfaltet sich täglich um uns herum in tausenden Details.

Unser Umfeld ist gleichzeitig aber auch ein verlässlicher Gradmesser unseres Seelenlebens. Er spiegelt zuverlässig die Summe all unserer

Gedanken in der Vergangenheit. Unser Außen zeigt, wo wir stehen, was wir gut gemacht haben und wo Defizite sind.

Bitte legen Sie doch einmal das Buch aus der Hand und blicken sich in Ihrem Zimmer intensiv und mit Zeit um. Jedes Detail trägt ganze Geschichten von früher in sich (ein Umstand, der bei Kindern übrigens mit dazu führt, sich emotional an einen Lieblingsbären, das Schnuffeltuch oder eine Puppe zu binden). Ihre Wohnung erzählt alles über Sie, betrachten Sie diese doch einmal aufmerksam und wie mit fremden Augen und Ihre Interessen, Stärken und Schwächen spiegeln sich darinnen wieder. Wir schauen im Außen nach innen.

Und genau an diesem Punkt sind wir bei einer alternativen Sicht der Affinitäten. Wir können mit ihnen arbeiten. Sie sind eine Art Anzeigegerät, um zu einer besseren und harmonischeren Lebensweise zu gelangen. Sie sind Teil eines ureigenen Lebens – und Erfahrungsweges und helfen uns über die anzeigende Funktion Einsichten zu entwickeln! Es sind Resonanzen unseres Lebensweges! Keiner sonst hat die Dinge so zusammengefügt wie Sie – nur Sie – sie gerade sehen. Sie schauen mitten in Ihr Leben hinein.

Und natürlich können Sie dann jetzt und in diesem Augenblick Ihr Schicksal in ihrer Umgebung ablesen.
Alles bildet sich ineinander ab. Und am stärksten funktioniert dies natürlich in Ihrem eigenen „Feld", also Ihrer Umgebung.

Wenn wir die Kunst distanzierter Selbstbeobachtung beherrschen, können wir wichtige Informationen gewinnen. Wir fragen nach Ursachen, nähern uns tieferen Schichten in uns selbst.
Wenn wir unser Leben als eine Art Kunstwerk sehen, vielleicht als eine Plastik an der tagtäglich gearbeitet wird, dann besteht morgen das Ziel nicht darin, die gestrigen Arbeiten rückgängig zu machen, sondern weiter daran zu arbeiten. Vergangene Fehler also sollten wir ruhen lassen und nicht mit unserem Geist künstlich am Leben erhalten.
Vergangene Fehler können wir nur heute oder in Zukunft an neuen Situationen heilen.
Wenn Sie also rückblickend einen Menschen verletzt haben oder Unrecht taten, heilen Sie diesen Vorgang an einem anderen Menschen.

Im Fluss der Dinge findet eine ständige Spiegelung statt. Es ist also egal, werter Leser, wo Sie anfangen. Ob bei einer Charakteranalyse oder Ihrem Tagesablauf, ob bei Dialogen mit anderen oder dem bereits hinter Ihnen liegenden Schicksal. Fangen Sie nur irgendwo an und verändern Sie Dinge. Verändern und beobachten Sie und das Abenteuer beginnt.

Sie können auch im Innen beginnen. Mit Selbstbeobachtung. Spielerisch. Offen und nicht zielorientiert. In dem Maße, wie Sie ihr Inneres offenbaren und neu entwickeln, wird sich nach dem Spiegelgesetz auch die ganze Welt um Sie herum verändern.

Ich beobachte nach einiger Zeit möglichst objektiv und mit der maximal möglichen Eigendistanz mein Leben wie einen Traum, der zu deuten ist. Hierbei wird zwangsläufig auffallen, was positiv oder negativ verändert wurde.

Ein Beispiel hierfür:

Ein Bekannter von mir machte einmal eine Ausbildung in einem Büro. Schon kurz nach der bestandenen Prüfung begegnetem ihm immer wieder einmal freundlich gesonnene Menschen, die ihm sagten, „er passe eigentlich gar nicht in so ein Büro". Er nahm dies als eine Art Kompliment, „frischen Wind" in die verstaubten Büros zu bringen. Seine Karriere gestaltete sich über die Jahre zufriedenstellend. Dann bekam er einen neuen direkten Vorgesetzten, mit dem der Ärger alltäglich wurde. Als er daraufhin das Resort wechselte, geschah das Gleiche. Mit dem Wechsel des Führungspersonals begannen die Probleme. Später zog die Zweigstelle um, sein Arbeitsweg verlängerte sich. Nicht viel, nur um einige Minuten. Dann wurden die Parkplätze für die Mitarbeiter aus Einsparungsgründen reduziert, das Weihnachts- und Urlaubsgeld gestrichen, später die Arbeitszeit hochgesetzt und so weiter. Das Betriebsklima hatte sich längst drastisch verschlechtert. Auch ehemalige Freunde und gute Bekannte hatten die Firma verlassen. Früher war er eingebettet in einen Kollegenkreis, nun wurde er eine Art alternder Außenseiter.

Nun, was mochte das Leben ihm wohl über Jahre von sich verstärkenden Widrigkeiten spiegeln?
Wollte es ihm sagen, wie toll er seinen Beruf gewählt hatte und wie glücklich er damit täglich ist?
Oder dass er vielleicht den Beruf wechseln sollte?

Genau für diese Art objektive und klare Betrachtung der Dinge, wie sie wirklich sind, möchte ich hier sensibilisieren. Dinge von außen, wie auf einer Kinoleinwand zu betrachten.
In einem Buch, so auf ein paar Zeilen zusammengeschrieben, liest sich das total logisch und unübersehbar.

In Wahrheit aber, im Alltag, nehmen wir uns oft gar nicht die Zeit, die Dinge mit Abstand zu betrachten. Zusätzlich ist unser

Betrachterstandpunkt durch scheinbare Zwänge, Wünsche oder Konditionierungen eingeengt. In der Realität lassen wir oft nicht zu, die Dinge frei zu betrachten. Wir kehren Negatives unter den Teppich oder überbetonen das verbliebene Bequeme oder Positive.

Es ist also wichtig, zu fragen, wohin Wünsche geführt haben und was diese im Leben ausgelöst und ins Rollen gebracht haben, um zu einer Analyse zu gelangen.

Nehmen wir noch einmal unser genanntes Beispiel. Unser Bekannter hat mutig seinen Beruf gewechselt. Er hatte festgestellt, dass der alte eine Vielzahl negativer Emotionen in ihm auslöste und diese hinterfragt. Er hat nun eine neue Arbeitsstelle.

Einmal sollte man sich nach einiger Zeit beobachtend fragen, wie das eigene Gefühl zu den Neuerungen ist. Wie fühle ich mich, wenn ich an die neue Arbeitsstelle denke? Ist es ein leichtes Gefühl oder ist sogar Freude dabei?
Zum Zweiten sollte man unbedingt alle nun veränderten Umstände möglichst teilnahmslos beobachten. Dies kann man auch anhand einer Matrize auflisten. Wo gibt es also Auffälligkeiten, was zeigt mir das Leben nach meinem Entschluss?

Wie gestalten sich die Beziehungen zu den Kollegen?
Habe ich mehr oder weniger Zeit als früher?
Hat sich meine Anfahrts- oder Parkplatzsituation verbessert oder verschlechtert?

Gibt es Auffälligkeiten bei der Ausstattung des Arbeitsplatzes?
Sind Kleinigkeiten positiver oder negativer Form passiert?

Wir lernen mit dem Herzen zu sehen.

Wir lernen zu tun, was unser Herz erfreut.

Unsere Eigenfrequenz steigt.

## Die Reise

„Zu sein, was wir sind,
und zu werden,
was wir werden können
ist unsere Bestimmung im Leben."
Robert Louis Balfour Stevenson

Synchronizitäten sind Zeichen einer Art „gegenseitigen Annäherung" zwischen Schöpfer, dem „Allem was ist" und unserer Wenigkeit. Wonach wir uns ausrichten wollen, auf dem Weg unserer individuellen Spezialisierung, wohin es mit uns will, würde sich in diesen Zeichen „kreuzen" und offenbaren. So betrachtet können Zeichen als Zukunftsechos unserer Lebenslinie interpretiert werden. Wir treten in Kontakt. Synchrone Geschehnisse zeigen an „auf dem richtigen Weg" zu sein. Wir werden ermutigt durch sie. Ermutigt und erfreut.

Und sie sind noch mehr.

Synchronizitäten markieren den Grenzpunkt zwischen innerer und äußerer Welt. Zwischen Geist und Materie. Beide prallen scharf aufeinander – und vereinigen sich. Sich vereinende Gegensätze. Die Aufhebung des Dualen.

Synchronizitäten sind vergleichbar mit einem plötzlichen Riss in der Erdkruste. Als würde die Oberfläche aufbrechen und tiefer gehende Blicke zulassen. So, wie wir durch einen tatsächlichen Erdriss in das Innere der Erde schauen können, erlauben auch Synchronizitäten kurze Einblicke. Sie erlauben einerseits Einblicke in die tiefe Ordnung des Kosmos, andererseits auch in tiefere Schichten unseres Selbst.

Es ist, als würden sie eine Botschaft mitbringen: „Wichtig ist nicht der Anschein dieser Welt, sondern die verborgene Ordnung dahinter." Sie erzählen weiter davon, wie alle Dinge, Gedanken und Geschehnisse auf einer tieferen Ebene miteinander verbunden sind.
Synchronizitäten enthüllen vor unseren Augen ein wenig Architektur dieses Kosmos. Sie sind ein Beleg für uns, gleichfalls mit inneren Schichten unserer Realität in Kontakt zu geraten und fordern dazu auf, weiter in uns zu gehen; tiefer in uns herein zu horchen und zu vertrauen. Sie sind eine Art Biofeedback-System des Universums, um die eigene Resonanz zum großen Ganzen anzuzeigen und zu verstärken. Mit ihrer Hilfe können wir einen Weg finden, können sicher sein weiterhin in die richtige Richtung zu laufen. Denn sie fordern auf, zur Quelle zu gehen.
Sie ermutigen dazu, in uns zu fallen und nach dem dort Gefundenen weiter zu leben. Sie sind also ein Anzeiger dafür, aus unserem *Inneren*

*heraus zu leben*. Synchronizitäten helfen, den Anlass und das individuelle Ziel unseres Hier-Seins weiter zu ergründen und „auf der Spur“ zu bleiben. Sie zeigen augenzwinkernd an, aufgehoben zu sein.

Sie sind der Beweis Teil eines Ganzen zu sein. Aufgehoben.

Für die Leser, denen die Inhalte meiner anderen drei Bücher bekannt sind, ist hier ein weiterer Aspekt. Es ist egal, auf welche Informationen wir von außen treffen. Es ist egal, wie niederschmetternd, negativ oder Angst machend diese sind. Entscheidend ist, wie wir selbst mit Informationen umgehen; wie wir diese bewerten. Ob wir künstliche Ängste in uns Frucht tragen lassen. Wohin wir unsere Sinne ausrichten.

Was meine ich konkret damit?

Unsere „alltäglichen Wunder“ helfen uns, aus unserem Gedankenkäfig auszubrechen, verbinden sie uns schließlich mit tieferen Schichten der Natur und des Universums. Die niederfrequente dreidimensionale Objektwelt mit ihrer eigenen umzäunenden Logik wird durch sie mit einem Mal aus den Angeln gehoben. Sie sind Beweis tieferer Ordnung.

Sie sind die Katzenaugen unseres eigenen Ursprungs. Sie ermutigen uns, weiter in den tieferen Schichten unseres Selbst zu forschen, um schließlich das Bestmögliche von uns ans Tageslicht – oder die Oberfläche - zu fördern. Um es mit David Bohms Worten auszudrücken: Die besten Möglichkeiten unserer mitgebrachten Anlagen *auszufalten*. Denn wir sind es, deren *Einfalt* den Unglauben schürt, wo wir frei ausleben könnten.

Vielleicht können wir in uns lernen, einfach mehr zu *vertrauen*.

Denn tief in unserem Inneren verborgen, liegen von unserem subjektiven Standpunkt aus betrachtet weitaus mehr Möglichkeiten, als wir derzeit erträumen können. Seien Sie sicher: Es ist kein Zufall, dieses Buch, diesen Satz gelesen zu haben. Im gesamten Universum gibt es keinen Hauch Zufall.
In gewisser Weise sind wir dazu verpflichtet, unser Bestes zu geben.
Das Universum lebt nach diesem Prinzip und entwickelt sich immer weiter. Sie dürfen Ihre Entfaltung erleben. Ein Baum, ein Tier, alle entfalten sich nach ihrer Art, aber Sie, - wir – dürfen es bewusst erleben. Jetzt.
Es gibt uns einen kleinen Zipfel des Gefühles eins von allem zu sein. Wir sind und waren immer aufgehoben, dafür sind die vielen alltäglichen Wunder ein Beweis.

Die Frage nach den vielen Darstellungen in diesem Buch wird nicht mehr sein, was es noch an Hinweisen geben mag um etwas zu beweisen, lieber Leser.

Die Frage wird sein, wie *bereit* Sie sind.

Bereit für die Reise nach Innen. Auf Ihren Urgrund, zu Ihren Archetypen, bevor Sie in immer tiefere Weiten vorstoßen.

Wer sind wir tief im Inneren?
Wohin gelangen wir, sobald wir unser Ich ergründen?

Wir können tief in uns gehen, um uns zu ergründen und unsere Eigenfrequenz zu *erhöhen* und zu *verstärken*.

Wenn wir meditieren, erfolgt ein Gedankengang tief ins Innere vom Speziellen ins Generelle hinein.

Stellen Sie sich vor, alle Menschen sind die Spitze eines winzig kleinen Zweiges an einem Baum und würden in sich zurück gehen. Zunächst kämen sie an Äste. Dies würde ihnen bewusst machen, wie sehr sie doch mit anderen Menschen eins sind. In der Familie, mit dem geliebten Partner oder den Kindern. Auf einer tieferen Ebene erkennen sie ihre Zugehörigkeit zu verschiedenen Schicksalsgruppen. Seien dies nun Nationalitäten oder bestimmte vergangene Erfahrungen. Und immer spielt Affinität, Anziehung des Gleichen zueinander die entscheidende Rolle. Noch weiter – mittlerweile befinden wir uns schon an ziemlich dicken Ästen – sehen sie sich eingebettet in die Gesamtheit der Menschheit. Sie spüren dort vielleicht eins mit den anderen Menschen zu sein. Nicht verschieden, sondern gleich. Als ein Phänomen.
Am Stamm angekommen spüren sie vielleicht diese Vereinigung mit Tieren und Pflanzen und der gesamten Schöpfung.

Was ist dann von unserem „Ich“ noch übrig?

Alles.

Trotzdem.

Wünsche sind Gedanken. Die Kraft Ihres Geistes erschafft am Tag tausende Gedanken.

Ich habe Ihnen von meinen Wundern berichtet. Davon, was mein Geist in die Welt projiziert. Was ich sehe, wie ich es sehe und interpretiere. Was mich staunen lässt und erfreut. Mich antreibt, weiter fragen und wundern lässt.

Kurz: Alles, was mich auf meiner Wanderung, meiner Reise begleitet und weiter voran bringt.

Im Grunde erzählte ich nicht einmal von dieser Welt, sondern nur von meinen Vorstellungen. Von Bildern, Gedanken und Ideen in mir. Einiges konnten Sie davon vielleicht annehmen und wir sehen und entdecken es gleichsam. Das ist schön. Dann können wir uns gemeinsam daran erfreuen und sind beide über die gleichen Dinge erstaunt.

Wahrscheinlich jedoch sehen Sie, lieber Leser, viele Dinge auf Ihre ureigene Art und Weise und werden nicht deckungsgleich mit meinen subjektiven Ansichten sein. Vielleicht meinen Sie, die Fotografien der vielen Formen im Wald sind eben bloß Baumstümpfe oder Sie erkennsen darinnen eher Gnome oder Fabelgestalten. Dafür schlummern in Ihrem Inneren Ihre Schätze.

Kein Buch, keine Sache im Außen kann Ihnen Wunder geben. Es gibt keine Lösung im Außen.

Das ist nicht schlimm. Im Gegenteil. Denn Sie können nun Ihre eigenen Wunder entdecken.

Ihr Blick auf die Welt ist die Spiegelung Ihrer Selbst. Ihre Meinung, Ihre Ansicht ist Ihr eigener Reichtum. Ich könnte Ihnen Ihre Wunder niemals aufschreiben, weil es eben Ihre sind. Ich kann Ihnen nur Angebote machen. Ich glaube das habe ich getan. Nur Sie selbst, tief in Ihnen drinnen, können Ihre Schätze, Ihre Wunder bergen.

Ihr Wunder beginnt, wenn Sie Kontakt zu den tiefen Schichten in Ihnen selbst aufnehmen. Schichten, die sich im Außen unentwegt manifestieren, wenn Sie nur aufmerksam genug sind, sie zu sehen.

Fangen Sie an zu suchen.

Die ganze Welt verändert sich auf wundersame Weise zusammen mit Ihnen.
Wichtig ist anzufangen. Den Weg zu gehen. Bereit zu sein für Veränderungen. Neue Wege zu beschreiten. Sich selbst neu zu ergründen. Fangen Sie einfach an.

Fangen Sie an und versprochen, für einen Herzenswunsch von Ihnen wird sich das gesamte Universum biegen. Das schreibe ich nicht nur so. Ich habe es selbst erleben dürfen.

Ich wünsche Ihnen viel Glück bei Ihrem Aufbruch, Ihrem Weg, Ihren Wundern.

- Ende -

**„Als ich meine Seele fragte,**

**was die Ewigkeit**

**mit den Wünschen macht,**

**die wir sammelten,**

**da erwiderte sie:**

**Ich bin die Ewigkeit!“**

Khalil Gibran

“Der Köstler schreibt gar nichts mehr über Remote Viewing.“

Bitte liebe Leser.

Wer Ergebnisse zu Remote Viewing Sessions lesen will, für den ist dieser kleine aktuelle Anhang hier im Buch.

Ein Zukunftstarget.

## Anhängsel: 20.12.2012 - Der verschobene Weltuntergang

Der erschreckendste wie tiefgreifendste Gedanke in meinem Leben war zweifellos der von formgebenden subtilen Feldern, die Strömen gleich, für alles Fassbare, alles Geschehende verantwortlich zeichnen.
In letzter Konsequenz bedeutete dies, Bewusstsein außerhalb unseres Gehirnes anzusiedeln.
Langsam stellte sich etwas wie Vertrauen ein.

Immer wieder haben mich Leute gefragt, ob wir denn noch aktiv viewen würden. Ja, tun wir. Nach den Erfahrungen, die wir in „Verdeckte Ziele“ niedergeschrieben haben, wo wir Projekte auf Ufos, Mars und Mond durchgeführt haben, lassen wir von solchen Zielen heute jedoch die Hände. Verzeihung – die Sinne.
Man kann auch nur davor warnen. Heute, Jahre später, sind wir natürlich um einiges erfahrener, sehen mehr im Zusammenhang. Man sollte seine Nase nicht exzessiv in Bewusstseinsbereiche hineinstecken, die bestenfalls extrem fragwürdig sind und wo Informationskriege toben. Man wird Bestandteil eines Netzes, das man nicht im Entferntesten kontrollieren kann und wird mit Mächten konfrontiert, gegen die unsereins ein kleiner Hanswurst ist. Bildlich ausgedrückt ist es, als wolle man in einem reißenden Fluss mit dem Kanu paddeln. Wobei die Wellen und der Strom des Flusses für die Fremdenergie an Massenbewusstsein stehen und das kleine Paddel für die eigene Seelenkraft. Ich kann nur jedem davon abraten, wenigstens in dem Ausmaß, wie damals bei uns geschehen.

Vom generellen Thema Remote Viewing haben wir uns indessen natürlich nicht verabschiedet. Nach wie vor wird bei uns immer wieder einmal geviewt. Man sucht eben seinen Weg, um mit der Matrix zu leben. Oft kann der darin bestehen, einfach mal die Füße still zu halten, wenn die morphischen Felder der Allgemeinheit wieder immens aufgemöbelt werden. Wir wenden uns dann meist anderen Themen zu. Es ist oft gesünder.

Wir haben Abwendung aus diesen Bereichen und Hinwendung auf Neues als Mittel erfahren, mit den vielfältigen Manipulationen der großen Spieler fertig zu werden. Es ist einfach kontraproduktiv, negative Bewusstseinsfelder, wie sie täglich in jeder erdenklichen Form propagiert werden, durch Eigenbeteiligung zu fördern. Diese Verstärkung findet natürlich auch statt, wenn wir *„gegen* sie kämpfen", „Machenschaften ausspionieren" oder „uns nur informieren, um hinter die Kulissen zu blicken und die Lügen aufzudecken". Es funktioniert, wie alles, was wir bisher dargelegt haben: Auch negative Glaubensmuster funktionieren. Wer mit aller Leidenschaft den Krieg hasst, verstärkt ihn. Bewusstseinsfelder leben nun einmal durch das Zuströmen von Gedankenenergie – egal in welcher gepolten emotionalen Form. Sei es Hysterie, Fanatismus, Wut, Jubel, Interesse...

Heute, mit der Distanz einiger Jahre, sehen wir in vielen Themenbereichen energetische Bewusstseinsfallen – und die gibt es in beinahe jeder Geschmacksrichtung.
Neben den Massen – und Mainstreammedien, die für den breiten Geschmack Themen in rosarot bis tiefschwarz aufbereiten, existieren mittlerweile ganze Verlagsprogramme, die Geheim- und Insiderwissen über ziemlich jeden Skandal in dieser Welt verbreiten.
Von Flugscheiben über Mentaltechniken bis zur Logen – und Freimaurerei können nun Gemüter befriedigt werden, deren Sehnsucht und Wissensdurst nicht mehr über die Massenmedien zu erreichen war.

Nun benutzen wir RV eigentlich nur noch für persönliche Ziele oder Überlegungen oder um es Leuten zu zeigen, die interessiert sind.

Aber so ganz können wir trotz obiger Predigt manchmal unsere Finger doch nicht von den brenzligen Dingen lassen, ist klar. Das liegt einfach im RV-Feld. Das färbt ab, sozusagen. Wir sind ja auch nur ein Bestandteil dieses Feldes.

Wenn es derzeit ein Datum für ein bevorstehendes Weltenende gibt, dann betrifft es den 20.12.2012. Hier, so heißt es, ende der Maya-Kalender, was auf ein Ende der Zeiten hindeuten solle. Wahrscheinlich sei hier ein Weltuntergang, mindestens aber ein schmerzhafter Übergang in ein vollkommen neues Zeitalter zu erwarten. Nun, kommt er denn, der Weltuntergang? Kann man denn Zukünftiges mit RV sehen?

Ja. Natürlich. Vergangenheit und Zukunft waren und sind bis in alle Ewigkeit schon immer existent. Wir leben in einer Art ewigem Jetzt. Die moderne Physik kommt mittlerweile zu gleichartigen Schlüssen –

Jahrtausende alte Philosophie weiß es ohnehin schon längst. Es gibt also in Wahrheit beim Remote Viewing kein Vorauseilen in die Zukunft. Und auch kein Zurückkommen. Alles ist sozusagen nebenan. Und wenn wir uns das behelfsweise räumlich vorstellen möchten, dann ist es in einer parallelen Welt. Die Gegenwart ist hierbei mit einem von unserem Bewusstsein erzeugten schmalen Strich vergleichbar, eine Stapelverarbeitungs-Wahrnehmung unseres Gehirnes. Es handelt sich jedoch um einen inneren psychologischen Vorgang, der mit Wirklichkeit nichts zu tun haben muss.

In der Bibel, wie vielen anderen Prophezeiungen ist dieser Umstand eincodiert. Sie geben Ereignisse in verschlüsselter Form wieder. In Wahrheit haben diese aber längst stattgefunden. Zukünftige Prophezeiungen sind damit lediglich aufgeschriebene Vergangenheit. Hinzu kommt, dass unser Weltgeschehen in Zyklen abläuft. Es war also ein Leichtes, einen eintretenden / erneuten und sich verstärkenden Niedergang vorherzusagen. Schließlich hatte man aus Vorzeiten Erfahrung mit so etwas. Und natürlich konnte man auch detaillierte Aussagen treffen, was genau diesen Niedergang begleiten würde, seien dies Erdbeben oder vielfach aufkommende falsche Propheten und dergleichen. Man wusste durch Beobachtung. Man schrieb Erfahrung auf.

Er kommt also. Natürlich kommt er. Dafür braucht man kein Remote Viewing, das sagt uns die Vernunft.
Die Frage ist heute nur, *wann* er kommt. Ist es denn 2012 wirklich soweit?

Nun ist das ja so eine Sache mit Weltuntergängen. Des Öfteren gab es ja schon Termine, die wegen erneutem Sonnenaufgang verschoben werden mussten. Man denke nur an den Hype zum Jahrtausendübergang. Auch zahlreiche religiöse Gemeinschaften, wie die Zeugen Jehovas, hatten mehrere Zeitpunkte für ein Weltenende im Auge, die verschoben werden mussten.
Leider nutzen bei dem Problem, einen möglichen Weltuntergang oder weltweit sehr einschneidende Katastrophenszenarien vorauszusagen, verpasste frühere Weltuntergänge herzlich wenig. Zu gut deutsch: Beim nächsten Mal kann es eben trotzdem passieren und auch wenn heute viel gelacht wird, können die Tränen näher sein als man glaubt.
Also ist es wieder einmal wie des Öfteren: es hilft nur gucken. Und da hilft RV.

Deshalb kamen wir auch so schwer an diesem Thema vorbei und mussten sozusagen Targets formulieren, mit denen wir diese Frage beantworten konnten. Von einem Projekt zu sprechen wäre hierbei wirklich vollkommen verfehlt. Öfter stolpern hier einmal Freunde oder Bekannte hinein, die gerne eine Kostprobe Remote Viewing hätten oder immer wieder einmal „aufgefrischt werden wollen“. Das heißt, einige Menschen lieben einfach die Art, zu denken und den mentalen Zustand, den sie während des Viewens erfahren und fordern dann „ihre Sitzung“ ein.
Ich habe es mir zu eigen gemacht, für diese Anlässe ein paar Briefumschläge bereit zu halten. Um hinter das Geheimnis zu kommen, was es mit dem 20.12.2012 und dem bevorstehenden Weltenende auf sich hat, könnte man natürlich dieses Datum nehmen und die Postkarte einer Großstadt, sagen wir Berlin. Ist aber im Grunde egal. Das Ergebnis kennen wir jetzt schon, da benötigen wir dann gar keine Sitzungen mehr drauf.
Weltuntergang, Flut, Erdbeben, Vulkanausbruch, Ende der Zeit und so weiter und so fort. Dass man dann nicht unbedingt die Zukunft dieser unserer Wahrscheinlichkeit, sondern Dr. Dooms dramatischstes Katastrophenszenario auf das Blatt bekommt, dürfte kein Geheimnis mehr sein.
Also besteht die Notwendigkeit, die Targets umzuformulieren, damit man ein gescheites und mögliches Szenario viewen kann.
Also benötigt man langweilige Targets mit explosiver Nebenwirkung. Wie ich damals schon in „Verdeckte Ziele“ schrieb: das Geheimnis

erfolgreichen Viewens liegt am Rande. Die bloße Nennung des Jahres 2012 würde den Viewer unweigerlich schon in den Dunstkreis all der Katastrophen führen. Also nehmen wir das Jahr 2013 hierfür. Dies ist einfach völlig unspannend und kaum mit Bewusstseinsenergie belegt, und der 01.01. gleichzeitig der frühest mögliche Termin. So kam es übrigens auch zu der Überschrift des Kapitels.
Da wir gerade gegen Ende 2008 mehrere Sessions auf Targets mit dieser Jahreszahl angesetzt haben, war immerhin ein Zeitraum von vier kompletten Jahren zu überbrücken.

Als Target gab es unser Dörflein oder das Nachbarort als Google Ausschnitt aus einer geschätzten Höhe von vielleicht 500 Metern oder eben markante Punkte anderer Ortschaften. Da steht dann beispielsweise drauf:
„Das dargestellte Dorf Mühlheim (Name erfunden) an der Oder, wo der Monitor Frank Köstler wohnt, aus dem gezeigten Blickwinkel am 01.01.2013 unserer Zeitrechnung."

Was kam also heraus?

Bei solchen Google – Earth – Targets fanden die Viewer manchmal die Höhe etwas störend. Nicht nur, dass es etwas „kalt" war oder die Luft „nass und salzig" schmeckte, nein, mancher empfand einfach Unbehagen da „runter zu stürzen" oder ihm wurde „schwindelig". Gleich zu Anfang stolperte ein Viewer mal über den Begriff „Atlantis"", was mich insofern aufhorchen ließ, als das dies ja schließlich untergegangen sein soll. Oder kam da unterschwellig die Höhe durch, aus der der Viewer auf das Dorf niederblickte?
Schließlich lag das Örtchen ja tief unter ihm und war damit sozusagen ebenfalls untergegangen. Nur eine reine Frage der Perspektive? Oder steckte mehr dahinter? Der Begriff wurde qualitativ auseinander genommen. Hinter Atlantis gab es keine katastrophalen Betonungen, sondern Anklänge wie „Dorf, Stadt" und andere ähnlich neutral gehaltene Worte. Fehlalarm.

Ein anderer fand es wunderbar „ruhig", richtig „zum Erholen", obwohl sich später eine „Sirene" oder „Martinshorn" in die Geräuschkulisse mischte.
Die Menschen waren damit beschäftigt „Konstruktionen herzustellen" oder bauten an Häusern umher. Das wundert mich überhaupt nicht, das machen die hier ständig. Ein äußerst treffendes Abbild der Aktivitäten in Deutschland. Sogar noch am Neujahrstag.

Insgesamt aber war es „sehr ruhig", ja „langweilig". Irgendwo standen eine Gruppe Menschen auf der Straße und sprachen über „Politik", „Schönheit" oder „Mode". Die Menschen dort sind hauptsächlich mit „Geld verdienen beschäftigt", was mich angesichts eines Neujahrstages doch etwas verwunderte. Ich meine, da liegen doch noch genug in den Kojen und bereuen die letzte Nacht...
Aber Viewer sehen die Dinge ja oft mit dem gebotenen Abstand. Sozusagen übergeordnet korrekt.

Ein Viewer kam auf einen „Kater" zu sprechen. Allerdings verbildlichte er ihn auch sofort. Schöne Grüße an das Wachbewusstsein.

Einem anderen war das „hier vertraut", er „fühle sich wohl", das Target sei „okay". Kein Wunder, er hatte sein eigenes Heimatkäffchen im Umschlag und ist lokal nicht nur sehr engagiert, sondern liebt seine Heimat auch. Das war ja auch der persönliche Bezug, ihm dieses Target zu geben. Geht dann leichter.

Mit ähnlichen Schilderungen könnte es weiter gehen. Aber, werter Leser, das kennen Sie ja bereits. Um das Szenario Stufe 6-mäßig zu erleben, legen Sie nun dieses Buch beiseite, und gehen noch einmal um die vier Ecken ihrer Heimatstadt. So ist dann auch der 01.01.2013.

Deutschland am 01.01.2013.

Ein typischer Neujahrstag. Ein bisschen diesig, kalt, feucht und grau. Es ist ruhig. Die Menschen haben den Weltuntergang verschlafen und plagen sich mit ihren alltäglichen Problemen.

Das Karussell dreht weiter.

Es ist einfach ein neues Kalenderblatt aufgeschlagen worden.

Bildnachweis:

Den Urhebern herzlichen Dank für die Erlaubnis, die Fotografien hier abzubilden.

Cover des Buches: Silvian Sternhagel,
mehr und in Farbe auf
http://www.licht-welten.com

Reiter im Wald: Kerstin Giemulla
Felsgesichter: Michael Maierl
Baumwesen: Alexsandra Hodgson
Weitere Fotos aus dem Privatarchiv des Autors

Quellen zu diversen synchronen Geschichten:
Walter Krämer: Denkste!
Haefs Handbuch des nutzlosen Wissens
Charles Fort: Wilde Talente
Robert Anton Wilson: Coincidance
Paul Kammerer: Das Gesetz der Serie
Arthur Koestler: Der Krötenküsser, Die Wurzeln des Zufalls, Der Mensch, Irrläufer der Evolution
C.G. Jung: Der Mensch und seine Symbole, Gesammelte Werke
David Peat: Synchronizität
Martin Plimmer, Brian King: Unglaublich aber wahr
Diverse Biographien
Berichte aus Tageszeitungen, Fachmagazinen, sowie Meldungen von Nachrichtenagenturen.

Kontaktdaten

Wenn Sie ähnliche Erlebnisse wie die in diesem Buch dargestellten, erlebt haben und mit einer Veröffentlichung einverstanden sind, melden Sie sich bitte bei mir.
Wenn Sie im Besitz interessanter Fotos sind, würde ich mich sehr freuen, wenn Sie diese schicken. Bitte senden Sie doch beides an:

fkoestler@aol.com

Danke!

Webseiten

Mutter Meeras Darshan
http://www.muttermeera.de/

Versuche von Ciba Geigy
http://www.rafoeg.de/index.php/seite/10,Forschungsprojekte/80,Biologische_Experimente_mit_elektrostatischen_Feldern/10,Die_Experimente_von_Ciba_Geigy/Die_Experimente_von_Ciba_Geigy.html

Links zu den aufgezeichneten Report Sendungen von 1992 auf EinsPlus:
http://www.youtube.com/watch?v=XL6K6a_Ls54&mode=related&search=
http://www.youtube.com/watch?v=-9P9osLRHKM&feature=related

Dr. Jacobs Experimente zur Erdexpansion
arte-Sendung „Die wachsende Erde" 2008
http://de.youtube.com/watch?v=IriiQrRDb6k&feature=related

**Für neueste Informationen oder ein persönliches Remote Viewing-Training schauen Sie bitte mal herein:**

**www.rv-akademie.com (früher: www.rv-akademie.de)**
Internationaler Arbeits- und Lehrverbund für Remote Viewing im deutschen Sprachraum

**www.rv-akademie.com/index.php/training**
Ausbildung zum Remote Viewer, Training und Betreuung

**www.remoteviewing.de**
1. REMOTE VIEWERS STORE: Bücher, Videos, Zubehör.
Portofreier Versand innerhalb Deutschlands

**www.remoteviewer.de**
Bücher über Remote Viewing portofrei innerhalb Deutschlands

**www.remoteviewing-news.de**
Online-Magazin für Nachrichten zum Thema Remote Viewing, diverse Autoren,

**www.rv-forum.de**
Forum für Remote Viewer

**www.kondor.de**
Stefan Klemenc RV-Internetpräsenz

**www.remote-viewing.net**
Dirk Rödels RV-Internetpräsenz

**www.thetawaves.de**
**Diskussionsplattform auch für Remote Viewing**

**www.endedesuniversums.info**
Die Bar, in der sich Remote Viewer treffen und Erlebnisse austauschen, real und virtuell.

**www.eightmartinis.com**
**englischsprachiges RV-Onlinemagazin auch als Download**

**Weitere Bücher über Remote Viewing bei**

## Die Bar am Ende des Universums

Worüber sprechen Remote Viewer, wenn sie sich treffen, wenn sie in einer Bar irgendwo in diesem Universum zusammensitzen?
Kommen Sie mit auf die Reise ans Ende des Universums, in die Bar, in der die Remote Viewer erzählen.
Es gibt diese Bar wirklich, und sie ist keine Hafenbar, in der Kapitäne im Ruhestand ihr Garn spinnen. Alles in diesem Buch ist wahr, dafür stehen die beteiligten Autoren, und wenn sie (nur) eine Theorie entwerfen, dann sagen sie das auch. Die legendäre erste Ausgabe dieser Buchreihe

1. Anflug:
M. Jelinski (Hrsg.) 2003, Paperback,
220 Seiten, viele Abbildungen
€ 17,80 ISBN 978-3-933305-16-9

2. Anflug:
M. Jelinski (Hrsg.) 2007, Paperback,
286 Seiten, viele Abbildungen
€ 17,80 ISBN 978-3-933305-17-6

3. Anflug:
M. Jelinski (Hrsg.) 2011, Paperback,
245 Seiten, viele Abbildungen
€ 17,80 ISBN 978-3-933305-22-0

4. Anflug:
M. Jelinski (Hrsg.) 2015, Paperback,
260 Seiten, viele Abbildungen
€ 17,80 ISBN 978-3-933305-39-8

**Guido Schmidt: Schatzsucher der Matrix**

Guido Schmidt sucht verlorene Gegenstände, Schmuck und Täter und schickt aufgrund von Sessionergebnissen Taucher tief hinab in die Irische See. Und er findet.
Ein Buch voller Abenteuer, aber auch voll kritischer Diskussion der Probleme von Remote Viewern als Schatzsucher der Matrix.

2004, Hardcover, 200 Seiten, viele Fotos
€ 17,80 ISBN 978-3-933305-19-0

**Manfred Jelinski: Tanz der Dimensionen**

Remote Viewing in Deutschland

Das erste umfassende deutsche Standardwerk über Remote Viewing. Remote Viewing in der Praxis, Forschungsergebnisse aus dem Gehirnlabor, Erfahrungsberichte, Projekte, Zusammenfassung der wichtigsten Erkenntnisse der amerikanischen Remote Viewer.

2000/2008, Paperback, 420 Seiten, viele Bilder und Skizzen
€ 24,90 ISBN 978-3-933305-15-2

**Manfred Jelinski: Schritte in die Zukunft**

Remote Viewing und die Gesetze der Veränderung

Was heißt "Wünschen" und "Beeinflussen"? Strategien zur Ermittlung der Zukunft und Interaktion mit der Matrix. Gesetze und Möglichkeiten.

2001/2002 Paperback, 224 Seiten, viele Abbildungen
€ 17,80 ISBN 978-3-933305-10 -7

**Manfred Jelinski: Sportwetten mit Remote Viewing**

Unterhaltsam, ertragreich und nicht ohne Tücken

Die inzwischen jahrzehntelangen Erfahrungen mit Remote Viewing haben gezeigt, dass man diese Technik zur Auffindung verborgener Information beinahe für jeden Zweck benutzen kann – warum also nicht auch für das Glücksspiel oder die Börse?

2009, Paperback, 180 Seiten,
viele Abbildungen
€ 12,90 ISBN 978-3-933305-21-3

**Frank Köstler: Geheimnisse des Remote Viewing**

Auf der Spur der Matrix

Praxis des Selbststudiums mit Tipps und Hilfen sowie Beispielen aus eigener Erfahrung.

2002, Paperback, 244 Seiten,
viele Abbildungen
€ 17,80 ISBN 978-3-933305-09-1

**Frank Köstler: Der verborgene Plan**

Jeder Remote Viewer hat sie bereist, die Datenmatrix, diese geheimnisvolle Ordnung hinter den Kulissen unseres Alltags. Einem Strickmuster vergleichbar, durchwebt sie Raum und Zeit. Alles scheint von ihr bestimmt. Frank Köstler ist ihrer Chiffrierung nach-gegangen. Seine Recherchen führen zu einem erstaunlichen Fazit.

2006, Paperback , 350 Seiten, Abbildungen
€ 19,90 ISBN 978-3-933305-20-6

## Frank Köstler: Verdeckte Ziele

RV, Massenbewusstsein, Targetschutz

Nachdem Frank Köstler einige Zeit Remote Viewing praktiziert hatte, störten ihn die Warnungen anderer Viewer über Niemandsländer der Matrix. Er ist trotz allem hinausgegangen: auf den Mond, auf den Mars, in UFOs und andere „verbotene Zonen". Frank Köstler steht mit beiden Beinen auf der Erde und hatte nie viel für Verschwörungstheorien übrig. Er versucht, so distanziert wie möglich seine sehr beunruhigenden Ergebnisse zu erörtern.

2003, Paperback , 220 Seiten,
€ 17,80 ISBN 978-3-933305-18-3

## Manfred Jelinski: Remote Viewing in Theorie und Praxis

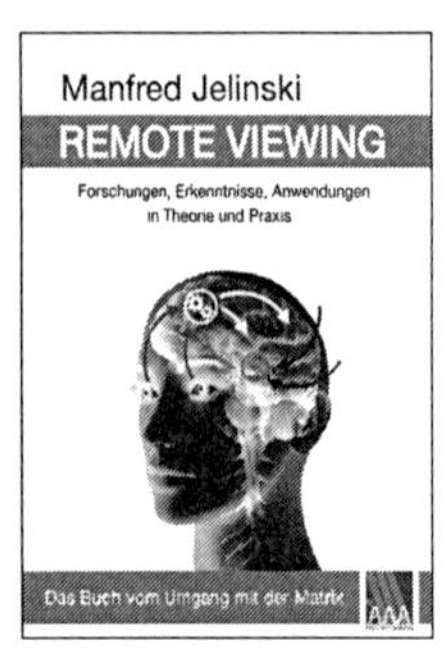


20 Jahre ist Remote Viewing nun in Deutschland. Zeit genug für den Autor, viele Erfahrungen zu machen, Experimente anzustellen und Forschungsprojekte durchzuführen. Daneben wurden unzählige Personen in dieser Technik ausgebildet und auch dies hat erheblich zur Anhebung unserer Kenntnisse über nichtbewusste Zustände und Gehirnfunktionen geführt. Nicht zuletzt muss auch die Beziehung von Remote Viewern zum Rest der Gesellschaft beleuchtet werden.
In diesem Buch finden Sie Erfahrungen zu allen relevanten Bereichen dieser Methode auch aus dem Dialog mit anderen Remote Viewern heraus sowie den neuesten Stand der Erklärung der cerebralen Funktionsweise dieser Technik.
Das Buch auf dem neuesten Stand der Forschung und Anwendung.

2015, Paperback , 244 Seiten, viele Abbildungen
€ 19,90 ISBN 978-3-933305-25-1

## Manfred Jelinski: Remote Viewing - das Lehrbuch

Einführung in die Technik des Remote Viewing
Das einzige in Deutschland veröffentlichte Buch, das diese Technik des Hellsehens ausführlich erklärt!

Teil 1 : Stufe 1-3
Paperback 240 Seiten, viele Abbildungen
Überarbeitung 2012
€ 17,80 ISBN 978-3-933305-08-4

Der zweite Teil des Lehrbuches über Remote Viewing führt uns über die rein deskriptive Phase der Stufen 1-3 hinaus nun direkt hinein in die "Schatzkammer der Matrix". Dieses Buch versteht sich als Fortsetzung des ersten Teils und setzt die dort beschriebenen Schritte und Hintergründe voraus.

Teil 2 : Stufe 4+5, überarbeitete Fassung
Paperback 282 Seiten, viele Abbildungen
€ 19,90 ISBN 978-3-933305-12-1

Band 3 dieses fundamentalen Lehrbuches beendet mit der Beschreibung der Stufe 6 die Erklärung des investigativen Remote Viewing. Der Interessent findet erstmals für diesen Protokollabschnitt eine klare und übergreifende Systematik für die verwendeten Techniken und Werkzeuge. Neben der Ermittlung von vergangenen und zukünftigen Geschehnissen werden auch die geografische Ortung und die Persönlichkeitsanalyse eingehend behandelt.
Dieses Buch versteht sich als Fortsetzung des zweiten Teils und setzt die dort und im ersten Teil beschriebenen Schritte und Hintergründe voraus.

Teil 3 : Stufe 6
Paperback 210 Seiten, viele Abbildungen
€ 17,80 ISBN 978-3-933305-13-8

### Manfred Jelinski: Remote Viewing - das Lehrbuch Teil 4

Es gibt erheblich mehr über Remote Viewing zu sagen, als man öffentlich zuzugeben wagt. Band 4 dieses fundamentalen Lehrbuches wendet sich den aktiven Techniken zu. Das Wissen um Begegnungen in der Matrix, Remote Influence und Schutzfunktionen werden umso wichtiger, je mehr Menschen Remote Viewing lernen.
Dieses Buch versteht sich als Fortsetzung des dritten Teils. Damit ist das letzte, verborgene Kapitel von "Tanz der Dimensionen" veröffentlicht.
Teil 4: Interaktive Prozesse und Remote Influence
Paperback, 290 Seiten, viele Abbildungen
€ 29,90 ISBN 978-3-933305-14-5

### Manfred Jelinski: Die Grauen in Louisas Landschaft

Der Albtraum beginnt mit der Nachricht vom Flugzeugabsturz. Louisa Lohmann muss nach New York, um die Leichen ihrer Eltern zu identifizieren. Sie bemerkt, wie sie beobachtet wird. Selbst in ihrem Geist nistet sich etwas ein. Als sie herausfindet, womit sich ihr Vater beschäftigt hat, ist sie bereits verzweifelt auf der Flucht. Manchmal glaubt sie, entkommen zu sein, aber als ihr Geliebter von einem dunklen Objekt entführt wird, begreift sie, dass sie nicht einmal in ihren intimsten Momenten allein waren.
Um ihn zu retten, geht sie in die Matrix und landet in einem gespenstischen Szenario, dessen Spielregeln ihr völlig unbekannt sind.
Der erste deutsche Remote Viewing-Thriller.

Roman, Paperback, 210 Seiten
€ 11,90 ISBN 978-3-933305-84-8

Durch Remote Viewing kamen wir von einer ganz neuen Seite zu der Theorie des Universums, die in der wissenschaftlichen Welt immer mehr Verfechter unter den Physikern und Mathematikern hat, nämlich dass wir nur in einer von unzähligen wahrscheinlichen Welten leben. Über dieses „Universum nebenan" lässt sich viel spekulieren. Was aber wäre, wenn man sich die Mühe machte, mittels einer Handlung den Gesetzmäßigkeiten nachzugehen?
Es gibt einige Leser, die Romane ablehnen, weil sie meinen, nur in Sachbüchern würden „Wahrheiten" stehen. Ein Roman muss sich ebenfalls in seiner Welt beweisen, besonders, wenn man die Handlung sehr weit spannt.
Hier ist ein Versuch dazu, der die Praxis im Umgang mit parallelen Welten untersucht.
Was wäre, wenn es gelänge, in andere Wahrscheinlichkeiten zu reisen? Das ist der Inhalt der groß angelegten Multiversen-Romanserie

## Wahrscheinliche Welten

Von M.O. Jelinski

Erster Zyklus (5 Bände): "Die Bücher Mühlheim"
**Das geheime Tor der alten Mühle**
265 Seiten, gebunden, mit Give-away "Alte Wassermühle in NF" 2003
ISBN 978 3-933305-55- 8 € 15,90
**Das Tor der Dinosaurier**
280 Seiten, gebunden, mit Mini-CD "FPM auf der Elektrischen Ranch"
2004 ISBN 978- 3-933305-56-5 € 15,90
**Der Gesang der toten Welten**
280 Seiten, Softcover, 2005 ISBN 978- 3-933305-58-9 € 9,90
**Wahrscheinlich Ferien auf dem Mars**
260 Seiten, Softcover, 2007 ISBN 978- 3-933305-63-3 € 9,90
**Der Untergang von Mühlheim**
271 Seiten, Softcover, 2008 ISBN 978- 3-933305-64-0 € 9,90

Zweiter Zyklus (5 Bände): „Die Hüter der Wahrscheinlichkeit"
**Der Plan der Engel**
270 Seiten, Softcover 1. Auflage 2010 ISBN 978- 3-933305-85-5 € 11,90
**Verschollen im Abgrund**
250 Seiten, Softcover 1. Auflage 2011 ISBN 978- 3-933305-86-2 € 11,90
**Die Spur im Niemandsland**
250 Seiten, Softcover 1. Auflage 2013 ISBN 978- 3-933305-87-9 € 11,90
In Vorbereitung: **Das Vermächtnis des Chaos** erscheint voraus. 2015